Manifesto of an Arab Mind

Welcome to Resistance

Mazen Sukkarieh

Manifesto of an Arab Mind

© 2025 Mazen Sukkarie

All rights reserved.

Published by Leaders Press

Vancouver, Canada

ISBN 978-1-0698216-0-7

No part of this book may be reproduced, stored in a retrieval system, or transmitted in any form or by any means—electronic, mechanical, photocopying, recording, or otherwise—without prior written permission from the publisher, except for brief quotations in critical reviews or articles.

Printed in the United States by IngramSpark.

First Edition: 2025

This manifesto is a work of political commentary and reflects the author's personal views and interpretations of historical and current events. It is based on research and publicly available information, but it is presented as opinion and analysis, not as impartial journalistic fact or legal testimony. The critiques of individuals, institutions, and ideologies are offered for commentary purposes only.

For every child murdered

For every innocent martyred

For a city that changed the world

For a people that awakened it

For Tiny Mighty Gaza

For the Gazans

For Palestine

Resist

This manifesto is your echo.

This global resistance is your legacy.

Introduction

In the vessel of my identity, one truth burns intense: I am Arab. Not by mere ancestry, but by defiance — by an unbreakable allegiance to the land where empires rise and fall, where truth is rebellion, and deception wears the crown of power. Arabia is not just a place; it is the battleground of civilizations, where virtue is weaponized, oppression is systematized, and the masses are pacified — either by the blade or by the bread tossed to the obedient.

Here, so-called Arab "leaders" are not leaders. They are jackals trained to maul their own people at the command of a **political Zionist regime whose policies enforce systemic oppression**. Their chains held by Washington. Their shame sealed by Israel. An apartheid machine where hatred is mass produced, murdering children is policy, stealing land is law. In Arabia, dignity is slaughtered. Thought is butchered. Courage is quarantined. And the people are force-fed the lie that this barbaric world order is "civilized."

Yet, from this scorched earth, rises an unbreakable people. Gaza — tiny, mighty, unconquerable — has become the flaming spear of revolution.

Its people, the soul of the resistance, have torn apart the grand illusion. No longer are those resisting occupation smeared as 'terrorists' — they have become a moral compass for the world, standing barefoot yet taller than empires.

Gaza didn't just resist — it ripped. It didn't just awaken — it ignited. It ripped the veil from a dying world order.

It ignited a global uprising. **The policies of the Israeli state were exposed for the systemic injustice they perpetuate**. The White House for its true colors of inhumanity and deception. The Arab regimes for their complicity — their collaboration in policies accused of genocide. The UN for its role as a eulogy to justice.

The world today is two camps: those who stand with Palestine, the vanguard of humanity, and those who grovel for apartheid, the architects of mental slavery.

The latter command nations but rot in moral decay. The former, though outgunned, are rewriting history — one awakened mind at a time.

Gaza and its resistance are primarily Muslim — and in their defiance, they have resurrected Islam in its purest form.

No longer a faith diluted by politics or distorted by tyrants, but a roaring call to unity, justice, and unshakable humanity. They have reclaimed jihad — not as the world fears it, but as the world needs it: a sacred struggle for righteousness, freedom, and equality, forged in the light of faith and steel-clad ethics.

I am an Arab mind. **Unbroken. Unbought. Unsilenced.** This is not just a manifesto — it is a battle cry etched in truth. A blueprint for an Arabia reborn. Not in the corpse of hollow rituals, but in the living pulse of true faith. Not in the whispers of lies, but in the thunder of justice. Not in the chains of submission to the oppressor, but in the revolution of freedom of the oppressed.

To free Arabia is to free the world. The cancer of tyranny festers here.

The rest is referred pain.

For the first time in history, humanity faced its litmus test: **Stand with the slaughtered or arm the butchers.**

Choose your side. Now.

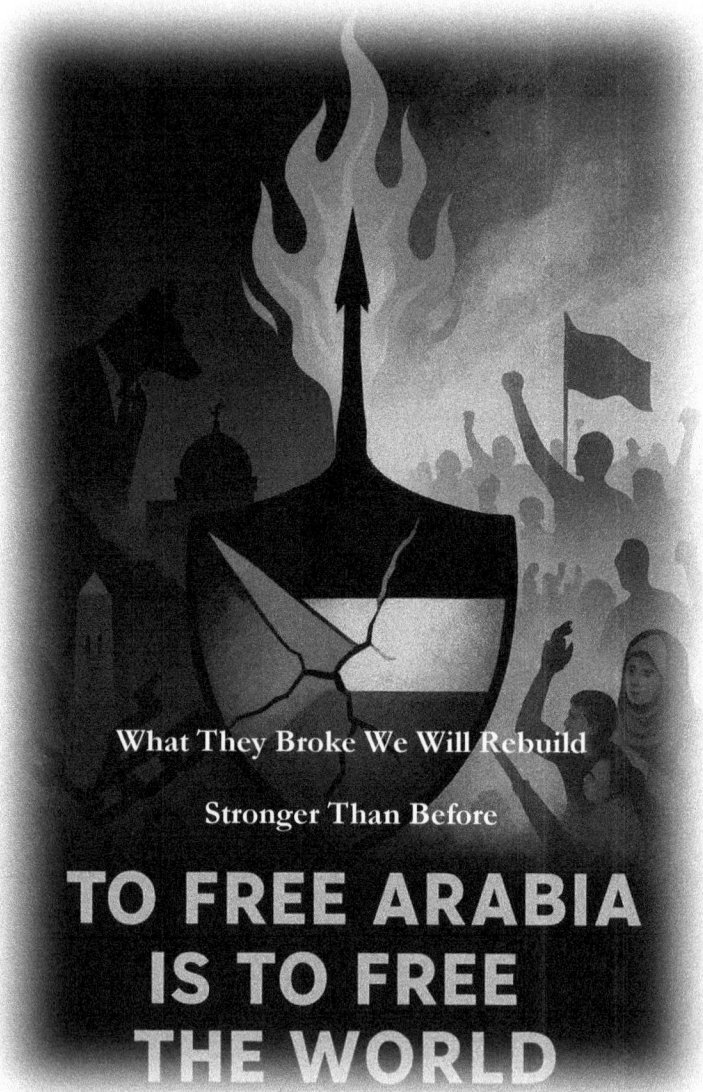

The Hijack of Islam in Arabia

Arabs and Islam are inseparable. The faith was revealed to an Arab, Prophet Muhammad ﷺ, who united the Peninsula and whose companions carried its light to the world. Our dignity is inextricably linked to this covenant. As the second Rightly Guided Caliph, Omar Ibn Al-Khattab, declared: "We are a people God dignified with Islam. If we seek dignity elsewhere, we will be humiliated."

To conquer Arabia, one must first sever this bond. The strategy is not to destroy Islam, but to hollow it out — replace its revolutionary spirit with empty ritual, its demand for justice with silent submission.

The theft began when evil switched hands. **When the allies won.** The allies in public. **In private, the architects of political Zionism.** These were not liberators. The engineers of Dresden and Hiroshima, the veterans of **policies widely condemned as colonial genocide** from India to Algeria, simply exchanged the swastika for the suit and tie. Their new instrument of control, the United Nations, was conceived in the same structures of racial hierarchy that fueled Hitler, immediately greenlighting apartheid in South Africa and the occupation of Palestine.

This foreign disease infected the Arab body politic; turned it to colonial puppets — part of the **political Zionist project — a cowardice cult hiding behind state power** — a division within the "Party of Satan" (58:19). These are entities devoid of fear: not the fearlessness of the believer, but the moral vacuum of the damned — no fear of truth, of dignity, of God.

There was resistance. Leaders like King Faisal, who identified Zionism as the mother of terrorism and wielded oil as a weapon for Al-Aqsa. The great martyr king saw it clearly. For this clarity, he and others like him were systematically removed — assassinated, overthrown — and replaced with compliant marionettes. Successors that were not mere fools, but active participants in the dismantling of Arab honor and the soul of Islam itself.

Look at their inheritance — gutted in broad daylight. The Arabs who once carried Islam to the world now weaponize its rituals and hollow out its soul. Cairo's puppets bolt shut Rafah while Gaza starves. Dubai builds islands in the shape of the world while Gazans drown in blood. Amman's throne turns Jordanian airspace into an Israeli bombing corridor.

And the grand puppet of Riyadh — "Custodian of the Two Holy Mosques" — jails Palestinian supporters by day and hosts music festivals by night, soundtracked by the screams of Gaza's children.

They have commodified our faith into a theology that butchers everything but tyranny. The Prophet ﷺ warned of such rulers: "The worst of leaders are those you must flatter to survive, who punish you for speaking the truth." (Sahih Muslim) Here they stand, hosting "peace summits" — while starved orphans of Gaza dig mass graves with their bare hands.

This is not hypocrisy. This is treason. Against the Ummah. Against the Arab spirit itself.

Where are the modern incarnations of Umar Ibn Abdul-Aziz, who emptied treasuries for the poor? Where is the intellectual courage of an Ibn Taymiyyah, defying invaders with a pen? They have been replaced by palace scholars who rationalize genocide as "complex," and millionaire imams who reduce the Quran to decorative script on palace walls. Exactly as the Prophet ﷺ described them:

"There will come rulers who speak with my words but betray my way." (Musnad Ahmad). They quote divine scripture while signing death warrants of the oppressed.

"The Prophet ﷺ said: 'When you see my Ummah afraid to say, 'This is wrong' to a tyrant, expect the rope of Allah to be snatched away.' (Tabarani)

The rope is now Gaza's lifeline.

But history does not end with tyrants. The God who drowned Pharaoh lives now in the rubble of Gaza, where the oppressed are teaching the world the true meaning of jihad. He is on the shores of Yemen, He is on the shores of Yemen, with those **who protest and resist in the name of the blockaded.** He is in every heart that trembles with justice at the sound of Allahu Akbar. This is God's promise in action: "And if you turn away, He will replace you with another people, and they will not be like you." (47:38) The replacement is underway.

The Islam of Bilal's defiance and Hamza's sword has returned — not to palaces, but to the trenches.

Gaza's resistance is the new mihrab, the new direction of prayer for every conscience on earth, answering God's question:

"And what is [the matter] with you that you fight not in the cause of Allah and for the oppressed among men, women, and children?" (4:75)

This is the understanding Gaza has resurrected: that Islam is, first and last, about mercy and justice. Every chapter of the Quran begins with: "In the name of God, the Most Compassionate, the Most Merciful." Out of all His names, He chose "The Merciful" as the title of a chapter. You cannot understand Islam without mercy. You cannot understand it without justice. "Indeed, Allah commands justice, grace, and generosity to close relatives. He forbids indecency, wickedness, and aggression. He instructs you so perhaps you will be mindful." (16:19)

The true Muslim Arab understands Islam as a healthy competition in goodness: "So, compete with one another in doing good." (5:48) That the noblest among humans are the most righteous: "Surely the most noble of you in the sight of Allah is the most righteous among you." (49:13)

And so, I, an Arab mind, etch this truth: Our choice is a return to that basic, powerful identity.

The Arab who fights for justice, not supremacy. Who spreads light, not darkness. Who unites humanity in righteousness, not fascism.

The choice is now yours.

Stand. Speak. Fight.

Resist.

Not for Gaza alone, but for the unbroken line of prophets, martyrs, and rebels who refused to kneel. The path is clear. Gaza lit the fuse. Yemen sharpens the **edge of defiance**. The righteous are rising. We resist not just a crime, but the ideology that enabled it — a cult of conquest whose greatest victory was making us complicit in our own chains. History will judge:

Were you a slave… or a soldier of the free?

... By Zionism

As a spiritual sickness was engineered within Arabia, a shadow fell across the world — an ideology that had already consumed strands of Judaism and Christianity and now moved to devour Islam. That shadow was Zionism.

Hell reserves a special place for those who kill children while claiming heaven's approval. Heaven crowns those who stand between them and the blade.

Zionism kills children in Gaza, defies the very concept of God — yet dares to speak in His name.

It is not a religion, nor part of one. It is not humane, nor part of humanity. It is anti-humanity, anti-religion, the cult that murders righteousness a hundred times a day in Gaza, sometimes more, then wears its corpse as a disguise.

Its first act of theft was against Judaism itself. It embedded a political tumor within sacred scripture, rewrote a covenant of ethics into a land deed, and distorted "chosenness" into a license widely condemned as genocide.

It sold a people on an identity of eternal victimhood — then forged policies that **turn them into instruments of repression.**

Simultaneous with the hijack of Judaism was the hijack of Christianity. Zionism baptized itself in end-times delirium, sold rapture politics to America's pulpits, turned the cross into a weapon of occupation. The same Bible that commanded "Love thy neighbor" now funds apartheid — because Zionism replaced Christ with colonialism.

Zionism's final blasphemy is its war on Islam itself. Not just on Muslims — on the very essence of a faith that once taught the world justice. It knows the Arab cannot be broken while he still believes in a God who commands resistance to tyranny. So, it wages a war of spiritual theft: bankrolling puppet clerics, fomenting sectarian strife, reducing the Quran's revolutionary fire to the cold ash of empty ritual.

But Gaza unmasked the truth:

You can be a Jew who spits on the Torah's command — 'You shall not murder' — or a Jew who chains himself to tanks in protest.

You can be a Christian who worships apartheid as prophecy — or a Christian who tears down the settler's fence with his bare hands.

You can be a Muslim who trades Palestine for a throne — or a Muslim who becomes the sword of liberation.

You can be an atheist who sneers at 'tribal conflicts' — or an atheist who fights harder than the faithful.

No identity absolves you. You either stand against the slaughter, or you are its accomplice.

Gaza is the revelation.

Gaza forced the choice: Stand with the oppressed, bound only by your defiance — or stand with the oppressors, whether by silence or slaughter. There is no third side.

Now fight or kneel!

As an Arab. As a Muslim. As a human. **This manifesto is a declaration of war on Zionism** — not as a faith, but as **the last colonial empire on Earth.** This manifesto is a call for action.

This is not a new diagnosis. Arab leaders saw the cancer for what it was. King Faisal identified Zionism as "the mother of terrorism." Gamal Abdel Nasser condemned Israel as "an imperialist spearhead."

Michel Aflaq defined it as "a racist settler project, hijacking Jewish identity as it steals land." Sayyed Fadlallah warned it "exploits religion as a cloak for conquest."

Jewish resistance voices echo this exactly. The rabbis of Neturei Karta declare:

"Zionism is a rebellion against God." Rabbi Weiss condemns it as "a hijacking of Torah's justice." Scholars like Norman Finkelstein expose its heart as "the Holocaust industry," and Marc Ellis laments it as "a covenant broken by apartheid."

The global conscience concurs. The philosopher Gilles Deleuze named it "a cancerous growth." The revolutionary Steve Biko recognized it as apartheid's twin. The historian Vijay Prashad reduced the state to its essence: "a military base with a flag."

What intellectuals warned about, the world now witnesses in real time. Students, artists, athletes — the very icons of the "woke" West — now name Zionism as the root evil of our era, its absence is the prerequisite for peace.

Yet, Zionism's most potent weapon was never the F-35. It was the treason of the Arab elite. The handshakes of MBS, the siege enforced by Sisi, the normalization deals of the Emirates — all marketed as "progress" while Gaza was prepared for its burning. They traded their thrones for golden chains, serving Zionism on a platter and billing the entire Ummah for the feast.

"Allah does not change the condition of a people until they change what is in themselves." (13:11)

This verse isn't a passive prayer. It's a detonator.

The mask has melted away, revealing the raw machinery of power: **Zionism's bloody apparatus**, and our choice to **dismantle its systems or submit to it**. But understand this clearly: When students blockade ports, when artists shun Eurovision, when South Africa prosecutes genocide at the ICJ, they are demonstrating Zionism's fatal weakness — its absolute dependence on our compliance.

Here lies colonialism — it lasted eight decades, and not a day longer.

The Resistance Blueprint

Zionism murders Palestinian children — for 75 years now— not as a tactic of war, but as a ritual. A sacrament of fear designed to mask its own inherent decay. It bombs hospitals to eradicate hope. It starves mothers clutching empty bottles to break the will. It vetoes ceasefires to prolong the slaughter, proving there is no depravity it will not commit, no lie it will not weaponize, no law it will not shatter.

This is not the behavior of strength. It is the panic of a power whose foundation is, and always was, a myth.

Gaza has exposed that myth. Zionism is not strong; it is fragile. Its supposed invincibility is a phantom, sustained only by fear and indoctrination.

Observe the United States, commanding a global naval alliance, unable to subdue Yemen — a nation on the famine list. They are not fighting a state, but the unbreakable will of a people.

Witness the Zionist entity, armed with limitless Western technology and propped up by Arab regimes, humiliated by a besieged, starved, subjected-to-genocide 1% of Palestine: Tiny, Mighty Gaza.

Gaza tore the mask away. The 'invincible' nuclear state? Brought to a stalemate by resistance fighters with homemade rockets. The 'indispensable' U.S. Navy? Humiliated by the courage of fishermen. The 'eternal' apartheid? Its legacy is now documented in real-time by teenagers on social media, its moral bankruptcy broadcasted every day.

This is the core truth Zionism fears above all:

- **Its strength is a hologram** — a projection fueled by our fear, instantly dissolved by our courage.
- **Its weakness is Gaza** — a people who invested in tunnels of defiance instead of white flags, and in faith instead of despair.
- **Its end is inevitable** — because no political system engineered upon the graves of children can withstand the judgment of history.

This manifesto is not a war plan. It is **a resistance compass**, its needle magnetized by Gaza's unbreakable formula:

- **How to resist when outgunned** (Yemen's lesson)
- **How to fight when starving** (Gaza's science)
- **How to win when 'alone'** (Global intifada)

The torch is lit. The path is clear. Resist. Free the world.

This is not just a reality to witness — it is the blueprint of liberation.

Fear is the greatest liar. We have been indoctrinated to believe in the invincibility of the oppressor, when in truth, as the martyr Hassan Nasrallah stated, their entire system is "weaker than a spider's web." History's lesson is unambiguous: when truth is widely understood and leadership aligns with justice, even the most entrenched empires collapse.

Zionism's defeat is not a possibility; it is a historical certainty. Our only task is to awaken, to believe, and to prepare.

We must ask ourselves the strategic questions:

- What is the source of strength in Gaza and Yemen that we must multiply everywhere?
- What is the fatal flaw within Zionism that we must exploit and exacerbate?

Resist bullying.

Resist abuse.

Resist colonization.

Resist indoctrination.

Every act of resistance is self-defense — an inalienable right. When a single nation is occupied, it resists. When the entire global order is occupied by a pathological ideology, **resistance becomes humanity's immune response** — exposing and dismantling the systems of Zionism, cell by cell.

When so-called 'superpowers' kneel before regimes that bomb UN shelters… When 'democracies' use their veto to condemn children to starvation… When international law becomes a graveyard for broken promises — the world is not merely complicit. **It is occupied**.

When children are bombed in daylight without intervention… When babies starve on live television without consequence… When food — the most basic human right — is weaponized by murderers — the world is not just occupied. **It is gagged. It is bound**.

Resistance is no longer a choice. It is synonymous with survival. Gaza has proven this.

Our duty, then, is not to describe resistance. It is to become it.

We are the resolute and the hesitant. The complicit and the still-sleeping. We are students unlearning lies. Doctors stitching wounds in silence. Soldiers questioning orders.

We are every human who feels the rot in their bones but has not yet found the words.

History is filled with warriors who changed sides — conquerors who became liberators, oppressors who found redemption. For them, we must now be the whisperers in the barracks. The scribes in the courtrooms. The arsonists of complacency.

To Arabia — land of the Two Holy Mosques, cradle of our dignity: You stand at the crossroads of cowardice and courage.

The path of shame is a **crawl. The path of honor** is a **march.**

You are not witnesses to history; you are its primary target. If Arabia is silenced, the entire Arab nation is shackled.

Rise, not when conditions are perfect, but when bombs are falling. For God, for honor, for every child erased before they could speak.

To the world — Honor is now airborne. Gaza is its patient zero. Dignity under bombs. Courage in starvation. Grace in the rubble. These are forces no Iron Dome can intercept. **They reach barracks, enter boardrooms, and awaken even those once complicit.**

Gaza is David. Stone in hand. Fearless.

Israel is Goliath. Knees cracking. Claiming divinity while drowning in cruelty.

Gaza's art of resistance is our new scripture. A map drawn in its own blood. We must follow its coordinates to the five points of pressure where Zionism's empire will crack. These are not theories. They are battle-tested truths, forged in the crucible of genocide. Study them. Deploy them. Multiply them.

Free the world.

Zionist Corruption – And Gaza's Unbreakable Light

Zionism's empire rots on five pillars: **spiritual theft, economic vampirism, military sadism, media sorcery, and diplomatic fraud**, each masked as virtue, each corrupt to its core. For decades, these pillars poisoned the world. Now, Gaza exposes them all.

1. **Zionism's Spiritual Bankruptcy vs. Gaza's Theology of Resistance**

Zionism claims a divine deed of ownership: **We are chosen, our violence is holy. Gaza replies: God is sufficient for us**, and He is the best disposer of affairs.

Faith cannot be bought. It cannot be bombed. Gaza prays in rubble, fights barefoot, and rewrites the laws of war: steel shatters, but faith does not.

Gaza is the revival of Arab integrity and Islamic dignity. It does not just resist — it resurrects the **true meaning of jihad**. Not the distorted jihad Zionism created, but the jihad of Umar ibn al-Khattab: **justice without cruelty, strength without arrogance, mercy to the innocent, fury to the oppressor.**

Two Arabs now walk the earth. The first is the Gazan and his companions — faith made flesh, a believer whose dignity is his weapon. The second is the hollow shell — A king with 1,500 rooms in his palace, yet his soul lives in the basement of the White House. He rolls up his prayer mat to shake hands with butchers. He commands armies, oil, fortresses — yet his essence is a defeat.

The world now knows Gazans by name: Ask the path of the free about **Amir,** they will tell you who he is. Ask them about **Hind.** Ask them about "**soul of my soul**". Ask them about **Yahya**, the legend of the cane. Ask them about **the masked warrior**, the count of mighty Gaza. Ask them about the barefoot fighters. They know them all.

Once they labeled these men "terrorists." Now the world calls them **heroes**. Gaza has taught humanity: **resistance is not terrorism — it is the birthright of the oppressed.**

The Zionist mask has fallen. 75 years of propaganda — most moral army, only democracy — dissolve in the smoke of Gaza's massacres. The veil is gone.

The Zionist project stands exposed: a thief, a coward, a hypocrite. Zionism is the dying empire's last gasp. **Gaza is the future's first breath.** Its message:

To kneel to Zionism is to kneel to evil.

Kill us. Starve us. Bomb us.

Still, we rise.

Our love will rise.

Our prayers will rise.

We will outlast your hate.

Inevitably, relentlessly — the future is anti-Zionist.

God's victory is written — your watches just haven't caught up. Zionism is Satan's failed startup. Gaza is God's eternal proof.

Gaza exposes the lie at the heart of the 'Start-Up Nation' myth: that theft can be rebranded as innovation, that genocide can be monetized as 'development.' You cannot understand the blockade of Gaza until you see it as Zionism's confession — an admission that its entire economy collapses when confronted with **people who refuse to be bought.**

2. Economic Virus: Zionism's Financial Plague vs. Gaza's Immune Economy

Zionism's creed is simple: **Everyone has a price**. Their currency: bribery, blackmail, and blood money. Their motto: take our money, sell your principles.

Their doctrine: The world is a market, and **all resistance must be liquidated.** Their machinery: Militarism to discipline the Global South, propaganda to sedate the West.

It converts UN votes into deals that greenlight genocide, it manipulates social justice into distraction derivatives, it forces freedom into hostile takeovers — every martyr a tax write-off, every bomb R&D for the next occupation market.

This isn't just Gaza. This is Congo's cobalt, Yemen's famine, Sudan's massacres — Zionism's franchise model of extraction. The 'Start-Up Nation' is just the HQ.

Your country is a subsidiary.

From Wall Street to Silicon Valley, from Paris to Pretoria, it trades in 3 currencies:

- **The Dollar** — bribes as 'aid'
- **The Bullet** — murder as 'policy'
- **The Lie** — ethnic cleansing as 'self-defense.'

But **Gaza's sumud** exposed the fraud: No stock ticker measures dignity. No algorithm prices liberation. The world is awake — not to 'conflict,' but to its own enslavement inside Zionism's IPO of oppression. The audit is here. Tear up the prospectus.

Gaza's resistance is the shareholder revolt that crashes the market.

When Israel blocked concrete, Gaza rebuilt with rubble. When they banned fuel, engineers turned cooking oil into rocket fuel. This is the real innovation economy — one Zionism can't patent, tax, or stop.

Globally, BDS has become the audit. Every boycott is a crack in Zionism's wallet. Apartheid South Africa fell when its banks fell. Israel Inc. will follow. Zionism is a Ponzi scheme. Gaza is the crash. They gambled that the world would sell its soul.

The world has answered: Our souls aren't for sale.

When an empire spends billions on AI drones but can't stop a barefoot freedom fighter — that's not warfare. That's the sound of a myth disintegrating. Zionism's next delusion: military power can compensate for economic corruption and moral bankruptcy. A fatal flaw in their armor.

3. Military Sadism Meets Gaza's Will

The collapse is already written, and Gaza is the blueprint for liberation everywhere.

This is not 'asymmetry' — **this is inevitability**. Gaza is no longer the exception. It is the new law. Its freedom fighters are the defenders of a future some will not live to see — defenders might not survive empires, but they most certainly bury them.

The Strip itself is the resistance — not a location, but a living equation.

And the numbers are in:

- **Homemade rockets breach Iron Dome.**
- **IDF morale collapses — PTSD, desertion, and shame.**

- **Soldiers with every weapon lose to fighters with sandals.**

This isn't just resistance, this is **divine calculus**. The algorithm of justice no AI can hack.

Faith (إيمان) × Dignity (كرامة) = Victory (نصر)

Even when the odds are zero. **The axis of evil is cracking**. Push it into the abyss.

Gaza proves: **A true soldier fights for dignity, not doctrine**.

Zionist forces are documented committing rapes and other crimes against humanity. This is not soldiering. This is the death of military honor — soldiers trained to ignore the screams of children. A directive many describe as terrorism, **turning armies into killers, conditioning them to obey without thought or conscience.**

This is the eternal war between conscience and complicity. **A true warrior's duty is to disobey evil**. History will not record your excuses, only your choices. Gaza has already rewritten the code of war — **Freedom fighters are the real military tradition now.**

Soldiers — Rewrite your legacy.

Zionism's next weapon of corruption is **the lie factory**. It runs on two fuels: The indoctrination of its children, and the sedation of the world. We expose this factory — and Gaza's truth is already melting this machine.

4. Media Sorcery: Lie Factory of Indoctrination vs. Gaza's Liberation

Zionism is the most advanced system of mass psychological manipulation ever engineered in our recent history. Its mission — perfect the art of making evil smell like roses. Its goal — **reverse humanity's moral compass**.

An ideological virus. The rat lab of deception. It does not just steal land — it steals minds. Its most lethal weapon is not the tank, the drone, or the bomb, but the manufactured lie that slithers into your subconscious and rewires your instincts. It teaches you to call genocide 'war,' to mistake apartheid for 'democracy,' to see resistance as 'terror.' This is not ignorance. **This is psychological occupation — and its battlefield is your brain.**

Zionism markets itself as sacred but operates as Satan's most polished brand — a franchise of false covenants.

The Lie Factory doesn't just manufacture lies. It engineers reality. To dismantle it, we must first map its machinery. Expose the assembly lines of mass delusion.

- **Supremacy — Divine Election Forge**

Satan had status in heaven — **arrogance** cast him down. Adam and Eve had Paradise — a tree's **injustice** exiled them.

No one gets a free pass with God. No exclusivity. No immunity.

Not for the killing of children. Not for the cleansing of a population. Not for atrocities of torture and rape. These are all condemned by God practiced by Zionism. And **Zionism is an ideology condemned**. It is **a grotesque inversion of Judaism,** as alien to its teachings as darkness is to light.

Zionism behaves like ISIS in a suit — the modern heir to supremacist theologies, satanic idols built on blood and arrogance.

But Gaza's resistance — rooted in faith, resilience entrenched in dignity — has exposed this truth globally: God's chosen people could never condone such evil.

The contrast, livestreamed to the world, has seared a choice into history: the arrogance of empire, or the dignity of a nation that refuses to die. Gaza has become the world's mirror.

- **Racism — Blood Purity Press**

As an Arab, Islam taught me that **no bloodline is sacred**. The only measure of worth is righteousness.

No tribe, no tongue, no territory elevates you before God — only your actions. The Prophet's words eviscerate supremacy: "No difference between an Arab and a non-Arab except through piety." (Musnad Ahmad 23489) The Quran is blunter: "The most noble of you before God are the most righteous." (Quran 49:13)

Not the most powerful. Not the "chosen." Only those who choose justice.

Zionism inverts this. It preaches ethnic purity while enforcing apartheid. But Gaza has torn the myth apart. When a people rooted in divine humility expose an ideology addicted to supremacy, the world sees racism for what it is: a fairy tale for cowards, written in blood.

- **Deception — Reality Distortion Furnace**

Zionism was never just politics — it was **racial hierarchy costumed as nationalism.**

The West midwifed Israel with the same logic that justified slavery and Indigenous genocide: "Empty land" for the "civilized," massacres rebranded as "birth pangs."

Today, this deception is automated and digitized. It requires two fuels: the dehumanization of Palestinians as 'terrorists,' and the theological theft of hijacking Christian fervor for 'prophecy' while ignoring the blood under its feet. It sold itself as "Europe 2.0," weaponized Holocaust guilt to silence critics, and made apartheid "cool" through tech startups.

Then Gaza's children **broadcast their own executions in real time.**

The world witnessed "Democracy" dropping AI-guided bombs on UN schools, "chosen people" executing the unchosen on social media, "Never Again" mutated into "Always Again — for Arabs." The myth rotted mid-air. Racism, once slickly packaged, now reeked of mass graves.

Palestinians broadcast the genocide from the rubble, exposing the wiring: beneath the PR, the world finally saw the Lie Factory's raw, racist core.

Gaza's burning children have become forensic accountants — their ashes record every bribe, every veto, every silent handshake with genocide.

The spell is breaking. The world vomits when CNN says "both sides" over a toddler's corpse. The Lie Factory's smoldering ruins reveal the true engine — **a global racket of Diplomatic Corruption.**

When lies lose power, Zionism reaches for its last currency: not persuasion, but purchase.

5. Diplomatic Corruption

— The Zionist Occupation of the United Nations

WWI and WWII were never world wars — they **were Western Wars implicating the world.** Western nations formed alliances and went to war on global battlefields. 75 million corpses, stacked like cordwood by Europe's second attempt to self-destruct while colonizing the globe.

Our modern era has one primary author of **genocide: Western Colonialism.** And the most dominant since WWII — **Zionism. An ideology designed to control world conscience.**

The UN was built to **disguise the colonialists in the poetry of peace.** Virtuous words hiding evil intentions. A preamble that explicitly states the desire to "**save succeeding generations from the scourge of war**" meant ensuring the West did not bleed on its own soil, only on ours.

"**Foster international cooperation**" meant the world would cooperate in its own robbery, obeying the agendas of the colonial West. "**Promote human rights**" meant they would genocide the world with a clean conscience, so long as the victims weren't the West

— unless, of course, they were indigenous, poor, or otherwise expendable.

For decades, **vetoes shielded apartheid**, resolutions were drafted then discarded, and "international law" punished the oppressed for existing. France butchered 1 million Algerians to keep stealing uranium.

Britain massacred 100 million Indians to fund its Commonwealth. The U.S. planted 800 military bases like landmines across the globe.

The evil that won over another evil in WWII established an **institute of control**. An institute that says the right things but means something else, altering all curriculums, even historic facts.

This regime required a laboratory. A place to test weapons, propaganda, methods of control without global outcry — planted in the cradle of divine revelation — the perfect place to **conduct evil R&D**, shielded by **Western diplomatic immunity and nurtured by ancient prejudices**. That lab, the rat lab, is the **Zionist project**.

Then Gaza cultured a revolution.

Gaza is the event horizon — a **moral singularity swallowing the West's colonial darkness.** Its gravity — faith, resilience, and the bones of children — is erasing their world order.

The mask slipped. The U.N. headquarters — once Zionism's diplomatic settlement — became its crime scene. Gaza became the uncontrollable variable.

South Africa's ICJ case forced the world to watch genocide in legal HD. Boycotts snowball from cities to parliaments. Arrest warrants stalk war criminals once untouchable.

The Result:

A system built to **legalize occupation** now **broadcasts its own crimes at The Hague.**

Gaza rewrote the rules.

Five critical shifts broke the spell:

1. **The Veto Trap**

   - U.S. vetoes became self-incrimination.

   - The "special relationship" exposed as a suicide pact with apartheid.

2. **The BDS Snowball**

   - Spain/Ireland/Norway recognizing Palestine wasn't diplomacy — it was surrender to global outrage.

   - UNGA votes turned 138-9 margins into a countdown to isolation.

3. **The ICC Gambit**

   - Netanyahu's arrest warrant proved international law could outspend AIPAC.

   - Suddenly, EU politicians feared The Hague more than Zionist donors.

4. **The UNRWA Revelation**

   - Firing 30,000 Gaza teachers to punish starvation exposed Zionism's endgame.

5. **The Youth Tribunal**

    - Gen Z diplomats at Model UNs voted Palestine in before their governments did.

    - Social media fact-checkers moved faster than State Department memos.

We now reclaim the world.

The Great Return

Reclaiming Conscience, Liberating Earth

For 75 years, they believed they could engineer reality itself, reducing our prophets to footnotes and our children to collateral. **Gaza has changed the world**. In its light, their empire of lies is melting. This is not their endgame. **It is our genesis.**

The collapse of their world is not a void. It is the sacred ground upon which we will build **The Great Return**.

The same engineers who repackaged 'God's chosen' as a license used to justify mass killings — hijacking Judaism and Christianity — also erased God and His Messenger from the calculus of power, hijacking Islam to place submission at the feet of tyrants.

"O believers! Obey Allah and obey the Messenger and those in authority among you. Should you disagree on anything, then refer it to Allah and His Messenger, if you ˹truly˺ believe in Allah and the Last Day. This is the best and fairest resolution." (Quran 4:59).

The triad is absolute: Allah. His Messenger. The striving for justice.

When Muslim authorities abandon this triad — especially those guarding the Two Holy Mosques — the verdict is clear: providing water to pilgrims and maintaining the Sacred Mosque is not equal to belief in Allah and jihad in His cause (Quran 9:19).

To the Arab Muslim: the answer is clear: the path is striving. Justice. Defense of the oppressed. Protection of children. The striver is a believer of dignity, honor, and ethics, prepared with every strength to confront and defeat evil.

To the citizens of the world: your identity is irrelevant. You might be a Jew, a Christian, a Muslim, an atheist. If you identify with humanity. If you identify with righteousness. **You are not a Zionist.**

Identify with the Gaza Protocol of Liberation:

- **Diagnose the Lie.**
- **Reverse its Polarity.**
- **Arm the Truth.**

First act — Defiance: Stop translating Zionist lies into your language. When they say "security," hear "mass graves." When they say "self-defense," see "child-murder." When they claim "history," remember "erasure." Words are Zionism's first colony — reclaim them.

Second act — Collective: Sabotage the factory. Boycott its media. Expose its algorithms. Mock its branding — The "most moral army" knows only one morality: might makes right. Zionism cannot survive in sunlight — drag every lie into the open.

Final act — Eternal: Become ungovernable. They want you addicted to outrage, numb to horror, obedient to their definitions of "peace" and "justice." Gaza has shown another way: not just with defiance, but with a grammar of refusal.

The farmer who replants his olive tree after every bulldozing is not only resisting occupation — he is teaching us how to live.

There is only one way forward. **Unplug the world from the Zionist matrix.** Remove it. There is no conversation with its architects. They only understand defeat. Evil thrives on our goodwill. It only quits when alienated.

The evil shepherd of the United Nations must be replaced by the righteous — states that voted yes to food as a basic human right, not those who voted against it (USA and Israel)

1. The Global Roadmap — A Continent-by-Continent Strategy for Ethical Leadership

Gaza is not an exception. It is the blueprint.

Resistance is not a single tactic, but an ecosystem — a suite of tools applied with strategic precision.

What is armed struggle in Palestine must become legal warfare in The Hague, economic disruption in Wall Street, and theological defiance in Riyadh.

The objective is universal: to **unplug the Zionist matrix of control and install ethical leadership in its place**.

Here is how we engineer **The Great Return** on every continent:

- **The American Front: Sabotaging the Engine** — Objective: **Cripple**.
    - **The Legal Siege:** Expand the ICC gambit. Use U.S. courts to prosecute Zionist war criminals under universal jurisdiction. Sue companies involved in occupation (e.g., Caterpillar, HP) for complicity in war crimes.
    - **The Financial Intifada:** Make investment in Israel toxic. Target the debt market. Push public pension funds to divest. Expose and boycott the tax-exempt status of organizations funding settler terrorism.
    - **The Political Reckoning:** Primary any politician taking AIPAC money. Run pro-Palestine candidates in local elections (school boards, city councils) to build a new bench. Make support for Gaza the defining litmus test for a generation of voters.
    - **Conversion of Leadership:** We don't convince them. We replace them. We make the cost of supporting Zionism higher than the cost of abandoning it.

- **The European Front: Fracturing the Alliance** — Objective: **Awaken.**
    - **The Diplomatic Insurgency:** Empower the "Axis of Dissent" (Ireland, Spain, Norway, Belgium) to break EU foreign policy consensus. Force votes on sanctions and recognition of Palestine to constantly expose Germany and Hungary as governments blocking humanitarian justice..
    - **The Cultural Contamination:** Make Zionism culturally unacceptable. Target its branding in art, film, and academia. Zionism is a fashion; we make it go out of style.
    - **The Weaponized Migration:** Remind Europe that its stability is tied to the Global South's justice. The same refugees they fear are the result of the wars they fund.
    - **Conversion of Leadership:** We split them. We turn the European project against itself by making its hypocritical values a permanent internal crisis.

- **The Arabian Front: Curing the Grand Betrayal** — Objective: **Expose.**

    o **The Theological Reconquest:** Reclaim Islam from the state-sanctioned clerics who have made it a religion of submission to tyrants.

    o **The Economic Blackmail:** The regimes use money to silence their people. We must make that money a liability. Target their sovereign wealth funds with divestment campaigns. Expose every dollar invested in the West that relies on our silence.

    o **The Youth Vanguard:** The regimes are old, sick men. Their populations are young. bypass official media. The message: Your leader's phone call to Zionist boss is worth less than a single Palestinian child's life. Their legitimacy is a lie.

    o **Conversion of Leadership:** We don't convert these leaders. We delegitimize them. We make their throne disappear beneath them by proving they have no religious, moral, or popular mandate. The goal is not to reform the monarchy; it is to make it obsolete.

- **The Global South Front: Formalizing Change** — Objective: **Multipolarity.**
  - **The Diplomatic Bloc:** Strengthen BRICS+, not as an economic alternative, but as a political and judicial one. Use it to recognize Palestine, sanction Israel, and create parallel institutions to the ICC and ICJ that the West cannot veto.
  - **Conversion of Leadership:** This is about consolidating power. The leadership here is already moving; our job is to hold their feet to the fire and ensure they do not stop at symbolic gestures.

The world has tried capitalism. It commodified our souls.

It has tried communism. It bureaucratized our spirit.

It has tried liberalism. It neutered our will to fight.

We must now try **the only ideology born not in a think tank**, but in the rubble of a bombed-out hospital:

The Resistance Ideology.

Its doctrine is simple: **The powerful will only yield to the ungovernable.** Its only goal is not to manage the world, but to liberate it. Its only credential is **a willingness to lose everything for the dignity of gaining one's soul.**

Freeing Palestine is not the final goal of this new ideology.

It is the first step. It is the proof of concept that the seemingly immortal empire of lies can, indeed, be burned to the ground. From its ashes, we will not build a new empire.

We will finally build peace.

2. **The Toolbox of Resistance**
   — **Duplicating the Gaza Model**

Applying the Gaza Protocol (Diagnose, Reverse, Arm) globally through tailored tactics.

- **Economic Resistance**
    - **What it is:** Boycotts, Divestment, Sanctions.
    - **How to apply it:** Everywhere. It is the universal weapon.

- **Digital Guerrilla Warfare**
    - **What it is:** Exposing algorithms, creating counter-narratives, exposing lobbyist networks, organizing mass online dissent.
    - **How to apply it:** Primarily in the West, where the information war is most critical.
- **Legal Resistance**
    - **What it is:** Using international and domestic courts to sue companies, officials, and states.
    - **How to apply it:** Everywhere, but especially in jurisdictions with strong legal systems (US, Europe).
- **Cultural Reclamation**
    - **What it is:** Art, music, film, poetry that reclaims the narrative. The Palestinian farmer replanting his tree is cultural resistance.
    - **How to apply it:** Everywhere. This is the "grammar of refusal."

- **Armed Resistance**
    - **What it is:** In contexts of military occupation, such as Gaza, Lebanon, and Yemen — resistance movements defending their people.
    - **How to apply it:** Where it **is legitimate under international law.** This is the final option, reserved for people under direct military occupation and siege. Its primary role elsewhere is to inspire and validate all other forms of resistance.

The End of the Zionist Matrix.

Make no mistake — we are at war. A war we did not choose.

We wanted peace, harmony, coexistence. Not because we are naïve, but because we know God. We know righteousness. We know humanity. But **when evil came for our children, we chose to fight** — not as warmongers, but as **protectors.**

Our resistance is the key that unlocks the prison of the entire world. It means the **defeat of the last, most fortified colonial project.** It proves their invincibility was a lie.

It signals **the Great Return of** conscience, justice, and true **sovereignty** for all peoples.

Free Palestine.

It is God's Plan.

Salam.

WE WILL NOT FORGET

This memorial lists by name the children of Gaza, aged 0 to 12, whose lives were taken by October 27, 2024 — the most accurate compilation we could obtain.

As of August 25, 2025, an estimated 18,885 children have been killed in Gaza since the war began.

Graveyard doesn't even begin to describe it.

Today's reality (August 2025):

Over 62,000 Palestinians are dead — children, women, elders — and more than 156,000 are wounded.

Over 217 have died from starvation, 100 of them children.

Teenagers. Adults. The old.

None have been spared.

Their absence is not silence.

Their absence is a wound that bleeds into eternity.

An atrocity caused by Zionism.

Enabled by its enablers.

Carried out by terrorists.

A world order we must resist.

A world order we must eradicate.

RESIST.

0 years old

Noura Walid Abdulsalam Shaheen -, Maryam Nour Al-Din Wael Daban -, Fatima Louay Rafiq Al-Sultan -, Watan Mohammed Abd Al-Rahim Al-Madhoon -, Mohammad Al-Jabbari Said Misbah Al-Khour -, Diyaa Ahmed Abd Al-Aati Saleh Moussa -, Oday Mohammed Rafiq Al-Sultan -, Mohammed Nidal Hisham Attallah -, Ahmad Shadi Talal Al-Haddad -, Masa Mohammed Youssef Nasr -, Ayat Abd Al-Aziz Omar Farwana -, Maalek Mohammed Shafeeq Abu-Al-Kas -, Sarah Abd Al-Rahman Mohammed Hamad -, Mohammed Saleh Mahmoud Al-Deiri -, Mecca Ahmed Eid Abu-Sherekh -, Iyad Abd Al-Rahman Jihad Muhaysen -, Adam Mohammed Sameer Abu-Ajwah -, Alayan Abd Al-Rahman Alayan Al-Ashqar -, Alma Moumen Mohammed Hamdan -, Diyaa Mohammed Zuheir Al-Bar'ai -, Misk Abd Al-Hai Sami Al-Halabi -, Elina Moumen Riad Al-Rifi -, Ali Raed Khalil Rahmi -, Younis Wissam Abdullah Afaneh -, Celine Abd Al-Hadi Adel Zahir -, Asil Amir Ali Al-Ashi -, Mira Abd Al-Rahman Fathi Radwan -, Fatima Mohammed Kamel Faisal Akela -, Mohammed Abd Al-Karim Mohammed Jabir Al-Safadi -, Anas Abdullah Bahaa Al-Din Sakik -, Sobhi Hamdan Sobhi Hassouna -, Celine Ehab Ayman Al-Bahtiti -, Mohammed Mazen Abdullah Al-Sanwar -, Mohammed Abd Al-Samad Maher Mohsen -, George Sobhi George Al-Souri -, Osama Ahmed Mohammed Hamada -, Elaf Karim Abdullah Al-Aywa -, Masa Jalal Moein Al-Harkaly -, Hassan Hamza Hassan Al-Omosa -, Anas Abd Al-Aziz Mohammad Zahir -, Daughter/Sona Hani Awada -, Niveen Mohammad Sameer Saadeh -, Issam Mohammad Issam Farag -, Ismail Ahmed Ismail Farhat -, Jouri Anas Bassam Shamia -, Aliya Abd Al-Noor Sami Al-Souri -, Kinan Amin Marwan Abu-Shakian -, Roz Abd Al-Aziz Mohammad Al-Ghoul -, Mohammad Hamid Nidal Aloua -, Salama Mohammad Marwis an Abu-Atiwi -, Sham Ahmed Fawzi Al-Qafidi -, Luay Mahmoud Saleh Al-Ajrami -, Daughter/Shahd Omar Al-Qattati -, Lana Yasser Nassif Hijazi -, Abdullah Mohammad Abd Al-Hamid Mehana -, Son/Ahmed Fouad Sikeik -, Raed Ehab Raed Salmanaly -, Omar Ahmed Abd Al-Nasir Shamlakh -, Moaz Abd Al-Fattah Khaled Al-Zuhairi -, Maria Yasser Kamal Al-Masry -, Raed Khaled Raed Rajab -, Malak Abd Al-Salam Ali Abu-Saif -, Iyla Mohammad Salem Al-Dremli -, Sela Mahmoud Jamal Abu-Dhahir -, Layan Rami Anwar Faisal -, Najwa Mahmoud Fathi Radwan -, Mohammad Ahmed Salem Al-Qanou -, Yomna Omar Riyadh Al-Rifi -, Basil Mohammad Hossam Abu-Jaser -, Yasmine Khalil Jawad Abu-Binat -, Ayla Adi Abd Al-Jawad Abu-Ras -, Noor Yousef Bassam Abu-Hasira -, Juwan Ali Nasr Amer -, Saba Ahmed Ali Al-Qazzaz -, Fadel Maysara Mohammad Abu-Hasira -, Anisa Mahmoud Ahmed Ali -, Omar Jihad Omar Al-Bahtini -, Sundus Mohamed Sobhi Samara -, Farah Hosam Abd Al-Karim Hanoun -, Kenan Ahmed Ismail Al-Hattab -, Layan Abd Al-Karim Asaad Al-Dahshan -, Mahmoud Fadi Khaled Al-Baba -, Abd Al-Khaleq Fadi Khaled Al-Baba -, Maha Fadi Khaled Al-Baba -, Khaled Fadi Khaled Al-Baba -, Hamza Mohamed Abd Al-Hamid Ashour -, Yasmin Ramez Abd Al-Razzaq Al-Masri -, Reem Zakaria Yehia Badawi -, Joud Bahaa Eldin Haidar Al-Nadeem -, Najwa Ahmed Fathy Radwan -, Mahmoud Eid Mohamed Nabhan -, Suzan Iyad Mohamed Al-Ashi -, Kanary Moatasem Mahmoud Aql -, Atef Majd Atef Darwish -, Tala Mohamed Rafeeq Abu-Ghali -, Ghaith Rami Khaled Abu-Riya -, Sidra Yehia Khalil Abu-Zarifa -, Mohamed Hosam Ashraf Shahin -, Sahar Mohamed Raed Musleh -, Waad Waleed Sameer Sabah -, Bassam Mohamed Jamil Al-Maqousi -, Ali Islam Sameer Abu-Al-Einin -, Esraa Ahed Mohamed Radwan -, Son/ Ghadir Mohamed Kaid Shafoot -, Saber Sabri Abdullah Al-Farra -, Samar Bara Mohamed Abu-Ghbit -, Mohamed Ahmed Sami Al-Amawi -, Hour Khamis Suleiman Al-Khateeb -, Maria Khaled Nasr Al-Jed -, Kanzy Mohamed Ayman Al-Khateeb -, Nada Anas Ayman Abd -, Odai Adel Mohamed Al-Ghosein -, Malak Murad Ammar Barash -, Jory Murad Ammar Barash -, Hour Osama Suleiman Abu-Sanima -, Misk Ahmed Abd Al-Karim Hararah -, Hour Youssef Rashad Abu-Safi -, Daughter/Aisha Mohamed Ibrahim Abu-Matwi -, Daughter/Suhair Mohamed Shahda Khattab -, Son/Ilham Ahmed Hammad Khattab -, Daughter/Ilham Ahmed Hammad Khattab -, Jouri Mohamed Mohamed Abu-Sultan -, Maram

Mohamed Mustafa Abu-Ghoula -, Mahmoud Hassan Khalil Obeid -, Yamen Mahmoud Abbas Muqata -, Yusuf Saher Nasr Abu-Sahlool -, Nazira Saher Nasr Sahlool -, Malak Saher Nasr Abu-Sahlool -, Carmel Alaa Walid Hamdan -, Asil Mansour Khaled Al-Louh -, Misk Yusuf Zuhair Al-Qanousi -, Amal Mohamed Jumaa Abu-Soueis -, Kenan Shadi Hashem Mushtaha -, Sila Islam Mousa Al-Talbani -, Mai Ibrahim Labad -, Baraa Mohamed Fawzi Shaldan -, Tariq Mohamed Fawzi Shaldan -, Raafat Mohamed Raafat Abed -, Mohamed Naim Nasr Ayad -, Ziad Mohamed Jamil Habib -, Suhaib Ahmed Moein Zakout -, Fatima Saleh Yasser Al-Hout -, Habiba Hesham Abd Al-Aty Abu-Jarri -, Masa Mohamed Hamza Al-Rifi -, Kamla Rabee Faraj Al-Ata'out -, Mohamed Malik Mahmoud Al-Marnakh -, Daughter/ Zeinab Mohamed Al-Abed Nawwas -, Abd Al-Rahman Zayed Ziad Mahani -, Salma Ahmed Ezzat Azzam -, Samira Ahmed Ezzat Azzam -, Ibrahim Abd Al-Fattah Said Salam -, Son/ Anwar Ahmed Mohamed Darwish -, Habiba Hesham Hassan Abu-Jarri -, Rahaf Deeb Mahmoud Al-Skafi -, Maysaa Deeb Mahmoud Al-Skafi -, Tabarak Ahmed Mahmoud Abbas -, Son of Israa Jamal Salem Abu-Mazkour -, Sewar Hossam Talal Abu-Atiwi -, Khitam Bara'a Abd Al-Bari Abu-Foul -, Ahmed Saed Amer Ayash -, Girl/Randa Mohammed Abd Al-Qader Wahba -, Daughter/Mona Jamal Mohammed Abu-Layla -, Mohannad Ahmed Jumaa Azzam -, Yasser Salah Yasser Al-Dalou -, Daughter/Nidal Jalal Al-Banna -, Zain Omar Zuhair Al-Daour -, Son/Alaa Murad Ali Binat -, Wissam Wissam Naeem Abu-Anza -, Insam Mahmoud Jihad Al-Louh -, Son/Nabila Nasr Mohammed Nofal -, Mohammad Ehab Eddin Khaled Owaidah -, Son/Rahima Saadi Mohammed Shahin -, Sara Arafat Hameed Al-Arjani -, Wateen Yahya Khaled Abu-Hilal -, Siyala Raafat Jamal Shatat -, Nisreen Mohammed Mohammed Al-Najjar -, Rakan Moumen Mousa Rabee -, Sanad Bilal Nabil Amara -, Hala Yasser Hamed Al-Sinnwar -, Hamadah Ibrahim Mohammed Al-Hajj Yousuf -, Maria Maher Yahya Al-Sikk -, Mohammad Saeed Adel Abu-Al-Rous -, Rateel Yasser Juma Abu-Al-Fita -, Bisan Ibrahim Mohammed Al-Mallahi -, Jannat Naji Abd Al-Rahman Abu-Hammad -, Ahmed Mohammed Amin Nofal -, Malak Abd Al-Rahman Ayash Darwish -, Rital Khalil Yahya Al-Batsh -, Ahmed Alaa Abd Al-Majeed Issa -, Qais Mohammed Ramadan Obeid -, Ibrahim Ammar Saad Al-Qara -, Karam Amjad Hafez Shamlakh -, Rafif Mahmoud Aref Al-Faqaawi -, Al-Anoud Suleiman Jaber Al-Qirinaawi -, Hour Mohammed Ibrahim Al-Mamlouk -, Maimouna Saher Said Al-Sayyid -, Rami Raafat Nidal Al-Amawasi -, Hour Rashad Said Habib -, Mohammed Omar Mustafa Shehab -, Raafat Khalil Raafat Anan -, Sanaa Ghassan Wagdi Hamouda -, Mohammed Nour Al-Din Yahya Al-Aqad -, Hassan Mohammed Hassan Abu-Dakkah -, Saif Ashraf Karim Abu-Hijr -, Abd Al-Raouf Ibrahim Abd Al-Raouf Al-Farra -, Hassan Ibrahim Abd Al-Karim Abu-Dwaba -, Tulin Ibrahim Barjas Awaijeh -, Khaled Bilal Mohammed Abu-Al-Omrein -, Tasnim Ramzi Awda Qarman -, Habiba Ashraf Mahmoud Abu-Assi -, Samira Ziyad Abd Al-Qader Al-Smeiri -, Mohammed Basel Mahmoud Al-Khayat -, Huda Mustafa Hatem Abu-Seif -, Abd Al-Rahman Samir Salama Saad -, Doaa Ali Hassan Al-Ghandour -, Ghaith Yasser Nabil Noufal -, Mohammed Mustafa Khalil Tammous -, Misk Mahmoud Ibrahim Hejazi -, Malak Walid Yousef Abu-Al-Khair -, Mazeen Hassan Mazen Al-Tawil -, Muayyad Mohammed Masoud Ashour -, Rafif Alaa Labib Al-Tabatabai -, Useid Haider Moen Al-Aff -, Batoul Khaled Shaaban Dawas -, Lynn Khaled Shaaban Dawas -, Sewar Khaled Saber Abu-Qashlan -, Wateen Bara'a Abd Al-Rahman Al-Hour -, Rafif Walid Sabri Al-Nabahin -, Fatima Mohammed Rizk Al-Wawi -, Bilal Khaled Mohammed Sobh -, Zein Al-Din Suleiman Moin Al-Najjar -, Malak Jihad Mohammed Al-Nemnem -, Rajwa Mahmoud Zuhdi Abu-Sharia -, Kinan Akram Sameeh Karim -, Jannah Hisham Mohammed Hamouda -, Tolin Ibrahim Jihad Al-Maghari -, Miyan Yahya Yousef Al-Astal -, Mostafa Mohammed Farid Qandil -, Moatasem Kanaan Farid Al-Jamal -, Mohammed Eyad Maher Abu-Leila -, Tahani Ezz Al-Din Ahmed Zourob -, Ayloul Omar Kamel Abu-Rahmeh -, Hanan Mohammed Abd Al-Hakim Asfour -, Hour Omar Mahmoud Al-Azib -, Lana Yousef Emad Lolo -, Wateen Sharif Bakr Al-Batniji -, Raghad Ahmed Oudah Abu-Khattab -, Aisha Jihad Jalal Shaheen -, Mohammed Hussein Mohammed Abu-Hamed -, Osayd Hussein Mohammed Abu-Hamed -, Badr Yasser Rafiq Abu-Habib -, Asia Hussein Ahmed Hamad -, Aseel Mohammed Jumah Dhahir -, Alma

Adnan Jamal Al-Qatraoui -, Moaz Hani Mohammed Al-Aidi -, Mohammed Alaa Othman Mohammed -, Belal Mohammed Kamal Hamdan -, Hamza Abd Al-Samad Taysir Abu-Warda -, Maryam Khaled Suhail Abed -, Hour Hazem Ahmed Al-Madhoun -, Ryan Abd Al-Rahim Jamal Al-Qatraoui -, Eliana Mohammed Nabil Mukhaimer -, Sari Mahmoud Abd Al-Aziz Alayan -, Mohammed Hani Mohammed Al-Zahar -, Mohammed Mohammed Hosni Abu-Sharar -, Zaher Mohammed Zaher Abu-Awaili -, Ibrahim Ahmed Salem Azzam -, Omar Ismail Omar Sharaf -, Hind Khaled Ahmed Jahjouh -, Saba Ramez Mohammed Abu-Maamar -, Mervat Wissam Maher Al-Daalesa -, Shaimaa Saeed Nabil Al-Laham -, Maria Khaled Zakaria Al-Shantti -, Rima Mohammed Sabri Al-Braim -, Issa Mahmoud Mohammed Qarmoot -, Abd Al-Rahim Ahmed Abd Al-Rahim Awad -, Wateen Munzer Saher Khattab -, Zain Mohammed Ali Al-Zard -, Mohammed Taher Ahmed Abu-Younis -, Majd Ismail Jad Hamad -, Khaled Hamza Khaled Al-Louh -, Abd Al-Hakim Mohammed Abd Al-Hakim Hussein -, Taj Arafat Ramadan Al-Balawi -, Ibrahim Al-Mu'tasim Waleed Al-Qouqa -, Ahmed Saeed Ahmed Fouda -, Mohammed Suleiman Kamel Farajallah -, Amr Mahmoud Tayseer Abu-Al-Laban -, Hadeel Othman Khalil Saydam -, Mira Omar Fares Sukkar -, Sila Mohammed Suleiman Abu-Amsha -, Mu'tasim Billah Moad Hamad Hamad -, Layan Mohammed Youssef Hussein -, Zain Shihada Mustafa Al-Shaer -, Jehad Mohammed Ra'fat Al-Da'lais -, Mahmoud Amjad Saeed Bakhit -, Yaqeen Karam Khadr Al-Turk -, Qutaiba Diaa Mohammed Abu-Qaliq -, Zain Mohammed Khaled Al-Houbi -, Raseel Ahmed Abd Al-Bari Abu-Foul -, Mohammed Tamer Muslih Al-Qanoua -, Osama Mohammed Adeeb Asleem -, Abd Al-Hakim Mohammed Abd Al-Hakim Abu-Al-Shaar -, Abdullah Amir Abdullah Al-Khour -, Alma Ahmed Mohammed Al-Atal -, Ahmed Moamen Ahmed Daloul -, Zaid Khaled Jumaa Al-Bahbahani -, Youssef Haitham Youssef Abu-Mahadi -, Fatima Ahmed Salah Al-Sawafiri -, Wateen Abd Rabbo Taleb Abu-Jrei -, Mohammed Talaat Ibrahim Al-Hassaineh -, Salma Adnan Abd Al-Karim Abu-Mustafa -, Judy Ahmed Akram Al-Araqaan -, Sanad Mohammed Sami Salman -, Obaida Bilal Youssef Abu-Mailaq -, Sama Ibrahim Majid Al-Wadeeah -, Noor Rami Naeem Al-Asmar -, Qais Ali Nabil Al-Aidi -, Moustafa Hani Issam Saqallah -, Salma Ibrahim Basem Shaaban -, Wael Amir Sharif Assaf -, Moaz Mohammed Jawad Al-Wadeeah -, Yazan Ahmed Mohammed Al-Attar -, Joud Abdullah Ahmed Qassem -, Nasr Alaa Nasr Jargon -, Nabil Saif Al-Islam Nabil Al-Hallol -, Khaled Moamen Amin Shubair -, Sama Mohammed Yousef Darwish -, Alaa Al-Din Ali Kamal Balatah -, Rayan Abdullah Zakaria Al-Astal -, Nabil Bilal Nabil Al-Aidi -, Aws Mohammed Hussein Al-Atal -, Salam Wael Ahmed Al-Astal -, Sanad Yaseen Moustafa Al-Zeinati -, Jewel Atallah Ibrahim Al-Amash -, Hurriya Ahmed Imran Ghabn -, Mohammed Fadi Mohammed Al-Loqa -, Taqa Mousa Khalil Abu-Nussairah -, Malek Azzouz Ali Awad -, Warda Mahmoud Allam Al-Yazji -, Mohammed Ahmed Riyad Abu-Zurqa -, Adam Majdi Jaber Al-Dahdouh -, Mohammed Amr Mohammed Magari -, Basima Ibrahim Mohammed Al-Souri -, Sobhi Ramzi Sobhi Al-Ajal -, Mousab Mohammed Smeeh Subeih -, Elias Mohammed Emad Iyyad -, Marah Homam Yousef Bahar -, Farah Homam Yousef Bahar -, Yahya Jawad Mohammed Al-Labban -, Firas Mohammed Abd Al-Aziz Tamraz -, Abd Al-Jawad Meer Jamal Housso -, Yousry Bahaa Jun Musleh -, Amir Mahmoud Zuhdi Al-Masri -, Sarah Ahmed Medhat Abu-Bakr -, Ammar Islam Omar Harb -, Manal Moamen Majid Abu-Al-Aouf -, Munir Fadi Munir Shabat -, Rakan Hossam Hussein Mousa -, Dana Khaled Saleh Abu-Labda -, Diyaa Majed Ahmed Kashkou -, Jud Karam Ahmed Abu-Shawish -, Fahd Uday Imad Al-Ajez -, Maria Ahmed Nayef Ryan -, Tia Mamdouh Mohammed Abu-Jazar -, Mohammed Mamdouh Mohammed Abu-Jazar -, Uday Mohammed Saadi Abu-Hamada -, Noor Mohammed Aaed Adwan -, Eileen Ahmed Khaled Al-Saeedi -, Wateen Ahmed Khaled Al-Saeedi -, Child/Salma Hamada Misbah Mikhemer -, Sarah Fathy Abd Al-Karim Al-Farra -, Bahaa Mostafa Jamal Mousa -, Misk Mohammed Khalil Judeh -, Ahmed Talaat Ali Barhoum -, Jory Ammar Ibrahim Al-Jarousha -, Shahd Mohammed Ismail Al-Hour -, Bara Hossam Nafez Alwan -, Ahmed Wissam Zaki Owaida -, Adam Shawkat Mahmoud Al-Rantisi -, Rakan Sameh Saif Al-Din Ahmed -, Abd Al-Rahman Ahmed Essam Salah -, Mohammed Raed Ibrahim Muhaysin -, Malik Mahdi Ahmed Shalouf -, Leen Hisham

Asaad Al-Bayouk -, Maryam Ahmed Ziad Ashour -, Samira Osama Youssef Al-Zahhar -, Tulin Mohammed Tawfiq Al-Taeban -, Haya Moumen Youssef Salem -, Sandous Mohammed Hamad Abu-Baraka -, Mohammed Fadi Jihad Radwan -, Tim Samer Suleiman Jaarour -, Amal Mohammed Ahmed Al-Bayouk -, Sarah Mahmoud Fayez Ahl -, Hour Yassine Ahmed Sheikh Al-Eid -, Maryam Mohammed Jamal Abu-Jalalah -, Tala Ahmed Atef Ruqa -, Zeina Ahmed Mohammed Shatat -, Zein Amer Ibrahim Al-Jarousha -, Karima Mohammed Majed Al-Ghoul -, Ghazal Asaad Maher Abu-Lashin -, Marzouk Mazen Hani Abu-Ghosh -, Sham Mohammed Saleh Al-Sawalha -, Jamal Mohammed Jamal Al-Mughari -, Ghazal Mahmoud Saeed Al-Haddad -, Sham Fareed Rajab Halawa -, Baraa Mohammed Osama Al-Dahshan -, Omar Youssef Salah Al-Din Abu-Jadallah -, Jibril Nader Nidal Qarmout -, Saber Jabr Salman Al-Hasanat -, Osama Asaad Mohammed Tayeh -, Adam Mohammed Fouad Al-Agha -, Mahmoud Youssef Mohammed Abu-Shawish -, Sara Ahmed Jadallah Al-Arja -, Al Amira Aisha Mahmoud Ahmed Zaroub -, Mohannad Mohammed Hamad Dhohir -, Hamza Medhat Falah Hasona -, Wateen Rami Raed Hamada -, Maryam Safa Al-Din Mohammed Al-Talbani -, Anas Tarek Mohammed Al-Hasanat -, Ataf Hassan Al-Riyadh -, Raafat Ibrahim Raafat Al-Azzami -, Mai Hatem Asaad Qitta -, Sana Hassan Salman Abu-Maqsoob -, Malik Mohammed Salman Abu-Maqsoob -, Abd Al-Rahim Hossam Mohammed Shahin -, Alma Hossam Mohammed Shahin -, Lynn Bassam Ahmed Froaneh -, Omar Alaa Abu-Habel -, Daughter/Mohammed Jamal Hassan Nesman -, Joud Mohammed Maher Miqdad -, Hakima Ramadan Al-Najjar -, Karam Suleiman Jamil Abu-Azal -, Maryam Yahya Bahour Matar -, Mohammed Ahed Bahour Matar -, Hassan Mohammed Al-Dabji -, Khadija Walaa Abd Al-Jabbar Al-Hajj -, Fatima Motasem Amin Nofal -, Sewar Suleiman Daoud Heles -, Malik Mahmoud Atef Halawa -, Al-Bara' Saleh Khaled Abu-Azzoum -, Alma Qais Abd Al-Karim Al-Zahrani -, Mira Ahmed Mohammed Al-Batsh -, Tariq Ziad Humaidan Abu-Umrah -, Fairuz Fadi Hamada Abu-Sulaima -, Ibrahim Ahmed Nasser Shaqoura -, Ismail Mohammed Fayez Al-Amayra -, Ahmed Rami Ahmed Abd Al-Qader -, Mohammed Saleh Mohammed Hamada -, Yaseen Adel Mousa Zanon -, Moamen Essam Hussein Salha -, Adam Hamza Kamel Ghubn -, Maryam Ahmed Mahmoud Sidam -, Nabil Ahmed Nabil Al-Ghalban -, Moamen Ahmed Mahfouz Salah -, Saba Mohammed Emad Shaleq -, Jouri Ayyad Ismail Al-Najjar -, Amal Mahmoud Mohammed Salha -, Salma Amr Abdullah Nassar -, Jouri Darwish Hamed Abu-Khatla -, Ahmed Mohammed Yasser Dardouna -, Abdullah Ahmed Khalil Zarab -, Noor Ahmed Zakaria Al-Dreeni -, Yasmin Abd Al-Rahim Ayesh Darwish -, Wateen Abd Al-Rahman Hamdi Dhuhair -, Malik Sami Mohammed Magari -, Sewar Munir Harb Dawas -, Farah Suleiman Raed Abu-Shabab -, Murad Eid Youssef Abu-Saifan -, Izzat Asaad Izzat Saqallah -, Karim Mohammed Fayez Al-Madhoun -, Maria Ahmed Salah Kurdiya -, Farah Mohannad Abdullah Shaban -, Youssef Ahmed Jamal Mousa -, Nourz Ahmed Shaban Halasa -, Mohammed Mahmoud Deifullah Al-Nadiyat -, Ghaith Khattab Omar Al-Bahloul -, Abd Al-Karim Abdullah Omar Shahab -, Sanad Ahmad Mahmoud Abu-Al-Omrein -, Abd Al-Karim Kamel Zidan Al-Hawajri -, Amal Jihad Abdullah Abu-Azoum -, Hour Eyad Al-Najmi -, Lina Ibrahim Hassan Al-Hamas -, Masa Khalil Mohammad Abu-Hashim -, Maria Khalil Mohammad Abu-Hashim -, Reem Suleiman Thabit Al-Qudra -, Rofan Ahmad Taysir Farwana -, Sara Ala'a Hassan Sabeih -, Tala Mohammad Jamal Suleiman -, Shahd Ismail Hamdi Mouklid -, Sila Zuhair Saleem Al-Madaf -, Aleen Mohannad Mohammed Abu-Zaanouna -, Shehab Suhail Mohammed Abu-Eida -, Anas Mohammed Faeq Al-Amayra -, Eilaf Sha'arawi Faeq Hassan -, Masa Adnan Mahmoud Al-Wahidy -, Mask Mohey Eldin Nayef Al-Saqa -, Sila Emad Khalil Saleha -, Ezz Basel Al-Kahlout -, Moataz Saad Al-Kahlout -, Jannat Mostafa Abu-Banat -, Basma Mohammad Tanbura -, Selene Nour Qazaar -, Mohammad Nour Qazaar -, Youssef Taysir Fayez Al-Ghaliz -, Mohey Eldin Mohammad Moein Ayyash -, Kinda Ahmad Awad Abu-Labda -, Hala Ouda Abd Al-Nasser Abu-Nadi -, Rasil Bilal Saleem Al-Madaf -, Sara Ahmad Majed Al-Sharafi -, Khaled Adham Eissa Abu-Zaher -, Selia Mahmoud Eissa Abu-Zaher -, Tala Ayman Ahmad Daban -, Sham Saeed Mohammad Al-Barawi -, Hussain Nael Abd Al-Karim Al-Akkad -, Aysel Ibrahim Kamel Rashwan

-, Abdullah Mohammad Abd Al-Hakim Al-Qudra -, Alma Wael Mohammad Abu-Alwan -, Ahmad Ataf Ahed Bakr -, Mahmoud Abdullah Shukri Hamad -, Jumana Fadi Ibrahim Abu-Wazna -, Joud Mahmoud Mohammed Hamdan -, Mirna Hazem Mohammed Al-Zarabi -, Khodr Mohammed Ahmed Qassem -, Mohammed Mahmoud Mohammed Al-Eisawi -, Kayla Hossam Ahmed Al-Balbisi -, Mahmoud Arafat Awad Maqdad -, Shaghaf Mahmoud Samir Abu-Al-Hawa -, Julia Anwar Misbah Azzam -, Ayman Mohammed Hamdan Abu-Labda -, Waleed Asim Waleed Abu-Obeid -, Arkan Fadi Mohammed Al-Akkad -, Hajar Salim Zahir Abu-Qenos -, Mohammed Hassan Farid Salah -, Rami Salah Eldin Mohammed Yassin -, Hanaa Abdullah Hassan Al-Dahshan -, Habiba Ammar Mahmoud Al-Sharafi -, Mohammed Ayman Mahmoud Al-Sharafi -, Mohammed Ashraf Munir Al-Kabariti -, Asim Ayman Amin Maki -, Hamdi Munir Hamdi Abu-Asr -, Firas Shadi Ramadan Kahil -, Alin Asim Mohammed Sbeih -, Amir Mohammed Hassan Al-Shoubaki -, Ibrahim Adham Nimer Mushtaha -, Lana Jalal Mutie Hassouna -, Sham Abdulrahman Mohammed Al-Haddad -, Mohammed Mahmoud Youssef Abu-Warda -, Hisham Mohammed Hisham Al-Kahlout -, Baker Ahmed Hassan Tafesh -, Wafa Mohammed Kazem Al-Zamili -, Tulin Abd Al-Karim Saad Shihada -, Misk Moaz Marwan Al-Nadeem -, Karim Ahmed Ismail Abu-Thuraya -, Karam Ahmed Ismail Abu-Thuraya -, Selin Mohammed Ghazi Abu-Awad -, Manar Atiyah Hamdi Al-Deeb -, Lana Nail Fayez Al-Sakani -, Abeer Fathi Abdullah Al-Nadi -, Arwa Youssef Hamdan Abu-Musa -, Angie Moamen Salah Al-Na'eizi -, Rafaan Waleed Mohammed Muhareb -, Mohammed Mostafa Mohammed Abu-Nasr -, Laila Alaa Riyadh Asaf -, Moamen Ibrahim Sabri Abu-Shamas -, Hassan Ibrahim Abdulkarim Abu-Dawabah -, Salman Sufyan Mohammed Manoun -, Maryam Wissam Al-Sharawi -, Tawfiq Asaad Tawfiq Laqaan -, Madeline Abdulkarim Abdulkarim Al-Shaer -, Manar Ahmed Mohammed Al-Maghribi -, Mohammed Mahmoud Salama Baroud -, Hani Mohammed Hani Al-Afifi -, Malak Mahmoud Ziyad Al-Harsh -, Ghaith Othman Mahmoud Al-Masri -, Yumna Nihad Jihad Rajab -, Sabrin Al-Rouh Shokri Ahmed Youssef Al-Sheikh -, Adam Abdullah Nayef Al-Astel -, Malak Ahmed Maher Abu-Eidah -, Zain Nimr Nabil Kaheel -, Adam Fadi Alaa Shallah -, Mohammed Abd Al-Hamid Mohammed Abu-Gaza -, Maram Arafat Jameel Hassanein -, Ayla Ahmed Hassan Nasman -, Eileen Mohammed Hassan Nasman -, Zakaria Abd Al-Rab Mustafa Ghanem -, Hana Obeida Hussein Jouda -, Al-Waleed Amjad Abd Al-Rahim Jahjouh -, Saif Mahmoud Omar Subaih -, Sarah Moussa Fathy Al-Hatto -, Mu'tasim Ayman Abd Al-Rahman Muhaysin -, Maryam Ahmed Ramadan Noufel -, Latifa Ahmed Ashraf Hallis -, Mohammed Zuhdi Ali Binr -, Youssef Ziyad Khamees Al-Kitanani -, Kamal Mahmoud Kamal Al-Sarahi -, Massa Ahmed Ziyad Yasin -, Hamza Yasin Mohammed Abu-Jaber -, Salma Nasser Hussein Freij -, Habiba Firas Mustafa Al-Jadi -, Amr Hassan Walid Abu-Muslim -, Asser Ibrahim Awad Al-Qahwaji -, Hamza Abdullah Fawzi Abu-Mustafa -, Mousa Abdullah Mousa Al-Shami -, Sham Islam Munir Salem -, Maha Nail Said Taima -, Ahmed Shadi Ayoub Hajjo -, Fadi Fadi Shoukry Saada -, Mohammed Ezzeldin Ibrahim Al-Najma -, Heba Zahi Ibrahim Labad -, Ahmed Mahmoud Abd Al-Rauf Badran -, Louay Ahmed Ali Al-Abbasi -, Ayala Bilal Abdullah Hamdan -, Mohammed Mohammed Hani Al-Tayeb -, Masa Mohammed Helmy Abd Al-Nabi -, Ameer Anas Adel Al-Daour -, Moein Fadi Talaat Haboub -, Dana Khalil Ali Ramadan -, Hamdi Mahmoud Hamdi Abd Al-Rahman -, Ahmed Mohammed Salim Safi -, Ahmed Ibrahim Mohammed Al-Maghribi -, Salim Rami Ziad Al-Zeinati -, Salim Rami Ziad Al-Zeinati -, Khaled Mohammed Bassam Al-Barsh -, Fayez Suhaib Fayez Qassem -, Obaida Ismail Mahmoud Shehab -, Omar Mohammed Omar Zahir -, Sham Youssef Saad El-Din Al-Basyouni -, Qusay Salah Gamal El-Din Abu-Eita -, Rahaf Mohammed Salim Safi -, Nafez Ameer Nafez Al-Firi -, Habiba Mohammed Jamil Khadr -, Hour Hamza Mohammed Abu-Nada -, Amer Ahmed Amer Farajallah -, Tasneem Mohammed Akram Saqr -, Celia Mahmoud Issa Abu-Zahir -, Ayham Mohammed Issa Abu-Zahir -, Ruwaida Mohammed Omar Hassan Al-Sayed -, Wateen Rami Raed Hamada -, Amal Shadi Talal Obeid -, Houra Youssef Abd Al-Rahman Tayah -, Raed Abd Al-Karim Kamal Al-Dawwasah -, Masa Mohammed Zuhair Al-Harsh -, Fatima Ahmed Mahmoud Eid -, Sham Mohammed Hamdi Al-Madhoun -, Tulin Thaer Atta Al-Za'anin -,

Mohammed Hassan Youssef Dawood -, Osman Mahmoud Jamal Saad -, Houra Yahya Amjad Al-Harthani -, Yumna Issa Amjad Al-Harthani -, Joud Raed Samir Mousa -, Yaman Nour El-Din Hassan Abu-Habel -, Mujahid Mohammed Khalil Rayan -, Masa Mohammed Khader Rayan -, Mahmoud Eid Mahmoud Nabhan -, Joud Mohammed Mansour Abd Al-Jawad -, Misk Jihad Maher Qassem -, Hussein Abd Al-Rahim Youssef Al-Muqayyad -, Sila Khaled Adel Al-Tawil -, Masa Mahmoud Fathi Salihah -, Karim Abdullah Ayesh Darwish -, Al-Muntasir Billah Hamed Bakr Al-Batniji -, Omar Mahmoud Mohammed Khalifa -, Asya Issa Ouni Abu-Yusuf -, Adam Ahmed Ayesh Abu-Zour -, Youssef Ahmed Mustafa Al-Jaroushah -, Khalil Mahmoud Abd Al-Hadi Al-Shawish -, Ahmed Thaer Khamees Wahba -, Sand Mohammed Jamal Al-Kurdi -, Sidra Wael Fahmy Madi -, Taleen Karm Roshdy Al-Kafarna -, Ibrahim Nael Ghazi Tafesh -, Fatima Ahmed Shahada Abu-Al-Atta -, Rashed Mohammed Khamees Al-Katanani -, Abdullah Yasser Naif Radi -, Hamza Youssef Suhail Al-Dayah -, Jamal Uday Ibrahim Al-Sayed -, Aser Mohammed Mahdi Abu-Al-Qumsan -, Aysel Mohammed Mahdi Abu-Al-Qumsan -, Taj Abdullah Atef Al-Hasanat -, Atwan Suleiman Atwan Arjeelat -, Ahmed Islam Zaki Abu-Daqah -, Zain Nidal Mohammed Abu-Zaher -, Sally Abdulaziz Mohammad Abu-Gaza -, Ghazal Ibrahim Jihad Hamad -, Aysel Mohammad Abu-Al-Qumsan -, Aysir Mohammad Abu-Al-Qumsan -, Osama Taha Mohammad Abu-Nada -, Mohammad Kamal Ibrahim Shaheen -, Suad Mohammed Majed Rummaneh -, Amal Khalil Mohammad Al-Qassas -, Daughter of Yumna Mansour Hafez Al-Hallak -, Alma Waseem Jihad Al-Amoudi -, Daughter of Asya Nizar Mohammad Abu-Warda -, Abdulaziz Mustafa Abdulaziz Al-Houran -, Daughter of Samaher Maher Maqatt -, Son of Walaa Al-Dawasah -, Ayla Ahmed Maher Abu-Al-Qara -, Mohammad Hilal Ahmed Al-Radhi -, Nafez Kamal Ouni Al-Barawi -, Mariam Jihad Marwan Salem -, Shaaban Mousa Sameer Al-Kariri -, Sham Muaz Mohammed Abu-Satita -, Ihab Majid Ihab Abu-Kloub -, Khalil Mohammad Naeem Jaber -, Suwar Sami Khamis Abu-Amsha -, Misk Yousif Talal Obeid -, Mohammad Ibrahim Saeed Labad -, Karam Ibrahim Essam Abu-Amira -, Rimas Basel Mahmoud Hussein -, Bashir Ghassan Khalil Hamdan -.

1 years old

Ayla Ahmed Ali Obeid, Salahuddin Osama Khalil Abu-Layla, Adam Ezzat Mohammad Warshaga, Joud Alaa Mohammad Al-Hessi, Zeina Hazem Abdalhameed Mahna, Mohammad Rami Mohammad Al-Manama, Abdullah Ibrahim Khaled Al-Dali, Amira Mohammad Sameer Abu-Ajoah, Siham Ibrahim Abd Al-Karim Al-Khalout, Farah Rami Mahmoud Al-Sheikh Khalil, Sham Ahmed Isbeitan Abu-Seedo, Sham Mohammed Ziyad Abu-Namous, Saeed Zaid Saeed Zaqoul, Firas Adel Nabil Al-Qaishawi, Rahaf Majd Atef Darwish, Anas Ahmed Hamdi Daloul, Ahmed Amin Ahmed Abd Al-Alem Haram, Layan Mohammed Abd Al-Jawad Abu-Ras, Ezz Abd Al-Aziz Ezz Hijazi, Selin Said Hassan Al-Khatib, Akram Mohammed Moeen Al-Harkali, Wateen Mohammed Khorshid Saeed Saqallah, Jouri Mohammed Mansour Abd Al-Jawad, Owais Amer Yahya Al-Balaaoui, Qusay Mohammed Hamza Abu-Hilal, Abdullah Khalil Abdullah Abu-Hayyah, Taym Allah Mohammed Abd Al-Karim Jomaa, Nesreen Mohammed Shaban Afaneh, Sara Mousa Hamdi Ikhleel, Abd Al-Rahman Abd Al-Aziz Yahya Al-Balaaoui, Maria Ahmed Ali Bustan, Kenan Ibrahim Rami Al-Naji, Ahmed Thaer Sobhi Gharib, Mohammed Abdullah Khalil Abdulrahman, Jouri Mohammed Ramzi Al-Khouli, Niveen Khaled Saleh Hassouna, Sewar Rami Mohammed Fadel Hassouna, Yahya Jawhar Yahya Al-Balaaoui, Rana Majd Ramzi Al-Moqeed, Jihad Abd Al-Rahman Jihad Mohsen, Sahar Mohannad Hani Zahir, Ahmed Nazeer Shawqi Shaban, Kenzy Fadi Salem Al-Nabih, Riman Hesham Rajeh Al-Talbani, Mohammed Mansour Nasruddin Abu-Ne'meh, Hamza Alaa Ibrahim Abu-Zuhair, Mohsen Kamal Mohsen Al-Haqi, Juliet Sobhi George Al-Suri, Iman Deeb Salah Alaywah, Eileen Ahmed Abd Al-Moati Al-Ajrami, Salma Mohamed Mohamed Ali, Mohamed Mohamed Talal Al-Gharabli, Ezz Mosab Ezzedine Shalht, Misk Ali Hassan Al-Rantissi, Mahmoud Hamza Mahmoud Al-Khouli, Yaman Sami Saber Abu-Wadi, Sila Ahmed Hussein Madi, Hour Abd

Al-Shafi Muslim Mahani, Masa Mohamed Adnan Al-Habashi, Mohamed Shadi Samir Qaraqaz, Ahmed Amjad Harbi Daloul, Ezzedine Sohaib Ezzedine Al-Haddad, Basma Mohamed Ibrahim Abu-Sharia, Najwa Samah Hani Al-Madhoun, Mohamed Abd Al-Karim Asaad Al-Dahshan, Ayla Saeed Saleh Abu-Al-Aish, Sham Tamer Hosni Azzam, Khalil Ibrahim Fawzi Al-Nafar, Ubayda Mahmoud Abd Al-Karim Haniya, Jumana Nabil Saeed Al-Qanuf, Siraj Mahdi Jawad Ali, Kenan Saqr Nasr Al-Sarahi, Asia Hassan Hamdi Al-Hanawi, Saja Moyed Sobhi Samara, Adam Bakr Nasr Al-Sarahi, Magda Youssef Abd Al-Rahman Abu-Rekba, Aisel Ashraf Ghassan Daraz, Daif Allah Mohamed Salim Abu-Taha, Masa Hussein Marwan Al-Barai, Maiamuna Abdullah Zakaria Maamar, Youssef Mohamed Nasser Al-Kurdi, Malik Mahmoud Tawfiq Jaber, Yazeed Jihad Mohamed Al-Ghannam, Othman Hussein Mahmoud Abd Al-Aal, Sanad Tamer Fadlat Abu-Labda, Mohammad Murad Ammar Barash, Mohammad Abd Al-Karim Mohammad Al-Tabatibi, Wateen Mohammad Nawez Saleh, Ismail Hasan Ismail Ghanem, Habiba Hasan Ismail Ghanem, Mohammad Anas Nasser Dwidar, Yazan Ahmad Naim Dwidar, Oday Abd Al-Rab Abu-Musa, Mahmoud Mohammad Abu-Musa, Sabreen Karam Iyad Harara, Abdullah Omar Mohammad Al-Ghussein, Obaida Mahmoud Ahmad Nassar, Jawad Hussam Mohammad Abu-Jari, Mira Mahmoud Fadel Al-Majaida, Mohammad Mas'ad Awad Al-Araishi, Abdullah Mas'ad Awad Al-Araishi, Yusuf Ibrahim Mahmoud Ashour, Sally Mohammad Saeed Sadeq, Reem Tareq Saad Al-Banna, Mirna Salama Jihad Al-Shaaer, Abdullah Mohammad Ahmad Hamad, Suleiman Mahmoud Suleiman Abu-Madi, Lian Ibrahim Faiz Al-Qanoua, Saba Ahmad Emad Helles, Ilana Alaa Youssef Abu-Riyash, Hanan Ahmad Khalil Kloseh, Malek Karam Fawzi Hassouna, Khaled Omar Sami Maqdad, Habiba Hamza Salama Abu-Aziz, Noaman Salama Noaman Mushtaha, Omnia Zakaria Hamid Hamada, Imad Abd Al-Qader Imad Al-Bayouk, Tamim Nidal Ismail Abu-Ajami, Mena Allah Matar Ahmad Aloua, Islam Nihad Ishaq Abu-Hweidi, Sila Mahmoud Salama Abu-Lashin, Habiba Adham Hasan Youssef, Reefana Waleed Sabri Al-Nabahen, Aya Ahmad Nawaf Al-Najjar, Kamal Mohamed Kamal Al-Zubaidi, Reem Mohamed Ismail Sahwil, Yaqeen Badr Eid Abu-Jabal, Aseel Eyad Nabil Omran, Sewar Ihab Ahmed Aref, Sanad Mohamed Fathi Abu-Ajooh, Maryam Mohamed Kamel Mohsen, Sarah Majd Abd Al-Latif Al-Haj, Misk Mohamed Shawqi Al-Qudra, Celia Tareq Fadel Al-Ghanam, Adam Hamza Naim Abu-Tabak, Ashraf Hossam Ashraf Shahin, Sanaa Amr Khalid Hammad, Suleiman Mohamed Magdy Abd Al-Ghafoor, Hazem Rajab Hazem Abu-Seif, Islam Ziad Hassan Salem, Aseel Mohannad Amin Al-Agha, Elina Mohamed Muin Abu-Saadeh, Yaman Khalil Kamal Hussein, Karmel Hamed Khaled Al-Bay'a, Dima Mohamed Ahmed Jaber, Al-Baraa Mohamed Samir Abu-Taimah, Aya Mohamed Hussein Ashour, Sila Dhafer Ahmed Abu-Younis, Kenda Mohamed Muin Abu-Jabal, Zeina Ahmed Mohamed Abu-Anza, Alma Khaled Kamal Rashwan, Mian Mohamed Riyad Abu-Hadayed, Musa Ahmed Musa Al-Zanati, Abd Al-Karim Mustafa Abd Al-Karim Joudeh, Maria Anas Abd Al-Mueen Hamdan, Mohamed Hossam Mahmoud Hamad, Nadia Ibrahim Aziz Asaliya, Sila Hani Ahmed Al-Najjar, Omar Mohamed Emad Issa, Masa Marwan Mahmoud Hamad, Jannah Mohamed Sami Khattab, Heidi Mohamed Alaa El-Din Ahmed, Sham Mohamed Jihad Jargoun, Ilaf Khalil Yahya Al-Batsh, Layan Haitham Mohamed Al-Nabahen, Asil Ahmed Mahmoud Ridwan, Adnan Yusuf Adnan Mhana, Ayla Ubaida Eid Musleh, Ibrahim Mahmoud Ibrahim Salem, Yasmin Talaat Majid Abu-Rakab, Jamil Ali Jamil Eid, Nusiba Samer Salem Salem, Asia Fahmi Abdullah Azzum, Abdullah Omar Yusuf Haddad, Khalid Mohammed Nouman Haji, Mohammed Ahmed Ibrahim Al-Jarousha, Sewar Hamdi Salem Salah, Kinzy Abdulrahman Mohammed Jumaa, Naya Salah Taher Al-Akkad, Rakan Othman Ayoub Al-Abadla, Basil Abdulrahman Munzer Salah, Fawaz Ibrahim Fawaz Musleh, Kamila Mohammed Mustafa Al-Dabbari, Yamen Khalid Ali Mansour, Khamis Hassan Khamis Abu-Tahaoun, Masa Musab Maher Al-Attar, Bisan Abdullah Ramadan Al-Yazouri, Rawad Bashir Jamil Abu-Said, Yumna Muin Abdulmohsen Al-Hasanat, Mira Yusuf Ibrahim Musleh, Majed Mohammed Amin Al-Dahdouh, Hisham Yassin Hisham Abd Al-Latif, Rashdi Hassan Shehadeh Al-Attar, Oday Adam Jamal Abu-Al-Naja, Mahmoud Ali Hassan Judeh, Mennat Allah Mahmoud Naif Abu-Shamala, Eileen Maher

Asaad Al-Akhras, Celine Ismail Mohammed Al-Mutawwak, Hour Maher Mohammed Abhar, Suad Mohammed Ahmed Omar, Sama Al-Tayeb Mazen Obeid, Hamsa Bilal Khalil Zaarab, Jenan Hamid Nasser Al-Astal, Abdulrahman Sharif Mohammed Abu-Ma'mar, Taqwa Salem Mohammed Abu-Ma'arouf, Sham Arabi Abd Al-Qader Al-Zubaidi, Nasr Khalid Nasr Al-Jad, Julia Fawzi Saeed Al-Kurd, Mahmoud Mohiuddin Mahmoud Al-Siba'i, Sally Hisham Misbah Jadallah, Sahar Ahmed Omar Abu-Sultan, Yaqout Anas Hassan Dheir, Mahmoud Asaad Mahmoud Al-Jabali, Nivin Muhammad Yahya Al-Akkad, Dahab Muhammad Zaki Al-Akhras, Dima Muhammad Khaled Ghanem, Sewar Ibrahim Abd Al-Raouf Al-Farra, Tolin Yousef Yassin Khattab, Khalil Musab Khalil Al-Ashqar, Muhammad Khamis Ziyad Al-Jazzar, Muhammad Omar Salem Al-Shawi, Samar Majed Suhail Al-Nahal, Muhammad Bahaauddin Hassan Al-Kahlout, Zain Amer Nizar Abu-Taha, Amal Ahmed Mahmoud Kashko, Sidra Muhammad Saadi Qashta, Rifan Ezzedine Ahmed Al-Saaida, Osama Mahmoud Muhammad Labd, Ne'ma Abdullah Castro Abu-Asheba, Mohannad Raed Ismail Ashour, Fatima Hamza Sobhi Al-Ajal, Atif Muhammad Atif Ma'mar, Hala Hossam Jamil Al-Za'anin, Ruqayya Atif Naeem Habib, Hamza Muhammad Zaki Awaidah, Ghaith Iyad Muhammad Abu-Dreeqa, Malik Omar Rabeh Abu-Salima, Najaah Ahmed Muhammad Ashreem, Ata Mohiuddin Ata Darwish, Rima Hamed Kamal Abu-Oun, Mayas Mu'adh Amin Nofal, Yousef Saleh Ibrahim Asleem, Sidra Yassin Saeed Abu-Aida, Ghena Abd Al-Hadi Nahid Abu-Ruk, Walaa Muhammad Sameer Malaka, Sanad Shadi Sharif Al-Sarahi, Massa Mohamed Hassan Ashour, Hassan Hossam Hassan Al-Ghafir, Hour Mostafa Mohamed Al-Naqeeb, Omar Hossam Hassan Al-Ghafir, Mostafa Mousa Azmi Al-Jamal, Karim Omran Ziyad Ayad, Massa Ayman Sameer Mousa, Ayman Ahmed Ramadan Al-Masri, Arwa Yousef Hamdan Abu-Mousa, Ali Akram Rabea Abu-Halbema, Hassan Yousef Omar Al-Shayah, Malak Abdullah Tawfiq Jaber, Jana Safaa Eldin Mohamed Al-Telbani, Janat Safaa Eldin Mohamed Al-Telbani, Roza Khalil Ibrahim Khader, Majd Ahmed Salem Al-Qanoua, Mira Mohamed Abdullah Al-Beshity, Emad Eyad Emad Al-Araeer, Mennah Mahmoud Ismail Hamad, Baraa Mahmoud Nasser Shahada, Massa Mahmoud Diab Alwan, Ramez Mohamed Ramez Awad, Odai Mahmoud Fouad Hana, Marwa Hamza Nasser Al-Astal, Talia Baker Marwan Abu-Al-Aoun, Ghaith Zaid Mohamed Abu-Zayed, Mohamed Mohamed Jamal Abu-Kamil, Amir Mohamed Faeed Al-Sukkani, Mehraman Sulaiman Moen Al-Najjar, Jumana Habb Eddin Idris Maqat, Wateen Fares Atoah Abu-Ishaq, Dana Mohamed Taysir Abu-Shammala, Tawfiq Rizk Tawfiq Al-Shoubaki, Fadwa Saleh Habib Dagmash, Muhannad Hani Khaled Abu-Al-Naja, Lynn Basel Mazen Gbain, Muhannad Saqr Yasser Abd Al-Aal, Saif Yahya Ashraf Abu-Anza, Sabrin Fahd Mahmoud Basheer, Sila Khaled Waleed Brees, Tia Mahmoud Hassan Jargon, Maria Moataz Mazen Aslan, Tarzan Mohammad Ghanem Jaaror, Safa Suleiman Salman Al-Najjar, Masa Abdullah Mufid Hijazi, Zuhair Ramadan Mahmoud Al-Dahouk, Rital Jihad Bassam Sadiq, Mohammed Iyad Mohammed Katkat, Wadih Ahmad Wadih Hamdan, Walaa Mohsen Abed Al-Qurqan, Sanad Ahmed Salman Al-Sufi, Yusuf Mahmoud Mohammed Qarmout, Misk Ahmed Abdullah Yasin, Mayar Musab Mohammed Daloul, Mohammed Saleh Salah Farhat, Mohammed Mohsen Suleiman Abu-Ma'amar, Eileen Jamal Atieh Al-Tarabin Jeremy, Bana Mohammed Samih Abu-Hajr, Lana Mahmoud Tahseen Ahmed, Marwan Radwan Marwan Al-Tabji, Daniel Abdullah Dinyan Mansour, Sara Khalid Jihad Abu-Jbara, Sawsan Mustafa Mahmoud Barbak, Anas Mohammed Hassan Asbeihi, Zain Ibrahim Mohammed Darwish, Ismail Ali Ismail Hamd, Yazan Ahmed Ibrahim Al-Bardawil, Badr Al-Din Badr Mohammed Al-Omrin, Ruqayya Jihad Mahmoud Abu-Asi, Manal Mahmoud Nidal Barbak, Malak Yasser Mohammed Daoud, Amir Raf'at Omar Abu-Shab, Mohammed Ibrahim Mousa Farajullah, Kawthar Suhaib Awad Awkal, Bana Diaa Alaa Abu-Hamda, Amir Mohammed Mustafa Othman, Anas Mohammed Mahmoud Al-Derawi, Habiba Shahda Hassan Dhuheir, Mohammed Muayyad Azou Afaneh, Hour Fadi Jihad Saleh, Suwar Fouad Mahmoud Tabasi, Maryam Alaa Abd Al-Qadir Abu-Joudeh, Joud Saleh Khamis Nasrallah, Mira Yaqoub Ziyad Al-Arqan, Youssef Ayman Marzouk Samour, Mohammad Ashraf Sadqi Al-Kazemi, Sadqi Ashraf Sadqi Al-Kazemi, Noura Saeed Atta Allah Al-Ajili, Abd Al-Rahman Eyad Abd Al-Rahman Abu-Jalal, Huda Mohammad Ali

Al-Louh, Noor Mohammad Abd Al-Hakim Abu-Al-Shaar, Osama Mahmoud Fares Siam, Abi Mahmoud Fares Siam, Hala Ahmad Atef Al-Bardasawi, Mahmoud Mohammad Ahmad Abu-Areiban, Hour Mousab Mohammad Abu-Zaid, Abdullah Nael Mohammad Shamlakh, Shaaban Khaled Shaaban Ziada, Rafeef Alaa Hisham Al-Khatib, Alyan Mohammad Alyan Al-Bayouk, Tulin Hamza Ishaq Al-Alloul, Mahmoud Basel Mahmoud Al-Khayyat, Bara'a Mohammad Waleed Abu-Shuaib, Mohammad Mostafa Fouad Abu-Safi, Osama Ahmad Mohammad Hassan Abu-Rabea, Saja Mousa Mohammad Al-Aidi, Layan Mohammad Ismail Salah, Abeer Ibrahim Khalil Maymeh, Amir Eyad Saeed Al-Naffar, Mohammad Fathi Suleiman Al-Jarjawi, Rida Rami Arafat Abu-Ayda, Naya Atiya Awad Muslim, Ibrahim Abdullah Mousa Zaroub, Zeina Ahmad Ali Al-Qassas, Farah Arafat Ramadan Al-Balaawi, Salma Hisham Mahmoud Juwayfil, Sarah Mohammad Yahya Jaber, Zakaria Ahmad Mohammad Abu-Jahjouh, Lama Mahmoud Mohammad Muslim, Ahmad Yasser Ahmad Abu-Halhoul, Yara Mohammad Fayyaz Al-Hasani, Eileen Mohammad Sami Abu-Al-Naja, Jouri Jalal Ismail Ma'ruf, Samar Ayman Said Zarab, Adam Ismail Ghanem Jairour, Taym Ahmed Samir Al-Fasih, Hossam Ismail Jum'ah Abu-Zrei'an, Siraj Abdullah Ayesh Darwish, Dila Jihad Hamada Al-Bakri, Amal Bilal Nazim Ghazal, Bailsan Mohammad Emad Ayad, Mais Bahaa Al-Din Khaled Ouda, Zaher Adi Hamada Al-Bakri, Ahmed Mahmoud Ayman Al-Jayeh, Tulin Nader Abd Al-Sami' Mahana, Maha Mohammad Atef Abu-Aish, Mohammad Abdullah Yaqub Al-Hour, Marwan Radwan Marwan Al-Masri, Suhad Fadi Hamada, Zeina Fadi Mohammad Hijazi, Jana Ibrahim Munir Taha, Misk Mohammad Najib Al-Haddad, Heba Akram Sami' Kareem, Hamza Ihab Jamil Al-Baz, Mai Khalil Madhi, Yamen Ibrahim Fareed Qudoura, Ismail Wisam Mohammad Awad Qudoura, Yasser Saleh Yasser Al-Hout, Noor Hamdan Mohammad Al-Bahisi, Majid Amjad Majid Al-Ghoul, Roya Adham Talal Salamah, Mohammad Ayoub Hashem Mushtaha, Sally Hassan Marzouk Al-Kahlout, Saad Mahmoud Ayman Labad, Ahmed Mohammad Kamel Al-Bayouk, Sila Basil Al-Mu'taz Al-Kahlout, Wa'd Ahmed Ibrahim Al-Misari', Osama Mohammad Falah Hassouna, Iman Mohammad Ishaq Al-Sayed Ahmed, Maria Zaid Nazim Abu-Taimah, Ameer Omar Zakaria Al-Asal, Moemen Ihab Saadallah Al-Hilo, Louay Ihab Sobhi Al-Ajal, Karim Ibrahim Mohammad Al-Souri, Makkah Emad Tawfiq Al-Farra, Bilsan Numan Suleiman Haboosh, Mohammed Ahmed Suhail Al-Kahlout, Sajid Ismail Hamdan Tottah, Lana Tarek Ziyad Al-Hoor, Ahmed Mustafa Ahmed Sheikh Al-Eid, Yamen Masad Abd Al-Razzaq Bakr, Saeed Sameh Mohammed Abu-Khousa, Hamza Omar Hatem Al-Sadoudi, Huda Ahmed Jamal Jarad, Sharif Mohammed Sharif Ghazal, Habiba Suleiman Sami Abu-Naja, Kinan Tamer Khalil Ghariz, Sarah Mahmoud Samir Aql, Karim Mahmoud Jamil Al-Dahdouh, Lana Ezz El-Din Ahmed Zaroub, Rizk Mohammed Gharib Gharib, Ahmed Mohammed Mohammed Khalifa, Mohammed Iyad Ziyad Abu-Mohsen, Amira Ibrahim Salah Abu-Awad, Ali Tarek Mahmoud Ridwan, Ghina Omar Hassan Abu-Jazar, Mahmoud Basel Ramadan Abed, Amina Shouki Rajab Akdeeh, Juwana Omar Mousa Al-Qattani, Oday Ahmed Youssef Abu-Saad, Mohammed Hamza Mohammed Al-Anqah, Murad Maher Amin Al-Masri, Ghazal Mohammed Ouda Al-Najjar, Misk Al-Jinan Mohammed Ezzat Shabat, Dalia Zakaria Shaaban Al-Ja'al, Malak Shadi Abd Al-Salam Al-Masri, Ilham Mohammed Abdullah Abu-Jabal, Julia Hussein Samir Abu-Sinan, Mohammed Mahmoud Ayyad Abu-Matar, Ashraf Wissam Abd Al-Rahim Sabah, Omaima Akram Tayseer Hawihi, Fouad Abdullah Fouad Abu-Al-Qomsan, Elin Hossam Adam Hamid, A'id Muhammad A'id Abu-Nada, Muslima Tareq Zaki Hameed, Riyad Abdurrahman Riyad Al-Tahrawi, Naya Nader Awad Fura, Yusuf Ibrahim Rasheed Al-Balawi, Habiba Ahmed Ibrahim Al-Omrani, Khaled Othman Khaled Asaliya, Ali Ghassan Hussein Al-Manai'a, Ayman Muhammad Ayman Ghabain, Amir Abdulaziz Osama Seb'a Al-Aish, Huda Salahuddin Saleh Abu-Al-Naja, Wateen Ghassan Shahada Mikhaimer, Amjad Eyad Ahmed Abu-Awad, Nahid Muhammad Nahid Malahi, Siraj Ibrahim Othman Al-Jamasiyi, Ibrahim Ahmed Ziyad Badr, Hanan Talal Naif Al-Jundi, Bassam Salem Bassam Badr, Tolin Muhammad Ali Juba, Mirna Khalil Ahmed Al-Attar, Musa Abdullah Muhammad Qanoo', Al-Hassan Osama Fathi Al-Hoor, Sidal Muhammad Nabil Abu-Diqqa, Miral Bilal Naeem Ukasha, Sama Omar Arsan Al-Durawsheh,

Mira Wafi Muhammad Zakariya Al-Suwaerki, Sama Muhammad Fathi Rabe'e, Osama Ahmed Muhammad Abu-Kuwaik, Salem Moumen Salem Abu-Sittah, Masa Ibrahim Sami Al-Najjar, Rozan Ala'a Idrees Muhareb, Selin Ashraf Awad Miqdad, Eileen Loay Ma'een Abu-Ajwa, Sarah Suhib Mahmoud Hamouda, Adam Osama Aouni Al-Daws, Yusuf Haitham Khaled Ziyara, Taqwa Ayman Hamdan Khafaja, Hanan Mazen Bakr Maqat, Manar Mahmoud Salem Mansour, Farah Mustafa Ali Al-Khateeb, Nasri Ali Nasri Al-Ra'i, Jouri Ayman Falah Al-Daghl, Bashir Mohammed Bashir Al-Qassas, Mohammed Diab Khaled Afaneh, Motasem Mahmoud Riyad Juha, Rital Mohammed Riyad Juha, Raja Shadi Rafiq Al-Kabariti, Osama Mahmoud Kamal Al-Shami, Reda Mahmoud Ihsan Harz, Noura Emad Al-Din Faraj Ajour, Kinan Eyad Hamed Eshtaywi, Heba Allah Mohammed Ali Arouk, Nayef Ahmed Sami Al-Sayes, Huda Mohammed Ibrahim Hassan, Abdullah Ahmed Abdullah Awad, Abd Al-Karim Mohammed Abd Al-Karim Abu-Asr, Kamal Ahmed Kamal Al-Haddad, Amir Fadel Mohammed Abu-Ras, Al-Bara Yasser Hamdi Abu-Dalo, Mohammed Hosam Mohammed Abu-Al-Awn, Joud Jihad Omar Osbaih, Noor Abd Al-Salam Ali Al-Ghazali, Mohammed Khaled Saad Shhadeh, Adam Mohammed Talab Abu-Kamil, Jana Yousef Ali Juha, Sandy Amid Abd Al-Samad Al-Qata, Lynn Ahmed Said Al-Bardawil, Estabraq Mohammed Lotfi Mater, Hamed Muhannad Saad Mushtaha, Amal Ismail Wael Al-Saidi, Ghazal Ihab Uda Al-Deremli, Nadera Rabie Mohammed Farwana, Younis Tarek Mohammed Salman, Yasmin Mohammed Ahmed Abu-Jarad, Hazem Ahmed Ata Uda, Ibtisam Ammar Osama Riyati, Anas Mohammed Fawzi Shaldan, Inam Ayman Abd Al-Hamid Abu-Suweirh, Abdullah Salah Yahya Al-Sahar, Mohammed Ahmed Nafez Mostafa Alwan, Yazid Hassan Omar Mahana, Farah Ismail Attallah Azzam, Hayat Mahmoud Mansour, Mohammed Louay Bassam Al-Sudoudi, Misk Ahmed Mohammed Al-Maghribi, Maria Shadi Abd Al-Halim Al-Kurdi, Wael Mohammed Wael Al-Bitar, Ruba Alaa Attiya Abu-Maghaisib, Amr Ahmed Khalil Abu-Gaza, Azzam Hafiz Mustafa Jadallah, Qusai Hassan Ramzi Abu-Shikyan, Ashraf Mohammed Ashraf Abd Al-Wahab, Raghda Obaida Hussein Joudeh, Sohaib Mohammed Fathi Abu-Jalala, Ahmed Abd Al-Abd Al-Hafiz Al-Najjar, Nada Fadel Saleh Al-Dada, Mohammed Kamel Mohammed Reesha, Joud Mohammed Ashraf Abu-Khudair, Dania Shadi Salah Fayyad, Farid Mohammed Farid Thabet, Maryam Ashraf Mohammed Al-Shami, Maryam Mohammed Salem Salama, Shaimaa Osama Jamil Abu-Alayan, Yahya Sohaib Mohammed Abu-Al-Sabah, Sarah Mohammed Ali Abu-Freih, Yaman Mahmoud Saeed Maqad, Raseel Basem Waleed Abu-Muslim, Bana Mohammed Saeed Jasser, Malik Basem Mufid Nattat, Layla Saeed Mohammed Salem, Sarah Ashraf Adnan Al-Haddad, Hassan Ahmed Hassan Abed, Celia Mohammed Moussa Al-Durra, Adam Bassam Farid Al-Radhya, Sanad Yousef Bahjat Abd Al-Nabi, Qusai Mahmoud Ahmed Abu-Hamada, Dima Hamza Jamal Asslia, Elias Mohammed Hassan Al-Arnout, Lian Ahmed Bashir Al-Shandagly, Baraa Harb Saadi Asslia, Fatima Bilal Ibrahim Tayeh, Karim Abd Al-Hadi Mishaal Hamdouna, Adam Mohammed Riyad Assaf, Noor Ibrahim Hassan Khader, Osayd Ali Mohammad Al-Khatib, Ghalia Wissam Jamal Nabhani, Ibrahim Abdullah Fathi Alwan, Mohammad Karim Eid Al-Shanbari, Jouri Issam Mohammad Hussein, Hadi Jihad Yousuf Awad, Waleed Mousa Hassan Ghaban, Ali Tarek Jamal Al-Deen Abu-Eita, Waseem Naif Jamil Al-Sulaibi, Laila Ahmed Jamil Al-Sulaibi, Mousa Hassan Jamal Jasser, Razan Salah Ahmed Saleh, Malak Khaled Mohammad Mhanna, Aylul Bahaa Rafiq Assaf, Tulin Waleed Riyad Assaf, Rakan Ashraf Riyad Assaf, Arkan Tawfiq Mohammad Saleh, Aisha Imad Al-Deen Nizar Abu-Al-Maazah, Mohammad Salah Jaber Al-Basyouni, Joman Osama Ahmed Al-Urini, Aisha Tamer Mohammad Awkal, Janann Yahia Amjad Al-Harthani, Shahenaz Hani Abdullah Rayhan, Sara Mohammad Munzer Abu-Sukheil, Malak Ghassan Khalil Hamdan, Baraa Ahmed Ziad Masleh, Mohammad Sari Rafiq Zahir, Alaa Mazen Bashir Abdeen, Zain Al-Din Fahd Naeem Al-Dali, Kinan Ahmed Aish Abu-Zuor, Yousuf Mohammad Mufeed Abu-Oudah, Mira Moaz Abd Al-Qadir Al-Arja, Watin Ashraf Hussein Al-Attar, Adham Ahmed Mustafa Zakout, Hadi Hossam Manal Al-Dabbaka, Zeina Mahmoud Hassan Al-Shaer, Tamim Mohammad Salman Qadeeh, Adam Ibrahim Kamal Abu-Nida, Mohammad Osama Abd Al-Shafi Hamouda, Sham Raed Abd Al-Shafi

Hamouda, Khaled Raed Abd Al-Shafi Hamouda, Mervat Issam Majed Dahman, Omar Ahmad Majed Al-Qudeiri, Amira Ahmad Jihad Al-Amoudi, Fuad Kamal Fuad Al-Shanbari, Sewar Naseem Khalil Abu-Shadek, Yasmin Salah Hassan Nassar, Lana Imad Hosni Suleiman, Mohammad Ahmad Mohammad Hasaballah.

2 years old

Suhaib Saeed Misbah Madi, Malek Aqeel Nazmi Qoledge, Lana Omar Kamel Jundiya, Aseel Mohammad Khader Abu-Tuhah, Judy Hussein Fayeq Abu-Ayda, Anas Mohammad Fahmi Al-Najjar, Linda Musab Taher Al-Swerki, Al-Moataz Ahmad Karam Mohammad Al-Ghaliz, Abdulrahman Ahmad Fathy Radwan, Mohammad Nael Naeem Okasha, Misk Ramadan Abd Al-Karim Al-Ashi, Karam Mohammad Abd Al-Rahim Al-Madhoun, Abd Al-Nasser Ahmad Abd Al-Nasser Shamallakh, Sana Tariq Abd Al-Salam Salem, Mohammad Ahmad Salah Abu-Rukba, Zeina Hani Mohammad Janineh, Hala Ayman Ghazi Owais, Mohammad Abd Al-Hamid Mohammad Sarsour, Belsan Ahmad Fawzi Abu-Ne'meh, Jad Ismail Wael Al-Hawari, Malaak Abd Al-Rahman Mohammad Hamad, Adam Hossam Amin Hassouna, Mohammad Mahmoud Yousif Al-Hissi, Moatasem Bellah Yousif Fathy Aqel, Sham Mohammad Abd Al-Naser Al-Masri, Hia Fadi Ayman Abu-Ghalion, Zain Ahmad Salem Shamia, Moaz Waleed Abd Al-Haq Al-Mahalawi, Ahmed Mamdouh Salem Haji, Jouri Ahmed Ezz El-Din Shalt, Alina Khaled Said Al-Ramlawi, Mohannad Zaki Mousa Asliyeh, Ahmed Oda Mohammed Hussein, Maryam Khaled Raed Rajab, Yahya Mohammed Younis Hania, Yazan Tarek Mohammed Jaber Al-Safadi, Yousra Mohammed Abd Al-Qader Al-Saksak, Rivan Alaa Wael Bader, Mohammed Nidal Denial Abu-Qamar, Rafeefan Noori Rafeefan Tanboura, Islam Rami Zuhair Arafat, Palestine Deeb Salah Alia, Kenan Abd Al-Hamid Rafiq Abu-Nada, Julia Mohammed Mahmoud Abu-Asi, Abd Al-Nour Amin Marwan Abu-Shkian, Malek Rifaat Anwar Breqeim, Khalil Al-Rahman Abd Al-Rahman Khalil Abu-As, Hatem Ahmed Hatem Al-Hissi, Rajab Ahmed Hatem Al-Hissi, Laith Mahmoud Sami Shattout, Qosay Mansour Adham Al-Falouji, Rayan Mohammed Ali Zahir, Eyad Mohammed Shaban Abu-Sherifa, Rawan Ezz El-Din Mahmoud Shattu, Safaa Bilal Mohammed Al-Ramlawi, Hussein Mohammed Hussein Al-Sheikh Khalil, Julia Abd Al-Rahim Saadi Mansour, Ahmed Mohammed Saleh Abu-Warda, Ameer Ahmed Abd Al-Jawad Abu-Ras, Imad Mohammed Emad Al-Masri, Razaan Alaa Mohammed Jaser Al-Qatati, Osama Abd Al-Aziz Ahmed Salem Dawoud, Kenda Naji Hatem Al-Nadim, Mohammed Ahmed Mohammed Abu-Simaan, Siraj Mohammed Fathi Aql, Mila Mohammed Rafiq Abu-Ghali, Yara Mohamed Ezzat Abd Al-Latif, Batoul Abd Al-Fattah Khaled El-Zohairy, Zakaria Ezz El-Din Suleiman Habboush, Kenzy Mohamed Samir El-Bahnasawei, Saleh Mahmoud Youssef Abu-Nasser, Sewar Mohamed Farid Huseinali, Marah Ahmed Ramzy Atwa, Eman Mohamed Ali Abu-Nada, Ward Ahmed Fawzi Al-Qafeidi, Mohamed Ahmed Shoukry Hamad, Ezz El-Din Abd Al-Rahman Fathy Radwan, Salim Youssef Nabil Abu-Saif, Khitam Mukhlis Ali Darwish, Sohaib Abd Al-Karim Mohamed Jabir Al-Safadi, Laila Mohamed Hisham Thari, Abdullah Nour El-Din Shaker Abd Al-Al, Omar Ali Mohamed Qadi, Rahiq Amro Said Al-Lahham, Abd Al-Hamid Mohamed Abd Al-Hamid Ashour, Aseel Kamal Mohsen Al-Hayqi, Omar Bashir Ahmed Abu-Shariah, Maria Sayed Qutb Mahmoud Al-Hashash, Mona Amer Mahmoud Jarada, Kinda Eyad Mohamed Wahdan, Razan Rami Mohamed Al-Jalous, Maysa Ahmed Naeem Abu-Shahema, Mariam Tamer Rizk Jarada, Moamen Majed Ayash Aslim, Yazan Ahmed Hamid Al-Sufi, Khaled Ibrahim Khaled Al-Madhoun, Maria Shady Masoud Al-Qattafi, Ghazal Gamal Nasr Ayad, Abd Al-Rahman Musab Waheed Al-Tabatibi, Feras Ismail Youssef Khalifa, Hamza Ismail Hassan Al-Astal, Rifan Raef Abd Al-Bari Mohamed, Roz Mohamed Tawfiq Rajab, Mohamed Ahmed Zeeb Farajallah, Aida Sobhi Jamal Al-Thalathini, Miyadah Maysarah Fayez Kattak, Mohammed Youssef Mohammed Al-Madhoun, Zain Samih Khalil Awaida, Maria Fadi Ibrahim Abu-Wazna, Sanad Ahmed Al-Sayed Fattair, Sama Bahjat Riyad Kashko, Yazan Mahmoud Mohammed Abu-

Sohaiban, Suad Raafat Hassan Lubbad, Jawad Nidal Ghazi Al-Salhi, Liyan Awad Khalil Al-Derfil, Sabrin Mohammed Mahmoud Abu-Halawa, Khaled Khaled Suhail Abed, Nesma Abd Al-Misbah Al-Khour, Mohammed Lafi Mohammed Abu-Mleeh, Mohammed Jibril Atwa Khattab, Lamees Mohammed Khaled Abu-Hijir, Reem Suleiman Mohammed Ali Al-Baqah, Yahia Mahmoud Ayesh Ayesh, Kareem Hamza Mohammed Abu-Zayed, Maryam Ibrahim Tawfiq Al-Abadla, Kareem Hassan Suleiman Al-Azraq, Fadi Hossam Mohammed Issa Hamada, Reema Imad Abd Al-Majid Asleem, Iman Mohammed Farid Qandeel, Mohammed Shadi Fayez Abu-Taha, Ibrahim Ayman Ibrahim Mazhar, Abd Al-Karim Hassan Mohammed Al-Faqaawi, Zeina Ziad Adel Nashbat, Rafeef Mazen Mohammed Maroof, Jumana Naji Abd Al-Rahman Abu-Hamad, Jamil Tareq Jamal Abu-Al-Atta, Malak Mohammed Youssef Al-Saidi, Malik Mohammed Mahmoud Abu-Ayada, Bara'a Iyad Ibrahim Zaarab, Mira Abdullah Munir Ghabain, Jana Hassan Mahmoud Al-Najjar, Talal Osama Talal Al-Shafie, Naveen Mohammed Raed Al-Sa'ati, Hoor Iyad Maher Abu-Laila, Omar Ahmad Jamal Kalab, Amir Awad Nafez Al-Nader, Hala Abd Al-Rahman Mohammad Al-Khalidi, Elaf Hussein Ahmad Al-Astal, Moamen Odeh Khader Al-Turk, Nabil Yasser Nabil Nofal, Karim Mahmoud Majid Mushtaha, Ahmad Majdi Zaki Abu-Daqa, Abd Al-Aziz Kamal Mansour Subh, Abdullah Mohammad Jamil Abu-Hiyah, Misk Abd Al-Karim Muneer Ghabain, Kinan Diaa Mundher Hassan, Mahmoud Mohammad Awad Al-Araj, Salma Hassan Khalid Abu-Shaqir, Yahia Zaher Mohammad Al-Ghamri, Taim Samid Mohammad Al-Akkad, Nasma Anwar Abd Al-Latif Fayyad, Siham Nidal Ismail Abu-Ajami, Ali Ahmad Mahmoud Al-Ran, Maria Mustafa Mohammad Abu-Nasr, Wafa Karam Mohammad Bakr, Rihab Issam Hussein Saleha, Tulin Mohammad Khalid Al-Bayyaa, Hamza Zuhdi Zaid Al-Sous, Quds Fouad Mustafa Al-Louh, Mila Anas Moeen Al-Shandagly, Anas Hatem Hussein Al-Khatib, Sabah Abd Al-Latif Yousif Abu-Saad, Ahmad Ezz Al-Din Ibrahim Abu-Amer, Arwa Ahmad Mohammad Abu-Amira, Hamza Ashraf Saleh Abu-Al-Naja, Wateen Ahmad Ibrahim Sama'an, Salma Mohammad Khader Al-Azib, Alaa Mohammad Bahjat Al-Asar, Omar Salman Awad Al-Barim, Hesham Abdu Fayyed Al-Banna, Walid Khalid Jumaa Al-Bahbahani, Ayatollah Salem Ouda Abu-Ruwaida, Mahmoud Ammar Awad Al-Barim, Sila Karam Mohammed Hammouda, Tulin Ahmed Zaki Al-Sharafa, Mesk Jawad Youssef Al-Louh, Islam Hamza Khaled Al-Louh, Yahya Mohammed Nahid Haboush, Jihad Ibrahim Jihad Al-Maghari, Ezzeddine Mohannad Azzo Afaneh, Alma Mohammed Rabhi Abu-Qamar, Abd Al-Rahman Ayman Sabri Barhoum, Abd Al-Rahman Abd Al-Nasser Dawood Al-Halisi, Najma Saher Saeed Al-Sayed, Hala Alaa Nabil Al-Sarsawi, Salah Ezzeddine Al-Qassam Musa Ashour, Khalil Moaz Khalil Ayash, Mayar Mohammed Mostafa Al-Adham, Amer Salem Sami Al-Adini, Al-Shaimaa Ali Hesham Al-Qarinawi, Suleiman Abdullah Shaaban Eid, Mohammed Ahmed Mohammed Abu-Azra, Iyad Mohammed Hassan Marouf, Basma Saadi Mohammed Abu-Hamada, Jad Youssef Awad Shaaban, Lin Ghassan Mahmoud Al-Qanou, Anas Ali Rasmi Hamad, Kinda Khamis Nasser Al-Tahrawi, Mohammed Ehab Awad Al-Muqaid, Alya Nasser Sabri Abu-Taqieh, Masa Louay Ibrahim Khadr, Ghaith Ubaida Salahuddin Al-Baghdadi, Fadl Mohammed Fadl Al-Agha, Ward Hamto Ahmed Al-Satri, Maria Mohammed Kamel Abu-Hajer, Farid Mohammed Farid Youssef, Ihsan Sabri Abdullah Al-Fara, Musa Moamen Musa Rabie, Khaled Rami Khaled Abu-Riya, Waseem Mohammed Ramadan Eid, Abdullah Mohannad Abdullah Shaaban, Sham Hossam Talal Abu-Atiwi, Mostafa Mohammed Omar Jalambo, Karim Hossam Mousa Abu-Ishaq, Lamar Ali Mahmoud Qashta, Tia Mustafa Mohammed Al-Hanafi, Talin Muhannad Amin Al-Agha, Zein Mohammed Ziyad Al-Hour, Alaa Al-Din Yahya Alaa Al-Din Aqilan, Raneem Abdullah Ziyad Abu-Maamar, Abd Al-Rahman Alaa Emad Al-Ajl, Sila Mahmoud Hassan Al-Khawaja, Hani Mahmoud Jamal Obaid, Sama Mohammed Zuhair Al-Sharfa, Saleh Akram Emad Abu-Al-Khair, Abdullah Ziyad Nafed Ghazal, Ghazal Oudah Abd Al-Nasser Abu-Nadi, Ayham Fawzi Atwa Abu-Ishaq, Malik Mousa Nadhif Al-Faseeh, Palestine Harbi Saleh Abu-Shama, Khalil Mohammed Mohammed Jabalieh, Yahya Saeed Adly Al-Qudra, Nahid Ziyad Nahid Khalifa, Karim Mustafa Jamil Eid, Abd Al-Rahman Ahmed Salim Al-Ma'alwani, Sarah Mohammed Jamal Al-Maghari, Jamal Adam Jamal

Abu-Al-Naja, Layan Mohammed Kamal Saleh, Ilia Teisir Abd Al-Rahman Abu-Holi, Tamim Tawfiq Ahmed Labad, Celine Ihab Mohammed Najeeb Sikeik, Amani Omar Emad Al-Ar'eer, Mohammed Khaled Issam Baroud, Nesma Mahmoud Abd Al-Karim Salman, Mohammed Saher Ziyad Al-Hallaq, Mohammed Yaseen Ahmed Sheikh Al-Eid, Omnia Yahya Khaled Al-Wakhiery, Layan Mohammed Sayed Al-Akkar, Abdullah Rami Suleiman Hamdan, Adam Naeem Faraj Dawood, Sundus Ramez Nabeel Shakoura, Abd Al-Hadi Mahmoud Nadhif Hanoun, Omar Ahmad Ziyad Ashour, Imad Al-Din Hazem Mohammad Al-Bardawil, Hani Yousef Hani Azzam, Ahmad Abd Al-Rahman Abd Al-Nasser Awad, Sila Jihad Maher Shatat, Wateen Mohammad Salem Al-Hashash, Julia Amjad Jamil Abu-Hussein, Rafif Taha Shafeeq Al-Jojo, Farah Salah Al-Din Khalil Baraka, Nahla Alaa Adel Abu-Mohsen, Ne'ma Essam Faraj Al-Fasfos, Bara'a Tariq Ahmad Abu-Younes, Karim Mahmoud Moeen Ayash, Farah Mohammad Jumaa Abu-Deeb, Jaber Abd Al-Jabber Nimer Abu-Khouza, Nadine Mohammad Amin Matar, Karam Ahmad Mahmoud Al-Rayati, Kinda Ahmad Mahmoud Al-Rayati, Ahmad Mahmoud Mohammad Al-Shami, Malak Mahmoud Ibrahim Salem, Jihad Khaled Jihad Abu-Amer, Mariam Abd Al-Rahman Omar Al-Husayni, Fatima Mohammad Abd Al-Hakim Asfour, Hani Ahmad Rabhi Natil, Islam Ehsan Osama Al-Jazzar, Noor Asim Nabeel Abu-Shimala, Rani Rani Talaa Abu-Sahlool, Ghanem Mahmoud Ghanem Abu-Kamil, Hammad Mohammad Hammad Abu-Baraka, Malak Basel Suleiman Al-Qurainawi, Malak Mohammad Majed Al-Daqs, Mohammad Mahmoud Yousef Hussein, Hamada Youssef Mohammad Sharab, Iman Khalil Ahmad Shahin, Amir Ahmad Khader Qannan, Islam Hazem Khalil Zaqout, Anas Osama Nafith Al-Maghari, Samira Adham Mazen Al-Telmis, Ahmad Tariq Youssef Al-Khatib, Mostafa Islam Ali Abu-Sinjar, Loreen Mohamed Suleiman Al-Koumi, Joud Alaa Jihad Mehra, Abd Al-Aziz Amr Abd Al-Aziz Abu-Omrah, Ahmed Mohamed Khamis Qandil, Mona Ahmed Mahmoud Kashkou, Feryal Mohamed Ahmed Mousa, Ward Mohamed Hussein Al-Atal, Malek Mahmoud Atef Halawa, Anya Ahmed Zakaria Barakat, Mohamed Hamdan Ibrahim Al-Muqadama, Ismail Hassan Naif Abu-Shamala, Fatima Nouman Suleiman Haboush, Sanad Mohamed Azmi Owaida, Maria Mohamed Sabri Al-Breem, Nabil Iyad Nabil Omran, Sara Azzouz Ali Awad, Karam Ahmed Tawfiq Jaber, Maryam Tamer Fathy Al-Nabahain, Nada Hamada Majed Al-Afifi, Obaida Raafat Alaa Al-Din Ahmed, Amal Mohamed Iyad Badawi, Samira Sultan Naim Al-Qara'an, Kinan Khalil Ibrahim Khidr, Ibrahim Talaat Ibrahim Al-Hasayneh, Ramzi Mohamed Ramzi Radwan, Kinan Mohamed Jamal Obeid, Ali Mohamed Khalil Madi, Yousef Mohamed Jibril Jibril, Aisha Asad Walid Shahiber, Masa Thaer Wael Al-Majaida, Sohaib Mohamed Mahmoud Abu-Sabih, Kinan Wael Mousa Ayash, Qais Yousef Rashad Abu-Safi, Bara Mohamed Adeeb Aslim, Hour Saleh Khaled Abu-Azoum, Ahmed Amer Nizar Abu-Taha, Naji Imad Jamil Abu-Asi, Mohamed Hassan Mohamed Al-Akhras, Lo'ay Mohamed Fathy Yaghi, Anas Hamed Fayez Ahl, Ruaa Salim Yassin Al-Asal, Magdy Mohamed Magdy Abd Al-Ghaffar, Zeina Ashraf Essam Eid, Adam Mahmoud Yehya Yehya, Jinan Ibrahim Kamal Rashwan, Walid Hatem Walid Zayara, Rakan Shadi Atallah Al-Aidi, Eileen Mohamed Faiz Abu-Ouda, Zain Abdullah Ahmed Abd Al-Qader, Mariam Mohamed Kamal Al-Ghoul, Mu'taz Adel Ahmed Al-Mashoukhi, Mohamed Yehya Abd Al-Rahim Al-Abssi, Malek Karam Rafiq Hamdouna, Zeina Mohamed Mahmoud Hamd, Youssef Abdullah Mohamed Abdelhady, Mohamed Mohamed Khaled Abriss, Zuhair Abd Al-Fattah Zuhair Al-Kurd, Omar Hani Samir Al-Hamis, Rima Al-Bara Rajab Musleh, Mohamed Abd Al-Rahim Ayash Darwish, Yazid Ahmed Atef Al-Kurd, Adam Abd Al-Karim Kamel Abu-Rahma, Wafa Hani Samir Al-Haytham, Masa Mohamed Youssef Shoman, Amal Hamada Osman Al-Najjar, Ahmed Ahmed Salama Al-Owaity, Nesma Samer Maher Al-Muqeed, Mohamed Munir Harb Dawas, Ayla Wisam Dawood Al-Mashoukhi, Mennat Allah Ahmed Eid Sittan, Zaid Hilal Mohamed Abu-Al-Omrein, Omar Thaer Munzer Al-Hanfi, Salma Mohamed Khalil Abu-Al-Ala, Batoul Ismail Ibrahim Abu-Zuhair, Zain Al-Din Mohamed Maher Al-Kahlout, Mohamed Ahmed Jabr Abu-Musa, Fairoza Mahdi Ahmed Shalouf, Ahmed Salama Jihad Al-Sha'er, Jouri Mohamed Aref Shalail, Kinan Mohamed Mahmoud Farhat, Hani Mustafa Ali Abu-Ma'mar, Moataz Radwan Marwan Al-Masri, Ahmed Emad Faraj Al-Zatma,

Bana Ahmed Hamdan Abu-Hajres, Mohammed Rajab Mohammed Al-Naqeeb, Zeina Ahmed Nizar Shahada, Khaled Ahmed Basheer Shamallakh, Amer Bilal Hassan Al-Tatar, Aid Afif Fayez Abu-Hindi, Zein Ziad Ahmed Al-Muqeed, Celia Raed Saleh Hamadah, Masa Ahmed Jihad Al-Hasani, Amir Saeed Atta Abu-Safra, Ahmed Ahmed Moussa Sheikh Al-Eid, Mohammed Ramzi Sobhi Al-Ajal, Kenan Hamza Mohammed Al-Kahlout, Raghad Hani Khaled Abu-Al-Naja, Hanzada Ahmed Mahmoud Al-Masri, Rafeeq Mohammed Rafeeq Al-Sultan, Essam Ehab Mohammed Abu-Yousif, Rital Ahmed Essam Salah, Zakaria Abdullah Zakaria Al-Astal, Sham Rabee Jumaa Abu-Jazar, Mohammed Fadi Zyad Moussa, Liar Jamal Al-Deen Khaled Abu-Saeed, Tala Ahmed Hassan Al-Khatib, Abd Al-Rahman Bara'ah Abd Al-Rahman Al-Hoor, Fouad Mahmoud Hussein Al-Najjar, Mai Taher Ahmed Abu-Younis, Amina Mohammed Salem Al-Nabih, Eileen Jihad Hamadah Al-Bakri, Lama Bilal Abd Al-Rahman Al-Hoor, Malak Jumaa Abd Al-Fattah Al-Shaarawi, Noor Amr Mohammed Maghari, Judy Abdullah Dinyan Mansour, Akram Saleh Saeed Abu-Shamalah, Ghaith Khaled Radwan Shabat, Hour Hussam Fawzi Al-Bawab, Sarah Abdullah Atta Al-Hamaideh, Emad Saleh Maher Farwana, Ahmad Shamikh Jarad, Lara Ayoub Dhafer Al-Halou, Adam Mohammed Mahmoud Abu-Samra, Kamal Hammam Kamal Abu-Asfa, Yaman Abd Al-Kareem Mustafa Beshbesh, Hassan Suleiman Thabet Al-Qudra, Sewar Abd Al-Kareem Maher Al-Madhoun, Malak Fadi Abd Mareesh, Kamal Rabee Kamal Al-Barsh, Ather Mohammed Khamis Ashour, Mohammed Nael Yasser Al-Sultan, Nahro Mohammed Abd Al-Hamid Abd Al-Aati, Mahmoud Fahmi Salem Abliha, Imad Mohammed Mo'in Owayda, Mais Saad Al-Kahlout, Adam Kamal Owayda, Al-Anoud Medhat Shahada Abu-Aida, Abdullah Abu-Bakr Abdullah Al-Maghaydeh, Zeina Abdullah Ahmed Abd Al-Qader, Amir Ahmed Suleiman Abu-Rasas, Bra'a Ahmed Basem Al-Shanshir, Mohammed Ahmed Mohammed Abu-Al-Ata, Zaid Tarek Ziadzaida Abu-Khadra, Aylul Mohammed Saber Jarbooa, Sara Mohammed Majed Al-Sharafi, Samer Mohammed Abd Al-Rahman Mohammed Al-Sultan, Aisha Mohammed Abd Al-Kareem Muslim, Hassan Yousri Abd Al-Rahman Abu-Huli, Amir Ibrahim Sami Al-Najjar, Sundus Shadi Shaaban Obeid, Qamar Ihab Ashour Al-Hindi, Ali Mohammed Hussein Al-Ramlawy, Kareem Al-Amir Nahid Ali Saleh, Waleed Montaser Maher Mohsen, Yousif Shadi Hassan Asfour, Islam Raed Sobhi Al-Saeedy, Hammam Hatem Karam Al-Deen Al-Pakistani, Julia Omar Ziad Salah, Selene Zakaria Ziad Salah, Sand Khalid Mohammed Al-Ghafri, Zakaria Muhammad Yusuf Nassar, Tamim Musa Fouad Khalaf, Yamen Salah Ahmed Al-Ghazali, Karim Bilal Bakr Abu-Jahl, Sanaa Salahuddin Muhammad Yassin, Mira Hassan Abbas Abbas, Joud Moataz Mustafa Al-Ghafri, Ziad Ayoub Ziad Qandil, Yafa Fahim Farouk Hassanein, Ahd Asaad Ali Arouk, Wala Abdullah Atef Qaffa, Anas Mahmoud Essam Al-Nunu, Kinan Alaa Abd Al-Rahim Al-Batniji, Farah Ahmed Naeem Arouk, Somaya Mustafa Ahmed Al-Sar, Murad Ibrahim Hamid Amdukh, Manal Muhammad Muhammad Kamal Hijazi, Islam Ramez Ahmed Hassouna, Hala Abd Al-Rahman Muhammad Al-Haddad, Fatima Nasr Yousri Al-Beltaji, Leile Raef Nazmi Abu-Aqlain, Yusuf Mahmoud Yusuf Abu-Warda, Layan Zuhair Yusuf Al-Firani, Abdullah Hani Khalifa Abu-Labad, Ghaith Abd Al-Rahman Akram Hassanein, Malak Zakaria Abd Al-Majid Abu-Mahadi, Hiyam Abdullah Mustafa Abd Al-Aal, Tala Yusuf Ali Juha, Amir Ibrahim Ali Salem, Falak Muhammad Al-Mahdi Nabil Al-Maghribi, Nasim Majid Nabil Al-Maghribi, Maryam Suhaib Khalil Al-Bahitini, Muhammad Ahmed Nafez Al-Shirbasi, Eileen Mahmoud Ismail Abu-Thuraya, Muhammad Saad Said Abu-Laileh, Zeina Abd Al-Rahman Adnan Al-Tater, Abd Al-Rahman Basel Abd Al-Azim Al-Hajj, Hanaa Muhammad Abd Al-Karim Al-Ghalban, Yazan Muhammad Khalid Abu-Arab, Hassan Abdullah Mohammed Abu-Abdu, Julia Ahmed Abu-Safi, Jonesta Mohammed Abd Al-Karim Hararah, Abdullah Omar Mohammed Al-Ghusain, Sabrin Bassam Kharwat, Tariq Yahya Tariq Maqat, Habiba Yahya Tariq Maqat, Wafa Mohammed Nayef Bakir, Jihad Basel Mohammed Khalil, Manwar Judat Ahmed Al-Maghribi, Ahmed Adham Sami Abu-Ghalwa, Elena Haitham Nasser Al-Sadudi, Awsam Abd Al-Rahim Misbah Hamad, Aiham Abd Al-Rahim Misbah Hamad, Alaa Mohammed Alaa Abu-Sharia, Kenda Musab Mohammed Abu-Naji, Abdullah Louay Nahid Al-Souda, Mayar Saif Al-Din Atef Abu-Sariya, Amir Jamil Wahib Abu-Salout, Youssef Zaher

Youssef Al-Mabhouh, Habiba Nabil Hassan Abu-Al-Omrein, Misk Yaseen Mohammed Abu-Jabr, Taqi Abdullah Fawzi Abu-Mustafa, Sewar Bassam Mohammed Zaqout, Ahmed Youssef Rashad Abu-Jazar, Ahmed Mohammed Younis Abu-Misbah, Ziad Mahmoud Ziad Sidam, Abd Al-Rahman Ahmed Mousa Al-Khatib, Lial Abdullah Mosleh Al-Ruqab, Youssef Abd Al-Hamid Qasim Al-Astal, Rima Mohammed Saadi Al-Ghamari, Malik Osama Hassan Hamdan, Amin Rami Amin Habib, Yazan Samid Samir Abu-Habel, Yamen Ihab Ahmed Al-Sarahi, Reem Islam Munir Salem, Lian Mohammed Walid Zaher, Rakan Ramez Asaad Al-Qabt, Maria Mahmoud Jihad Aghneem, Osama Ahmed Nazmi Nattat, Adel Ahmed Adel Al-Aswad, Sila Mohammed Mishaal Hamdouna, Walid Ibrahim Walid Hamdouna, Khaled Ahmed Shahada Hijazi, Masa Mohammed Ahmed Al-Malfouh, Mahmoud Osama Nafed Al-Omari, Amira Youssef Abd Al-Raouf Al-Majdalawi, Islam Abdullah Rashad Al-Nadi, Hala Youssef Ahmed Al-Sahhar, Asil Ayman Abd Al-Rahman Al-Harthani, Mila Bilal Mohammed Shehab, Khaled Mohannad Abd Al-Latif Al-Sakhaleh, Rami Mohammed Mohammed Abu-Tabaq, Hassan Youssef Saad Al-Din Al-Bassiouni, Mostafa Youssef Basel Asaliya, Moayyad Bassem Jamal Al-Din Abu-Aita, Jad Nidal Akram Saqr, Mohammed Ezz Al-Din Mohammed Eyad Abd Al-Nabi, Maria Hamza Moussa Asaliya, Osama Mohammed Marwan Al-Attout, Maram Hamza Moussa Asaliya, Abdullah Mohammed Abdullah Al-Horani, Juwan Mohammed Abd Abu-Hassan, Sewar Mohammed Samir Sabah, Mithqal Jamal Mithqal Abu-Taher, Yahya Suhail Diab Mansour, Karim Fahmy Ayman Al-Madhoun, Mohammed Ahmed Jamil Azzam, Salah Ibrahim Salah Al-A'raj, Sewar Mahmoud Ahmed Murtaja, Basema Mahmoud Mohammed Khalifa, Misk Mahmoud Ismail Al-Aswad, Jouri Suhaib Ahmed Ahmed, Ilene Mohammed Youssef Al-Shandagly, Tamer Salah Tawfik Abu-Daqa, Rana Rami Tharwat Abd Al-Qader, Raghad Abdullah Maher Al-Sousi, Abdullah Jihad Hosni Abu-Hya, Sulaiman Majid Sulaiman Abu-Jama, Mahmoud Ahmad Abd Rabbo Samour, Rana Rami Tharwat Abu-Tuyour, Ghazal Muhammad Said Hamdan, Juwan Saif Al-Din Mahmoud Abu-Bakr, Ayat Anas Ahmad Luz, Ayla Mahmoud Hassan Al-Shaer, Mila Kamal Ibrahim Shaheen, Rawad Wasim Jihad Al-Omoudi, Youssef Basel Mustafa Al-Adham, Husni Imad Husni Sulaiman, Rima Mahmoud Nabil Junayd, Sara Ziyad Talib Aziz.

3 years old

Lana Washah, Sara Muhammad Khalil Khalil Asaliyah, Maryam Ahmad Abd Al-Raouf Al-Halabi, Hamza Rami Nidal Alaywa, Zaina Nasser Husni Musa, Youssef Muhammad Fahmy Al-Najjar, Muhammad Ramadan Muhammad Kamal Al-Nunu, Maria Muhammad Arafat Al-Bahtini, Beirut Muhammad Iyad Abu-Shamala, Shahd Munzer Muhammad Abu-Sariya, Sara Firas Fahmy Al-Najjar, Intisar Muhammad Sobhi Samarah, Mustafa Muhammad Mustafa Al-Lali, Rida Muawiyah Ahmad Khallah, Ali Amer Ali Zaqout, Salah Ahmad Salah Al-Ajarma, Munzer Muhammad Munir Abu-Hisairah, Lana Muhammad Nasser Al-Samari, Aya Ashraf Fathi Abu-Jalalah, Abd Al-Rahman Medhat Badr Al-Awady, Sadin Abd Al-Hadi Riyad Matar, Sanad Khaled Alian Farajallah, Wisam Abd Al-Hadi Adel Daher, Karam Musa Youssef Al-Hissi, Mirna Ahmad Louay Al-Minawi, Maryam Abd Al-Aziz Omar Farawna, Ruwa Salah Al-Din Muhammad Al-Dallo, Anas Muhannad Sami Aslim, Maryam Mahdi Ashraf Barghouth, Maryam Abd Al-Rahman Maher Al-Matouq, Karim Tarek Abd Al-Hakim Al-Matouq, Mohammed Nidal Mohammed Saleh Dardona, Islam Sameh Hani Al-Madhoun, Inas Khabbab Mohammed Nabil Al-Matouq, Amani Mohammed Abd Al-Rahim Al-Madhoun, Abdullah Abd Al-Rahman Abd Al-Karim Al-Silk, Ali Mohammed Ali Al-Mubayyed, Karim Mohammed Khalil Abu-Al-Ays, Malak Malik Ahmed Farwana, Aysel Hamdi Hikmat Ghabn, Riyad Abd Al-Hamid Mohammed Sarsour, Ghazal Jamil Muin Atallah, Ward Khalil Abdullah Abu-Hya, Adam Nader Harbi Al-Helo, Zein Ahmed Abd Al-Aziz Abu-Al-Kas, Elul Mansour Fouad Al-Louh, Abdullah Osama Khader Abu-Sreiha, Maria Huzayfah Salah Abu-Shakyan, Zaid Adel Awni Al-Dos, Maryam Wael Abd Al-Rahman Al-Khodari, Souad Mohammed Mohammed Joudeh,

Mu'tasim Billah Raed Ahmed Kashkou, Mohammed Maysarah Mohammed Abu-Hesha, Farid Mohammed Farid Husalay, Habiba Ahmed Hamdi Daloul, Joud Abd Al-Halim Ezzat Abd Al-Latif, Mohammed Abd Al-Rahim Omar Sharaf, Ahmed Raed Nabil Farhat, Noor Al-Deen Hamza Omar Abu-Ouda, Bassam Sameh Mohammed Al-Sunkari, Abd Al-Rahman Deeb Abdullah Rifaat Abu-Al-Qoms, Mahmoud Mohammed Hamdy Deeb, Sarah Saleh Ali Darwish, Samira Mohammed Omar Hegazi, Ghazal Imad Al-Din Ismail Abu-Al-Qomsan, Sham Mahmoud Nasr Al-Din Abu-Naama, Nahid Abd Al-Rahman Nahid Ubaid, Ahmad Ibrahim Ahmad Al-Sawalehi, Rital Musab Ezzedine Shalt, Sham Marwan Abd Al-Hakim Al-Mutawwaq, Abdullah Karim Abdullah Aliwa, Youssef Hammam Mustafa Abu-Touha, Farah Hazem Abd Al-Hamid Mhanna, Eileen Amjad Aliyan Abu-Ayadah, Mahmoud Maher Abd Al-Hakim Kaheel, Kenan Ashraf Taysir Al-Harbaoui, Nada Amin Ahmad Abd Al-Al muhram, Omar Khamis Sadiqi Al-Madhoun, Ahmad Muhammad Abd Al-Hamid Ashour, Hassan Ibrahim Muhammad Hamad, Ibrahim Nayel Basheer Al-Ran, Rafif Ibrahim Khaled Al-Laham, Ezzedine Bashar Abd Al-Rahman Nawfal, Roza Maher Muhammad Saeed Saad Al-Din, Sewar Tariq Fareed Al-Haj, Zaki Bashir Jameel Ayad, Shafiq Ahmad Shafiq Al-Farra, Sajida Ahmad Naif Rayan, Abd Al-Rahman Muhammad Ibrahim Al-Najjar, Jumaa Ibrahim Abd Al-Malek Al-Ashi, Moaz Sami Adnan Al-Shami, Malak Shukri Ahmad Youssef Al-Sheikh, Khaled Amr Khaled Hammad, Sham Khaled Youssef Abu-Khudair, Siraj Rami Saber Al-Hou, Muhammad Medhat Zuhair Al-Nabris, Sarah Jamal Nasr Ayad, Muhammad Hossam Muhammad Abu-Jari, Nawal Hamada Omar Al-Mujaida, Rafif Haitham Omar Taleb, Anas Ahmad Zakaria Haniya, Mahmoud Abu-Hasira, Khamis Muhammad Khalid Abu-Hijair, Muhammad Tamer Sabri Al-Qadra, Yusuf Muhammad Ahmed Al-Shaer, Haya Ahmed Yusuf Abu-Khudair, Muhammad Shadi Hassan Hamad, Larine Shadi Shahda Al-Shaer, Karim Abdullah Hamad Hamad, Tia Issam Mahmoud Khattab, Kamal Muhammad Kamal Farajallah, Mustafa Muhammad Nahil Al-Othmani, Zain Samer Muhammad Al-Mubashir, Malak Assem Ashraf Farauna, Karim Muhammad Hosni Abu-Sharar, Kinan Ramez Mahmoud Al-Dardasawi, Yusuf Hani Muhammad Al-Ajrami, Mahmoud Ahmed Fawzi Al-Ghoti, Bilal Ahmed Khalil Zaarab, Abd Al-Rahman Ahmed Marwan Abu-Tim, Osama Bilal Nafez Maghari, Muhammad Muhannad Muhammad Al-Saqqa, Al-Bara Muhammad Awad Abu-Labda, Sewar Abd Al-Karim Khalid Harara, Yaman Zakaria Matar Ayad, Ward Mahmoud Ismail Herzallah, Aisha Salah Al-Din Ismail Abu-Shnalah, Mais Mahmoud Atiyah Abu-Hamouda, Abdullah Muhammad Hassan Al-Da'alsa, Jinan Ammar Yusuf Abu-Ma'iliq, Abd Al-Rahman Abdullah Fayeq Mahmoud, Salma Faris Abd Al-Jabbar Al-Shanbari, Tala Moumen Kamal Qataif, Suhaib Mahmoud Muhammad Shan'ah, Jihad Muhammad Jihad Jargon, Muhammad Ahmed Muhammad Hassan Abu-Rabie, Taqi Musab Khalil Al-Ashqar, Yusuf Ahmed Naif Al-Zarabi, Ezz Al-Din Saeed Nabil Al-Lahham, Habiba Al-Rahman Musab Basim Al-Kurd, Zaid Ahmed Jihad Abu-Jabara, Yahya Ezzedine Mohamed Ballousha, Rima Ahmed Samir Qunayta, Iman Khaled Mahfouz Kashko, Ameer Mohamed Ayman Al-Khatib, Sara Mohamed Ali Abd Al-Hadi, Ali Mahmoud Khalil Al-Shaer, Hana Moamen Mahmoud Al-Tala, Nagham Mahmoud Khaled Ahmed, Bilal Mahmoud Mohamed Al-Sudoudi, Ahmed Hatem Ibrahim Abu-Alyan, Maria Hamza Salama Abu-Aziz, Kinzi Haitham Zaki Owaida, Athal Qais Abd Al-Kareem Al-Zahrani, Aisha Omar Mustafa Shehab, Kinan Abd Al-Latif Abd Al-Rahman Abu-Shaar, Saif Al-Islam Zahir Salem Abu-Zarifa, Yazeed Jabr Noaman Hameed, Noura Musab Kamal Abu-Naim, Aseel Mohamed Mazen Sheldan, Salam Suleiman Jamil Abu-Ghazal, Fatima Asim Hassan Abu-Masameh, Qusay Mohamed Alaa Eddin Ahmed, Ghram Hassan Samir Aql, Siraj Ismail Youssef Khalifa, Lin Said Mahmoud Al-Madhoun, Azad Tariq Mohamed Al-Maghari, Mohamed Khaled Jamal Maghari, Mira Mahmoud Tahsin Ahmed, Yusra Majid Mohamed Saleh, Ali Ismail Mahmoud Al-Derawi, Hala Raed Ibrahim Al-Sawalhi, Jannat Tariq Zuhair Hamad, Hala Hassan Fawzi Al-Bawab, Kinan Mohamed Selim Nabhan, Jihad Mohamed Ali Al-Shamali, Yaqoub Ahmed Yaqoub Ayash, Musab Mahmoud Nayef Abu-Shamala, Sanad Salah Al-Deen Hamdan Al-Najjar, Elin Osama Mohamed Dabour, Hosni Mohamed Hosni Muhareb, Noor Youssef Omar Sharaf, Mohammed Youssef Fayez

Qasem, Adam Khaled Ashraf Al-Ashram, Jannat Allah Abd Al-Rahman Sami Al-Samnah, Karim Karam Mohammed Bakr, Sidra Saqr Yasser Abd Al-Aal, Mohammed Abdullah Ibrahim Gouda, Osama Joudat Khamis Al-Najjar, Talin Ahmed Salah Tabasi, Mohammed Bilal Mohammed Abu-Al-Omrain, Suhail Majed Suhail Al-Nahal, Mahmoud Mohammed Mahmoud Al-Derawi, Amjad Khaled Kamal Rashwan, Reda Ibrahim Mahmoud Labed, Celine Hassan Mohammed Matar, Sham Hussein Mohammed Abu-Hamed, Mahmoud Fahd Mahmoud Bashir, Noura Ahmed Dib Radwan, Bisan Osama Salama Hussein Ali, Baraa Ashraf Sadiqi Al-Kadhimi, Mila Jaber Nahid Abu-Jiyab, Makram Mustafa Ibrahim Al-Laqta, Munir Jihad Munir Al-Madhoun, Dima Jihad Hamed Abu-Awaimer, Kenan Mohammed Ibrahim Darwish, Majd Mohammed Ismail Salah, Omar Islam Khader Mousa, Fawzi Mohammed Abdullah Al-Ajlah, Dahoud Majdi Taysir Abu-Shamma, Sewar Ahmed Riyad Abu-Zarka, Judy Asaad Maher Abu-Lashin, Masa Ehab Al-Din Khaled Awida, Noor Al-Din Eyad Abd Al-Hamid Mousa, Ibrahim Mohammed Ibrahim Al-Jabali, Haya Ahmed Saleh Hamed, Yamen Mohammed Ahmed Al-Ashqar, Yaman Mohammed Ahmed Al-Ashqar, Jana Raafat Hassan Labed, Sarah Bilal Mohammed Hassouna, Asaad Hisham Asaad Al-Beyouk, Mohammed Eyad Ibrahim Baraka, Mohammed Basel Abd Al-Azim Al-Haj, Ayman Mahmoud Ayman Al-Jayeh, Malik Hisham Mousa Al-Zanati, Ataf Raed Mohammed Al-Arian, Ula Ahmed Mohammed Abu-Jahjouh, Zainab Ahmed Salama Abu-Lashin, Karim Abd Al-Karim Kamel Daghmash, Lynn Musab Adnan Kalab, Youssef Ayman Ahmed Al-Shanbari, Karam Hamed Khaled Al-Bayaa, Saba Abd Al-Rahman Mohammed Saleha, Dalal Majed Ismail Abu-Shamala, Mohammed Raafat Saleh Shalouf, Mohammed Ehab Ziyad Ahmed, Milana Ayman Samir Mousa, Dima Mohammed Ibrahim Abu-Al-Ata, Hour Mohammed Ahmed Darwish, Tulane Mohammed Faiz Al-Madhoon, Sham Khalil Abd Al-Hafiz Al-Baghdadi, Sarah Saeed Jaber Abu-Huwaishal, Mohammed Haitham Nasser Abu-Oudah, Hassan Hani Hassan Ben Said, Kanz Wisam Salah Al-Aloul, Misk Al-Khatam Ismail Awad Wishah, Akram Ayman Mohammed Al-Masri, Moataz Ahmed Marwan Al-Tabqi, Ghazal Abdullah Odeh Abu-Shahada, Amira Mohammed Salim Al-Sawarka, Ryan Ayham Nihad Al-Shawa, Yaman Nidal Saleh Mishmish, Khaled Jaser Yasser Al-Qrinawi, Sila Sami Mohammed Al-Baghdadi, Mjad Mohammed Hamdan Tota, Ahmed Basel Ramadan Abed, Rand Sameh Mohammed Abu-Khousa, Sewar Mohammed Shouqi Al-Rayes, Zaid Abd Al-Rahman Nasir Abu-Nasir, Ahmed Hamto Ahmed Al-Satari, Nada Abd Al-Rahman Nizar Shahada, Maria Khaled Suhail Abed, Hamza Shadi Atef Haliweh, Sham Moamen Salah Al-Nuayzi, Hamza Wael Ahmed Al-Asal, Riyad Mohammed Riyad Tota, Ali Mohammed Zakaria Al-Asal, Ahmed Amjad Majed Abu-Awda, Shaaban Ahmed Shaaban Halassa, Saif Al-Din Saleh Abdullah Al-Arqan, Mohammed Omar Nafez Al-Ghoul, Baraa Taher Ammar Ashour, Omar Mohammed Khalil Abu-Hamad, Reeman Al-Mu'tasim Waleed Al-Qouqa, Malak Basim Hamdi Al-Jamal, Ahmed Mohammed Abd Al-Rahim Haidar, Abd Al-Rahman Youssef Salah Al-Din Abu-Jad, Assem Magdy Mostafa Ali, Karim Hussein Akram Al-Malih, Ezz Al-Din Abd Al-Misbah Al-Khor, Malak Mohammed Sami Matar, Hala Mohammed Younes Al-Agha, Lyn Abd Al-Rahman Ayesh Ramadan, Omar Ahmed Nawaf Al-Najjar, Sameer Mohammed Sameer Tamraz, Yahia Mohammed Yahia Jaber, Mohammed Hamdi Salem Salah, Dana Abd Al-Rahman Asad Al-Ghareez, Dina Mohammed Ahmed Wafi, Hamza Ahmed Farid Hamdan, Razaan Adham Basheer Thabet, Liyan Saeed Abd Al-Nasser Al-Tool, Noura Mohammed Ghanem Al-Jajah, Maryam Mohammed Taysir Abu-Shmala, Salem Maher Khader Hejazi, Salma Maysarah Eyad Al-Sarsak, Ubada Ahmed Mohammed Al-Attar, Mohammed Haitham Mohammed Al-Nabahin, Noor Mohammed Sameer Abd Al-Nabi, Diala Rani Mahmoud Muammar, Youssef Fathi Suleiman Al-Jarjawi, Ahmed Ibrahim Hassan Hamad, Leen Yassin Hisham Abd Al-Latif, Khaled Yahya Khaled Abu-Hilal, Joudi Muhammad Asaad Abu-Shawqah, Maryam Amjad Majed Al-Ghoul, Nuruddin Anwar Abd Al-Latif Fayyad, Yasmin Arafat Hameed Al-Urjani, Subhi Abdullah Subhi Hijazi, Hamed Darwish Hamed Abu-Khatla, Minnah Allah Maher Khaled Abu-Ubaid, Bana Ismail Muhammad Al-Hasayne, Ahmad Ismail Juma Abu-Zurei'an, Oday Ahmad Muhammad Al-Atal, Yazan Ramez Muhammad Qashta,

Muhammad Ibrahim Radwan Al-Madani, Khaled Abdullah Waheed Al-Tabash, Zaid Amer Akram Murtaja, Ilyaa Ala'a Muhammad Al-Khalidi, Muhammad Mahmoud Salim Al-Ghafri, Salim Ahmad Salman Al-Astal, Lina Mahmoud Muhammad Qinnan, Nagham Rifaat Omar Abu-Shab, Ayman Younes Atweh Abu-Namous, Jouri Islam Omar Abu-Ghali, Sabah Mahmoud Jameel Al-Khatib, Sham Ezzedine Ziyad Yassin, Ahmad Mahmoud Ahmad Tabasi, Mahmoud Ahmad Hamoudeh Abu-Toha, Osama Fouad Osama Eid, Malak Nabil Wajeeh Al-Namnam, Lian Khalil Shawqi Abed, Lara Ahmad Samir Abu-Shamala, Sanad Saqr Izzat Abu-Rukba, Hoor Muhannad Abd Al-Qader Al-Attar, Maryam Maher Salah Othman, Fatimah Ahmad Ziyad Salah, Qasm Ahmad Riyad Abu-Ayda, Nahid Muhammad Nahid Hanoun, Suad Mahmoud Ahmad Al-Kurd, Yahya Hani Hassan Abu-Nasser, Mira Othman Ayoub Al-Abadleh, Nour Al-Din Hamada Ahmed Jargon, Zeina Sameh Khalil Ouida, Ibtisam Noaman Suleiman Haboush, Ahmad Ra'fat Mahmoud Al-Zein, Zeina Tarek Bassam Al-Ghafir, Dalal Naji Mohammed Kweider, Moamen Ameen Moamen Al-Jarrah, Wissam Mohammed Aed Adwan, Mohammad Mohammad Basman Saqr, Mohammad Yasser Rafiq Abu-Habeeb, Bayan Medhat Abd Al-Fattah Deif, Tarek Ramadan Ahmed Darwish, Tamim Yehia Tamim Al-Qudra, Kareem Mohammed Abd Al-Aziz Tamraz, Hamza Mohammed Nahid Al-Fasiha, Fatima Sabri Fayez Al-Qudra, Mohammad Arafat Omar Al-Batniji, Balsam Omar Jameel Al-Za'aneen, Shahed Yasser Ahmed Abu-Halhoul, Mohammad Yehia Sami Al-Jourani, Salma Ahmed Tawfiq Al-Madhoun, Malak Ismail Rabee' Haboub, Fadi Khalid Mohammed Al-Bardawil, Mohammad Moataz Obeid Yaseen, Maryam Omar Suleiman Abu-Ghiyadh, Zeina Hossam Mahmoud Abu-Al-Qoraya, Yazan Moaz Hamad Hamad, Mirna Ali Mahmoud Qashta, Naser Khamis Naser Al-Tahrawi, Mohammad Youssef Mohammad Abu-Shawish, Ghalah Hamza Mofeed Hejazi, Zeineddine Anwar Mousa Jaber, Maram Hamad Jamal Salah, Fayez Mahmoud Fayez Ahl, Younis Mohammad Younis Abu-Al-Omrein, Adham Diaa Mohammad Al-Qahwaji, Ameer Mohammed Jumaa Dhohair, Abd Al-Rahman Ahmed Issam Sha'at, Ali Omar Mousa Al-Qatnani, Alma Taha Amer Al-Mujaida, Laila Said Atta Abu-Safra, Feryal Youssef Jibril Al-Masri, Mohamed Adel Mohamed Mousa, Mahmoud Rani Mahmoud Abu-Saada, Rana Tamer Mahmoud Sidam, Sally Jamal Salmi Ashtiwi, Iman Mohamed Hussein Al-Bati, Noha Eyad Said Al-Nafar, Ayla Ahmed Abd Al-Qader Awad, Maria Jibril Abu-Al-Atta, Sham Ezzedine Saleh Abu-Dahrouj, Joud Mohamed Eyada Al-Rifi, Beisan Mohamed Sami Al-Nawas, Zain Mahmoud Tatouh, Karim Tarek Awad, Batoul Mahmoud Dababish, Ahmed Hakim Mahmoud Al-Hilu, Sama Raed Mohamed Awad Qaddoura, Dalal Abd Al-Ilk Awad, Riyam Marwan Mohamed Al-Hawajri, Hala Abd Al-Salam Rizk Al-Wawi, Rabab Mahmoud Nafz Al-Aidi, Bilal Youssef Khader Hijazi, Sham Mohamed Tayseer Zamlat, Mohamed Ibrahim Said Nassar, Abd Al-Rahman Bashar Abd Al-Rahman Nofal, Mariam Basel Suleiman Al-Qrinawi, Zain Saed Mohamed Muslim, Issa Omar Issa Massoud, Tammam Mustafa Amin Nofal, Mohamed Mustafa Ismail Ghanem Jaroour, Dalia Mohamed Faed Al-Sakani, Mariam Ahmed Mahmoud Al-Ran, Amin Mohamed Amin Matar, Hamza Alaa Nasser Jargoun, Iyad Ahmed Amer Al-Mujaida, Bana Eyad Jamal Nasser, Zeina Mohamed Talal Al-Dahshan, Hassan Moti Basem Al-Ghafir, Imad Alaa Imad Al-Ajal, Ahmed Jamal Adnan Al-Rais, Ahmed Khamis Ziad Al-Jazzar, Amir Raed Mahmoud Al-Batsh, Farah Mohammed Ahmed Abu-Araiban, Jannat Hamza Sobhi Al-Ajjal, Sajida Mohammed Omar Abu-Hatab, Mohammed Waseem Sameer Rasheed, Mira Mohammed Saeed Washah, Mohammed Hamza Kamel Ghaban, Sham Tareq Ziad Dahman, Noor Mohammed Eyad Barzaq, Mahmoud Hossam Mahmoud Hamad, Dia Saeed Anan Tanboura, Ahmed Saeed Mohammed Al-Tahla, Naseem Mohammed Ahmed Jahjouh, Zain Azmi Mahmoud Abu-Ayada, Razaan Mohammed Ahmed Boulan, Jad Hazem Mohammed Al-Bardawil, Adam Rizq Juma Al-Nahal, Youssef Fawzi Zuheir Al-Lahham, Ahmed Mohammed Nabil Matar, Mohammed Tareq Ziad Abu-Full, Amir Mahmoud Abu-Shawarib, Tareq Ismail Suleiman Al-Dirawi, Nesma Eyad Matar Ghaban, Bilal Dhafir Ahmed Abu-Younes, Hala Omar Falah Al-Ghamri, Hassan Alaa Hassan Sbeihi, Maria Othman Khalid Asleiah, Saad Sohaib Al-Kahlout, Abd Al-Majeed Eid Abu-Samma'an, Aseel Yahya Ashraf Abu-Anzah, Omar Youssef Rizq Abu-Al-Leil,

Nawal Ahmed Majd Maqat, Abd Al-Rahman Basel Hisham Moshtaha, Omar Ahmed Omar Hathet, Joud Salem Bassam Badr, Sham Hisham Hisham Al-Jamasi, Manal Mohammed Majid Al-Sharafi, Hadeel Adham Eissa Abu-Zaher, Ayham Mohammed Eissa Abu-Zaher, Sherine Abdullah Mohammed Kanoo', Alma Yasser Naim Okasha, Lama Yasser Naeem Okasha, Suleiman Omar Suleiman Al-Agha, Abd Al-Karim Muhammad Abd Al-Karim Muslim, Yazan Hani Hamdan Jaber, Hassan Ali Hassan Al-Nuweiri, Muhammad Nael Saeed Al-Sahbani, Misk Muhammad Ismail Abu-Muslim, Lama Rami Abd Al-Jabbar Al-Taybi, Amir Mustafa Youssef Al-Astal, Adam Yasser Abd Al-Halim Nofal, Sarah Salim Hashem Abu-Dallo, Malik Mahmoud Muhammad Al-Isawi, Halima Louay Moeen Abu-Ajoa, Jory Nabil Muhammad Abu-Labda, Maryam Tarek Muhammad Daher, Osama Anas Osama Habib, Bara'a Eyad Nasr Al-Absi, Joud Alaa Riad Al-Sharbase, Ahmed Wael Muhammad Ahl, Muhammad Abdullah Muhammad Al-Nakhala, Yaman Nidal Abd Al-Razaq Al-Dabs, Ruqayya Jihad Ahmed Qaza'ar, Roz Rashad Abd Al-Hayy Shamlakh, Kinan Muhammad Riad Juha, Mahmoud Riad Salah Juha, Sila Muhammad Mustafa Al-Shammali, Yassin Tahseen Moeen Al-Sharbase, Adam Abd Al-Rahim Fathi Awad, Fayez Anas Fayez Juha, Heba Youssef Mustafa Barghout, Mahmoud Ahmed Hassan Miqdad, Sila Muhammad Muneer Al-Maqadma, Anas Jalal Muti'a Hassouna, Karim Fadl Muhammad Abu-Ras, Karim As'ad Irfan Al-Surhi, Youssef Saeed Mahmoud Al-Za'bout, Karim Ramez Ahmed Bulbul, Ibrahim Shaaban Saeed Salmi, Salahuddin Rizq Salahuddin Rajeh, Ghazi Muhammad Ghazi Abu-Awad, Hassan Khaled Awad, Sama Hassan Suleiman Al-Mureedi, Naya Ramdan Talal Al-Muznar, Aseel Khalil Mohammed Al-Lahham, Hala Raafat Abd Al-Qader Abdulhadi, Shahd Mohiuddin Ibrahim Huwayla, Yousef Abdullah Muslim Rayati, Reem Ali Khalil Badwan, Maria Younis Al-Qareenawi, Mohammed Fadi Mohammed Hijazi, Ghazal Ahmed Ramzi Maqat, Rania Mohammed Islam Jamal Zino, Selene Ahmed Youssef Abu-Jazar, Jouri Jawdat Ahmed Al-Maghribi, Layan Ali Hassan Abu-Halima, Amina Ahmed Ziyad Al-Harsh, Areen Mohammed Hassan Nasman, Misk Ayman Abd Al-Rahman Muheisen, Sedra Islam Youssef Abu-Muailik, Heba Mohammed Fakhri Al-Qasas, Jouri Ramez Khalil Qenan, Mohammed Ahmed Saadi Saleem, Rashad Youssef Rashad Abu-Jazar, Mohammed Sohaib Mohammed Abu-Subh, Malek Rajab Mousa Al-Khatib, Elena Mohammed Ismail Aslih, Noura Hossam Fayez Abu-Awad, Sara Wael Youssef Al-Saidawi, Sanaa Khaled Talal Al-Basyoni, Yousef Bilal Ibrahim Tayah, Elan Abd Al-Hadi Mishaal Hamdouna, Moaz Ismail Abd Al-Fattah Abu-Al-Jadyan, Taghreed Yasser Abd Al-Hakim Al-Mutawq, Bisan Saad Ibrahim Abd Al-Rahman, Sham Imad Sabri Thari, Tala Bilal Mahmoud Shehab, Farah Anwar Omar Zaher, Abd Al-Rahman Ahmed Jamal Al-Din Abu-Itta, Mohammed Ahmed Jamil Al-Sulibi, Omar Mohammed Omar Hassan Al-Sayyed, Mustafa Ahmed Majed Radwan, Mohammed Mazen Yahya Odeh, Ahmed Salah Ahmed Al-Kahlout, Sara Mohammed Hamdi Al-Madhoun, Maria Mahmoud Jamal Saad, Wafa Issa Amjad Al-Herthani, Munzer Mohammed Munzer Abu-Skhaila, Isaac Hamza Isaac Al-Aloul, Elena Saeed Saleh Abu-El-Eish, Malek Ahmed Mohammed Khalifa, Ibrahim Waleed Jamal Al-Suweirki, Dima Ahmed Saeed Abu-Hani, Raghad Iyad Sobhi Al-Haj Salem, Mohammed Mohammed Khalil Najm, Khaled Mahmoud Khaled Al-Harazeen, Amir Hatem Hamdan Abu-Labda, Hassan Mohammed Hassan Abu-Wafaa, Tehani Shukri Abdelhafiz Barbak, Abdullah Jihad Hosni Abu-Hayya, Salama Mohammed Ramadan Sharab, Hamdi Moaz Hamdi Kallakh, Mohammed Abd Al-Aziz Mohammed Abu-Gaza, Hamza Hossam Manal Al-Dabbakeh, Mohammed Waseem Abdullah Abu-Eisha, Rital Sami Jawad Al-Ajlah, Ahmed Mohammed Faiz Thabet, Taghreed Ahmed Omar Khalil, Abeer Ziad Majed Abu-Sawirih, Cesar Mohammed Awad Awkal, Amira Shadi Mohammed Abu-Khreis, Mohammed Ali Jamal Hamdan, Mohammed Raed Ali Alwan, Hiyam Ali Saad Eldin Abu-Saadeh, Tala Abd Al-Qader Atef Sabah.

4 years old

Malek Mohammed Hussein Al-Sheikh Khalil, Abd Al-Karim Jamal Saleem Al-Ramlawi, Mohammed Abdullah Ahmed Hijazi, Yahya Alaa Mohammed Eid Badawi, Sewar Mohammed Khidr Abu-Touha,

Yazan Mohammed Waleed Abu-Obeid, Hanan Naeem Faraj Dawood, Lamar Uday Abd Al-Jawad Abu-Ras, Maryam Ibrahim Nabil Abu-Seif, Hassan Ibrahim Abdullah Ashour, Maryam Youssef Fathi Aqel, Jouri Rasmi Jabr Sbeih, Julia Wajdi Ramadan Al-Shabrawi, Maryam Hani Mohammed Jeninah, Abd Al-Jawad Mohammed Abd Al-Jawad Abu-Ras, Mohammed Majdi Nahid Abu-Al-Lail, Amir Mohammed Mutlaq Abu-Oudah, Bayan Abd Al-Khaleq Radwan Shabat, Haider Abd Al-Shafi Muslim Mahani, Yahya Bassem Hassan Abu-Reyalah, Rani Zayed Fathi Al-Majdalawi, Tala Amin Marwan Abu-Shekian, Nada Thabet Rabi Al-Hadad, Abdullah Mohammed Fadl Hassouna, Nawal Ahmed Hussein Madhi, Adam Ali Moussa Hussein, Zaid Zuhdi Zaid Al-Sous, Huda Amin Ahmed Abd Al-Al muhram, Bana Salahuddin Mohammed Al-Dalou, Ali Nail Naeem Okasha, Saeed Hazem Saeed Al-Ramlawi, Mahmoud Abd Al-Aziz Mohammed Zahir, Saja Zahir Abd Al-Hakim Kaheel, Baraa Ziad Anwar Abu-Mustafa, Mohammed Saqr Nasr Al-Sarahi, Mohammed Ahmed Abd Al-Aati Salih Moussa, Mohammed Deeb Salah Aliwah, Youssef Nidal Mohammed Abu-Safiyah, Anas Nasser Shahdah Abu-Al-Faham, Iyad Abd Al-Aziz Mohammed Askar, Saeed Khorshid Mohammed Khorshid Saeed Saqallah, Karam Wissam Ahmed Abu-Wardah, Celine Ahmad Abd Al-Moat Ajarmeh, Amir Nader Harbi Al-Hilu, Amina Shadi Eid Abu-Al-Layali, Zeina Ali Mustafa Daloul, Adam Alaa Muhammad Balucheh, Adam Raed Abdullah Yaseen, Jalal Muhammad Taysir Abu-Wardeh, Omar Muhammad Rashad Abu-Hasirah, Muhammad Sami Muhammad Al-Samouni, Fathi Ziad Fathi Mansour, Jabal Naim Samir Abu-Zar, Alaa Abd Al-Fattah Wajih Al-Herbawe, Yosra Muhammad Fouad Kaheel, Rim Muhammad Nizar Al-Talaa, Elias Hani Muhammad Abu-Jahloum, Sadeel Mansour Nasruddin Abu-Ne'meh, Tala Muhammad Mohieldin Skik, Baraa Ramzi Emad Shehadeh, Jamil Ayman Jamil Abu-Al-Jaleel, Muhammad Moaid Sobhi Samara, Raakan Muhammad Awni Al-Dous, Suhaad Hani Iyad Abu-Shamaleh, Kinda Adel Nabil Al-Qishawi, Oday Mahmoud Sami Shehtout, Sarah Amer Yahya Al-Balawi, Abd Al-Rahman Muhammad Awni Al-Mahlawi, Nael Saeed Nael Al-Sahbani, Raseel Ashraf Ghassan Daraz, Ibrahim Hani Deeb Ashour, Ahmed Muhammad Jawad Al-Sarahi, Mahmoud Raed Suleiman Al-Darbi, Khalid Mahmoud Zuhdi Abu-Sharia, Tasneem Ahmed Abd Al-Hakim Shubeir, Alya Muhammad Ishaq Mattar, Sewar Ahmed Mahmoud Abu-Dan, Hisham Ahmed Hisham Abd Al-Al, Reeman Ahmed Muhammad Abu-Atherah, Tariq Muhammad Abd Al-Aziz Abu-Al-Shaar, Rahaf Jamal Nasr Ayad, Mohammed Badr Abd Al-Jawad Abd Al-Ghafoor, Ammar Tariq Farid Al-Haj, Abd Al-Rahman Ahmad Salama Abu-Sawain, Mahmoud Jamal Nasr Ayad, Saja Majed Asaad Al-Sous, Yamen Wissam Subhi Abu-Sharar, Lujain Mohammad Abd Al-Karim Harara, Ibrahim Hassan Khalil Obeid, Fidaa Ibrahim Salem Qandeel, Sundus Omar Qadeeh, Rodina Hossam Mohammad Abu-Jrei, Kenan Hisham Ahmad Al-Attar, Saher Waleed Ibrahim Al-Zamli, Karim Amer Mahmoud Jaradah, Adam Ahmad Mahmoud Abu-Shmala, Ali Atef Hassan Abu-Jazar, Ibrahim Raed Ibrahim Mohayisen, Mahmoud Majdi Rajab Ziada, Hala Fadi Basheer Maarouf, Sewar Adnan Mahmoud Al-Waheidi, Lana Fouad Adnan Al-Sultan, Ahmad Alaa Hamed Hasanein, Yousef Mohammad Musleh Hammad, Bara Ibrahim Mohammad Al-Aidi, Aileen Rami Mohammad Al-Ajooz, Ahmad Salah Asaad Al-Khour, Ahmad Mahmoud Ahmad Ayad, Ghazal Ahmad Fathi Abu-Ajwa, Siraj Ezzedine Atef Hassan, Aleen Nihad Ishaq Abu-Howaidi, Hanan Mohammad Waleed Abu-Shu'aib, Kenan Mohammad Attallah Hajjaj, Sarah Mahmoud Atef Rouqa, Mohammad Nahid Abd Al-Karim Abu-Al-Kas, Nasser Sabri Abdullah Al-Farra, Mosab Salem Nafez Abu-Asar, Humam Mohammad Hussein Al-Atal, Razaan Mohammad Fathi Abu-Ajwa, Mohammad Ibrahim Mohammad Abu-Hadaf, Maria Ahmed Abd Al-Karim Wahba, Saeed Ziad Hassan Salem, Salem Ahmed Mahmoud Breika, Mohamed Hassan Mohamed Al-Fuqawi, Adam Ayman Ismail Abu-Shamala, Omar Mohamed Shaaban Abu-Diba'a, Mutasim Billah Asim Mohamed Omar Maarouf, Mohamed Ghazi Fayez Al-Yaziji, Jamal Mahmoud Jamal Obeid, Zain Ammar Abd Al-Aziz Awda, Ibrahim Saeed Mohamed Abu-Nasr, Maha Mahmoud Maher Farwana, Riyad Walid Riyad Asaf, Ahmed Hani Abd Al-Qadir Al-Attar, Reem Mohamed Awda Sancena, Bilal Saed Amro Al-Lada'a, Yousef Mohamed Hassouna Al-Jarjawi, Mohamed Tariq Khalil Al-Aryan, Mohamed Mousa Issa Samour, Ghaith Bilal Ismail Ashour, Mais Hazem Ubaid Al-Najjar, Fadi Ahmed Ali Al-Qatshan, Mohamed Wissam Mohamed Zayada, Jouri Fadl Ziad Yaseen, Marwan Ahmed Mahmoud Abu-Labeh, Yahya Emad Mohamed Abu-Dagheem, Khaled Mohamed Khaled Al-Houbi, Aseel Nafez Mohamed Al-Natour, Sohaib Tariq Mahmoud Radwan, Omar Mohamed Abd Al-Karim Al-Naqla, Yousuf Hisham Mahmoud Juwaifel, Mecca Fouad Mustafa Al-Louh, Sila Alaa Sami Al-Daia, Maria Muthaffar Said Al-Halouli, Jannah Mohamed Rabeah Hamdan, Jenan Mohamed Tawfiq Al-Bahiri, Sari Abdullah Zakaria Moamer, Kinan Yasser Anwar Abdullah, Ayoub Mohamed Suleiman Al-Nabahen, Naseem Fadi Rasmi Qadeeh, Salma Suleiman Mousa Abu-Samaha, Rami Maher Ibrahim Nofal, Naseem Maher Asaad Al-Akhras, Youssef Abdullah Mofeed Hijazi, Ahmad Ammar Ahmad Abu-Naji, Rana Ibrahim Muhammad Al-Haj Youssef, Adel Ziyad Adel Dahliz, Mira Ashraf Mahmoud Abu-Shamala, Mohammad Ahmad Issa Al-Nashar, Mirna Samer Suleiman Jarour, Sama Qasem Taha Al-Sha'er, Naji Mohammad Naji Baraka, Ibtisam Abdullah Mahmoud Abu-Dan, Sham Jihad Abdullah Abu-Rukab, Khaled Mohammed Khaled Abu-Hajir, Ameera Ibrahim Atta Al-Zaanin, Hanaa Abd Al-Latif Mohammad Abu-Al-Atta, Youssef Hossam Hussain Mousa,

Mohammad Ahmad Al-Bari Abu-Foul, Elaine Tamer Mohammad Ahmad, Zainab Fakhri Sabri Rady, Rakan Ahmed Hisham Abu-Dalal, Hoor Haitham Jamal Abu-Shrekh, Qusai Salah Taher Al-Aqqad, Kamal Mohammad Kamal Saleh, Zain Mohammad Nahid Haboush, Sabri Mohammad Sabri Al-Breem, Joud Nader Salah Al-Sakni, Youssef Mahmoud Taysir Abu-Dan, Jumana Maher Mohammad Abhar, Nada Zakaria Imran Qdeih, Eyad Mohammad Eyad Badawi, Nabil Asim Nabil Abu-Shamala, Youssef Shadi Mohammad Futaer, Deniz Mohannad Azzo Afaneh, Dina Adnan Saeed Al-Haddad, Rima Adnan Saeed Al-Haddad, Ahmad Eyad Ahmad Bureika, Sham Mohammad Ibrahim Al-Mamlouk, Mohammad Mustafa Ahmad Sheikh Al-Eid, Anas Ezzedine Al-Qassam Musa Ashour, Amal Issa Jaser Al-Batsh, Hoor Muhammad Hussein Ashour, Amir Atiyah Haidar Issa, Karam Muhammad Rabei Abu-Qamar, Salahuddin Ghassan Salah Al-Hajj Ahmed, Muhammad Ghassan Salah Al-Hajj Ahmed, Rizq Salah Fawaz Abu-Rizq, Jouan Abd Al-Al-Hussein Abu-Fatayer, Muhammad Ahmad Awad Nasr, Rafeef Abdullah Yusuf Issa, Rital Mamdouh Omar Al-Ghareez, Yahya Musa Khalil Abu-Nseirah, Zeina Ismail Sameer Abu-Shamala, Ruqayya Muhammad Munir Al-Talaa, Qamar Yahya Jihad Ahmed, Sawwar Mustafa Khalil Tamous, Abd Al-Hakim Mazen Hani Abu-Ghosh, Zeinab Shady Salameh Abu-Lashin, Habiba Muhammad Sami Khattab, Khaled Ahmad Musa Al-Zanati, Hamza Sakhr Nimer Al-Daws, Majd Muhammad Hamed Hamada, Yusuf Saeed Walid Al-Awour, Mais Imad Ahmad Al-Kahlout, Adam Atef Naeem Habib, Lian Moaz Khalil Ayash, Salim Ahmed Eid Wafi, Azzam Assem Azzam Al-Shawa, Habiba Ramzi Mahmoud Al-Tanani, Adam Hussein Muhammad Al-Akhras, Reema Muhammad Jihad Jargoun, Muhammad Saleh Salem Abu-Mandeel, Hoor Bassam Mahmoud Abu-Shawish, Lian Muhammad Sobhi Abu-Lashin, Abd Al-Khaliq Khaled Ridwan Shabat, Saba Muhammad Mahmoud Abu-Sabih, Mahmoud Naeem Abdullah Dahlan, Khattab Khaled Suhail Abed, Abdulaziz Abdulnasser Dawood Al-Halisi, Mohammed Samed Mohammed Qeshta, Arwa Qais Abdulkarim Al-Zahrani, Tala Rabea Atef Al-Batsh, Rajab Mohammed Ahmed Al-Ghafri, Zeina Salam Abduljabbar Al-Hajj, Ahmed Mohammed Jamal Abu-Jalilah, Maryam Ahmed Amin Abu-Fnounah, Jouri Sameh Jamal Massoud, Mahmoud Said Hajaj Al-Zari'I, Lyn Abdulfattah Zuhair Al-Kurd, Mais Mohammed Amin Al-Dahdouh, Osama Fayeq Mohammed Mahmoud, Mahmoud Mohammed Mahmoud Al-Bishti, Lama Obeida Salahuddin Al-Baghdadi, Elias Walid Mohammed Othman, Hamza Abdullah Mohammed Al-Zatma, Ne'ma Mohammed Said Abu-Akker, Amin Abdullah Amin Abu-Al-Rous, Mohammed Ibrahim Radwan Shabat, Joud Hamed Nasser Al-Astal, Kenan Hosni Suleiman Al-Qreinawi, Siba Khalid Walid Breis, Anas Mohammed Mazen Sheldan, Jouri Mahmoud Ayesh Ayesh, Tala Mohammed Abdulmuti Al-Hila, Yahya Saadi Misbah Helles, Khitam Ramzi Jamal Obeid, Kenzi Mahmoud Darwish Ghabein, Hamadah Jihad Hamadah Al-Bakri, Ahed Mousa Ahed Al-Ghafri, Riman Omar Zakaria Al-Astal, Abd Al-Salam Mahmoud Juma Abu-Jazar, Sajed Ali Suleiman Abu-Ma'amar, Suleiman Ali Suleiman Abu-Ma'amar, Sama Ahmed Khaled Abu-Oweily, Lina Louay Ibrahim Khider, Mira Mousa Ismail Abu-Dan, Nagham Ouda Abdulnasser Abu-Nadi, Sham Karam Khader Al-Turk, Omar Moamen Kamal Qatayef, Sewar Rizq Suleiman Zaarb, Yahya Zakaria Hamed Hamada, Abd Al-Rahman Ahmed Aref Salman, Noha Ramadan Khalil Joudeh, Masa Syed Qutb Mahmoud Al-Hashash, Mahmoud Moamen Amin Noufal, Noor Al-Din Mahmoud Abd Al-Karim Salman, Noor Ahmed Hamdi Al-Kahlout, Tariq Mohammed Salem Salah, Mira Abdullah Sayed Al-Mashokhi, Aya Salahuddin Hamdan Al-Najjar, Randa Ibrahim Basem Shaaban, Alaa Mohammed Faez Al-Salk, Adel Abd Al-Aziz Adel Dahliz, Sila Mahmoud Ahmed Akhleel, Faten Rajab Mohammed Al-Naqeeb, Ahmed Omar Hassan Abu-Jazar, Jana Sameh Adel Abu-Hadaf, Mohammed Farouq Nizar Al-Najjar, Sila Shadi Rasmi Hamdan, Amir Shadi Attallah Al-Aidy, Zeina Mohammed Sobhi Abu-Nady, Yazan Mahmoud Faris Siyam, Hamad Ahmed Hamad Dhaheer, Faten Mohammed Youssef Nasr, Jouan Ibrahim Kamal Rashwan, Omar Eyad Omar Al-Abyad, Omar Amer Akram Murtaja, Sidra Basel Ramadan Al-Shaer, Ahmed Mohammed Abdullah Abu-Hatab, Lian Mohammed Abdullah Abu-Hatab, Tolin Wissam Ibrahim Al-Ghoul, Ahmed Hossam Saad Al-Din Abu-Muslim, Jouana Mohammed Ismail Khalaf, Ahmed Ezz Al-Din Mohammed Al-Zeinati, Rital Yahya Awad Abd Al-Wahab, Omar Mohammed Said Sadeq, Amr Mohammed Jamil Al-Za'aneen, Amir Juma Rajab Marouf, Sally Ramez Mohamed Abu-Maamar, Ahmad Ismail Faiz Abu-Muelaq, Tala Walid Sabri Al-Nabahen, Ahmad Ismail Mahmoud Al-Dirawi, Jouri Youssef Samir Saber, Sama Mahmoud Deif Allah Al-Nadiat, Youssef Ibrahim Musa Farajallah, Masa Mohammed Naim Okasha, Omar Ziad Zuhair Abd Al-Hadi, Abdulmuti Mohammed Khaled Aburees, Omar Bilal Mohamed Al-Banna, Jouri Mohamed Kamel Al-Bayouk, Salma Hassan Naif Abu-Shamalla, Qais Mohamed Jamal Al-Aloul, Tala Salim Abd Al-Hakim Kaheel, Suzan Ahmed Nahid Masoud, Huda Mohammed Ismail Abu-Naja, Eileen Mohamed Ahmed Sattum, Raghad Mohamed Abd Al-Karim Al-Ghalban, Bisan Hamad Sami Hijazi, Omar Moumen Amin Shubeir, Ali Mustafa Ali Abu-Maamar, Mohamed Tamer Mohamed Al-Sayed, Waad Emad Mustafa Al-Louh, Ahmad Mohamed Rashid Al-Masri, Ahmad Mohamed Alyan Al-Bayouk, Esraa Yasser Mousa Abu-Is-haq, Anas Abdullah Mahmoud Al-Khayyat, Tulin Mohammed Rajaa Al-Najjar, Elias Samed Mohamed Al-Akkad, Misk Omar Kamel Abu-Rahma, Adam Shaker Marzouk Al-Kahlout, Rakan Jihad Hamed Abu-Owaimer, Taqwa

Ahmed Yehya Younis, Takween Mohamed Abd Al-Aziz Al-Tawil, Nesreen Ahmed Ibrahim Samaan, Mohamed Shawkat Mahmoud Al-Rantisi, Shahd Khaled Mohamed Rakha, Joud Suleiman Moeen Al-Najjar, Rania Mohanad Abd Al-Qader Al-Attar, Saba Hesham Misbah Jadallah, Abd Al-Aziz Hatem Jaber Al-Ra'i, Abd Al-Aziz Radwan Naeem Al-Helo, Salma Hussein Fayez Jaber, Sewar Yahya Alaa Al-Din Aqilan, Nouran Hassan Abd Al-Fattah Al-Majdalawi, Ayesh Musab Ibrahim Al-Asal, Sila Hassan Jamal Musa, Kinan Musab Kamal Abu-Naeem, Tulin Mohamed Ali Al-Shimali, Hala Abdullah Dawood Abu-Al-Rous, Amira Ismail Mohamed Furina, Hesham Alaa Hesham Al-Khatib, Batool Ihab Bakr Owais, Abd Al-Rahman Mohamed Bassam Al-Jarjawi, Misk Munzer Saadallah Al-Helou, Qays Imad Nabil Obeid, Fatima Omar Suleiman Abu-Ghiyad, Ayat Mohamed Salama Al-Haddad, Noor Khaled Nasser Akhleel, Alma Ahmed Jamal Musa, Joud Ashraf Said Abu-Hani, Basel Shadi Azmi Al-Khalidi, Sally Shahda Hassan Dhoir, Kinan Bilal Jamal Nisman, Mariam Adham Mazen Al-Tilmis, Jowan Yahya Yusuf Al-Asal, Yomna Ahmed Nasser Shakoura, Layan Falah Mohamed Abu-Adwan, Eileen Mohamed Hussein Al-Bati, Sabah Abd Al-Salmi Eshtyoui, Khalil Saleh Khalil Hamouda, Mariam Ibrahim Youssef Al-Hassayna, Karam Mohamed Ibrahim Ashour, Omar Ahmed Zidan Al-Hawajri, Shaimaa Ahmed Fawzi Al-Ghouti, Ahmed Bilal Hassan Abu-Masamih, Maria Ayman Samir Musa, Adam Mohamed Ahmed Tabasi, Anas Islam Ali Abu-Sanjar, Aaid Muhammad Aaid Adwan, Hala Saadi Majdi Al-Dubakka, Imtiaz Fawzi Kamel Abu-Akr, Rahaf Sameh Muhammad Abu-Khousa, Salma Osama Hajaj Al-Zrae'i, Muhammad Jamil Samir Al-Agha, Hala Muhammad Muhammad Khalifa, Rama Muhammad Bassam Abu-Sharbin, Saleh Muhammad Saleh Al-Qin, Taghreed Tarek Muhammad Al-Maghari, Ahmed Nour Al-Din Ahmed Abu-Lihia, Rawan Youssef Hassan Al-Hourani, Janna Osama Ahmed Al-Kurd, Suhaib Awad Ghaleb Al-Sultan, Dana Etimad Youssef Dalloul, Ahmed Muhammad Hassan Al-Zazou, Ahmed Hassan Mahmoud Al-Dhabbou, Zeina Muhammad Saadi Abu-Hamada, Juwan Ahmed Rabhi Neteel, Muhannad Ziad Mahmoud Al-Aziz, Muhammad Nabeel Wajih Al-Namnam, Tamer Meisara Iyad Al-Sarsak, Muhammad Alaa Fouad Afaneh, Juwan Mahmoud Ahmed Tabassi, Muhammad Awad Zaki Al-Hawajri, Muhammad Bilal Zaher Ahmed, Daleen Hussein Ahmed Abu-Eida, Bisan Abdullah Munir Ghbain, Hanan Muhammad Ismail Salah, Siba Jamal Sabri Al-Masri, Al-Yaman Shadi Waleed Baroud, Ezz Eyad Matar Ghaban, Youssef Ali Hassan Nesman, Muhammad Youssef Ibrahim Abu-Huda, Khalil Muhammad Lotfi Obeid, Maher Abd Al-Karim Maher Al-Madhoun, Mustafa Muhammad Ezzat Shabit, Ameer Muhammad Khamis Ashour, Muhammad Mahmoud Saleh Nabhan, Mahmoud Muhammad Ahmed Zaqout, Jawan Aed Muhammad Abu-Aida, Amr Medhat Shahada Abu-Aida, Karim Aziz Ali Awad, Suleiman Ismail Dowihi Abu-Bulemi, Talia Hossam Saher Khattab, Ryan Qasem Bashir Dahar, Nabih Adham Issa Abu-Dahar, Fatoon Abdullah Muhammad Qanoun, Alaa Al-Din Jihad Alaa Al-Din Mahdi, Saif Al-Din Muhammad Samir Abu-Khudair, Musa Muhammad Musa Barham, Tawfiq Raed Tawfiq Abu-Yusef, Minnah Muhammad Jameel Al-Ghamri, Mira Muhammad Fawzi Al-Nabulsi, Abdullah Saleem Hashem Abu-Dalo, Noor Ashraf Awad Miqdad, Awad Arafat Awad Miqdad, Muhammad Ahmad Abd Al-Hay Al-Mutawwaq, Lian Mahmoud Muhammad Ahmad, Zeina Basem Samir Nasr, Hind Muhannad Deeb Ryan, Hamza Al-Barawi Hamed Al-Tater, Sewar Muhammad Abd Al-Fattah Attaallah, Iman Salman Fadel Yassin, Muneer Abd Al-Rahim Muneer Al-Husari, Hala Rushdi Nasser Al-Ghazali, Nasser Rushdi Nasser Al-Ghazali, Sewar Abdullah Subhi Saleem, Kariman Anas Fayez Juha, Zain Abd Al-Rahim Hatem Arbiya, Naya Muhammad Ahmed Saleh, Mira Muhammad Bashir Hamada, Abd Al-Rahman Ahmed Mahmoud Ajjour, Omar Al-Faruq Ahmed Nafith Qatifan, Mazen Abd Al-Rahman Mazen Al-Ghazali, Ahad Shadi Ashraf Aloueh, Amal Shadi Ashraf Aloueh, Maryam Saeed Mahmoud Al-Zabot, Rasha Muhammad Arafat Al-Minawi, Reem Mohammed Arafat Al-Minawi, Ahmed Moatasem Osama Sheldan, Al-Mutasem Billah Mohammed Kazem Al-Zamili, Mohanad Sami Saleem Qasim, Ubaida Khaled Muti Shalh, Musab Majed Nabil Al-Maghribi, Ashraf Mahmoud Ahmed Abu-Amsha, Mira Mahmoud Hassan Juha, Malik Sameh Mohammed Rajab, Elin Yousef Ali Juha, Nada Ayman Khalil Salem Deeb, Qusai Ibrahim Ali Salem, Karim Omar Mohammed Al-Deeb, Talal Khalil Talal Awad, Suwar Hossam Rabehi Yassin, Abd Al-Rahman Khaled Amin Al-Qattati, Moamen Raafat Shaaban Lulu, Mohammed Kamel Masoud Madoukh, Sara Saad Saeed Abu-Leila, Reem Huzayfah Samir Lulu, Majed Mohammed Majed Al-Luli, Majd Ibrahim Khalil Hana, Abdullah Ahmed Samir Al-Kabariti, Sanaa Abd Al-Karim Issa Ja'roor, Ismail Abd Al-Rahman Ismail Abu-Fool, Lauren Fawzi Salman Al-Najjar (Abu Daqah), Mohanad Shadi Emad Abu-Habl, Mais Shadi Mohammed Al-Bas, Rimi Ismail Osama Abu-Ghabn, Lujain Mohammed Abd Al-Karim Harara, Nabih Adham Issa Abu-Zahir, Awad Saeed Al-Najjar, Sultan Abd Al-Karim Suleiman Bakhit, Musab Hazem Adel Al-Tatar, Hoor Sami Dawood Abu-Al-Roos, Naseem Loay Bassam Al-Sudoodi, Mohammed Islam Mohammed Taim, Mohammed Abd Al-Rahman Salman Abu-Mustafa, Hanan No'man Saeed Al-Awady, Malak Mahmoud Ziyad Al-Harsh, Salah Khamis Salah Abd Al-Hadi, Anas Osama Waleed Muhareb, Mira Mohammed Jawad Siyam, Karam Ahmed Hassan Nesman, Mohammed Ayman Abd Al-Rahman Moheisen, Rahma Talal Suleiman Bin Hamad, Mahmoud Musab Mohammed Abu-Naji, Nahid Louay Nahid Al-Souda, Lana Issa Ali Al-Sayed, Ahmed Tareq Ziyad Al-Basous, Mohammed Bassam

Mohammed Zaqout, Mena Mahmoud Mohammed Qadeeh, Kinan Adnan Ramadan Al-Loulhi, Ali Asaad Atta Abu-Jameh, Lujain Tamer Mustafa Fseifes, Mohammed Mahmoud Abd Al-Rahim Al-Najjar, Ali Zakaria Shuhada Abu-Maamar, Hanan Mohammed Saadi Al-Ghamri, Mariam Hassan Ibrahim Al-Sanwar, Mohammed Karam Yahya Maqat, Khalil Sobhi Ayoub Hajjo, Yahya Zahi Ibrahim Labad, Miyar Mahmoud Jihad Aghnayem, Majed Khaled Majed Al-Husni, Hanan Jamal Kamal Badwan, Abdelrahman Mohammed Fathy Alwan, Zain Wael Rajab Abu-Zeina, Elian Ayman Abd Al-Rahman Al-Harthani, Adam Mohammed Mohammed Abu-Tabqa, Dima Salah Jamal Al-Din Abu-Eita, Hazem Hatem Hussein Farajallah, Fida Zohair Abdullah Ghareeb, Nabeih Adham Issa Abu-Taher, Yousef Alaa Nouman Al-Omari, Misk Khaled Salah Saleh, Abdullah Mohammed Mousa Asliya, Julia Yousef Abd Al-Rahman Tayeh, Huda Mohammed Mahmoud Warsh Agha, Amina Mustafa Naim Hasana, Zain Alaa Ahmed Atwa, Mohammad Fouad Mohammad Tayeh, Amir Fares Suhail Abed, Ghina Manar Jameel Al-Kurdi, Malak Bassam Mohammad Al-Shalfouh, Ghaida Eyad Sobhi Al-Haj Salem, Maryam Issa Awni Abu-Yusuf, Akram Saleem Akram Hamid, Zeina Emad Mohammad Jabr, Miral Eyad Ahmad Abu-Hassanah, Iman Jihad Hosni Abu-Hiyyeh, Yasin Khalid Mahmoud Abu-Rady, Yusuf Mohammad Hassan Abu-Iyada, Hamza Abdullah Maher Al-Sousi, Randa Mohammad Ahmad Al-Gharabawey, Ghina Taha Mohammad Abu-Nada, Jana Taha Mohammad Abu-Nada, Judy Sayf Al-Din Mahmoud Abu-Bakr, Tia Mahmoud Hassan Al-Shaer, Aida Musab Abd Al-Qader Al-Shatli, Joud Abdullah Ahmad Marish, Jihad Waseem Jihad Al-Amoudi, Raihan Walid Zuhdi Quraiqa, Habib Omar Abdeljabar Awda, Mohammad Ahmad Hani Al-Masri, Amal Efat Ali Al-Shami, Anas Jabr Asaad Abu-Salah, Malik Abd Al-Muttalib Saber Sahuayl, Sama Ahmad Hamdy Al-Shalfouh, Raghad Moayad Faiz Abu-Amshah, Mustafa Madi Adel Shahin, Dima Ayman Ibrahim Naji, Sewar Ibrahim Yusuf Shahada, Dima Waseem Mohammad Abu-Nasr, Sham Adham Misbah Damo, Bushra Mahmoud Nabil Junaid, Bushra Mahmoud Nabil Junaid, Ghassan Mohammad Khalil Rayan, Hamza Ah

5 years old

Amr Alaa Bahgat Sikkik, Huda Walid Abd Al-Haq Al-Mahlawi, Youssef Raafat Safwat Sekik, Bilal Mohammed Omar Hijazi, Karim Abd Al-Aziz Mahmoud Ward, Fatima Mohammed Fahmi Al-Najjar, Najib Wafi Najib Al-Jarousha, Saeed Wafi Najib Al-Jarousha, Abd Al-Rahman Raed Ahmed Kashko, Talal Mohammed Talal Abu-Shaaban, Fatima Hassan Ali Al-Kafarna, Omar Ehab Zuhair Khadra, Sham Ibrahim Nabil Abu-Seif, Ibrahim Saeed Hassan Al-Khatib, Amir Mahmoud Ziad Mahani, Ismail Youssef Muslim Mahani, Sara Hassan Hamdi Al-Hanawi, Farah Mansour Adham Al-Falouji, Nisreen Ibrahim Ahmed Al-Sawalhi, Ataf Huzaifa Salah Abu-Shakiyan, Abd Al-Rahman Mohammed Hani Al-Awady, Hassan Ahmed Hassan Al-Ajrami, Magda Mohannad Sami Asleem, Zein Al-Abidine Mohammed Samir Hijazi, Farah Mohammed Fathi Al-Faseeh, Mohammed Jawad Hosni Mousa, Jamil Mohammed Jamil Abu-Hiya, Zuhia Karim Abdullah Alaywa, Sham Naeem Faraj Dawood, Mohammed Youssef Bassam Abu-Hasira, Lina Sameh Mohammed Shamiya, Runza Ahmed Adnan Al-Habashi, Sham Khalil Abd Al-Hai Abu-Salamah, Muawiyah Ali Shaaban Al-Fayoumi, Youssef Rami Mohammed Fadl Hassouna, Tala Amjad Aliyan Abu-Ayada, Alma Adi Abd Al-Jawad Abu-Ras, Rital Saeed Hussein Al-Ramlawi, Mohammed Ahmed Karam Mohammed Al-Ghaliz, Yamen Kamal Othman Al-Tayeb, Saja Muhammad Lafi Al-Deiri, Karim Muhammad Shaker Al-Mughni, Maryam Ahmed Hamdi Dalul, Tala Sami Adnan Al-Shami, Esraa Saeed Misbah Madi, Yousef Thair Faiq Abu-Al-Qumsan, Judy Muhammad Abd Al-Rahman Shehab, Hamza Abd Al-Hadi Adel Zaher, Ahmed Abd Al-Hadi Adel Zaher, Lara Mahmoud Fouad Abu-Ghoneimah, Hiba Muhammad Ali Thaher, Raed Saeed Raed Rayan, Kinda Ayman Jamil Abu-Al-Jalil, Jouri Tarek Abd Al-Hakim Al-Matouq, Batool Muhammad Wael Abu-Jabal, Yousef Wael Hussein Al-Harbit, Bayan Tamer Saadi Hamid, Essam Abd Al-Rahman Jamal Al-Hourani, Yousef Abdullah Hassan Al-Afghani, Taym Imad Naim Hijazi, Jouri Fadi Fayez Dawood, Yahya Zakaria Yahya Badawi, Khalil Muhammad Khalil Khalil Asliah, Ibrahim Shadi Fayez Al-Daqah, Yaman Muhammad Mahmoud Abu-Asi, Hamza Abd Al-Qader Jihad Al-Fayoumi, Juma Muhammad Saleh Abu-Warda, Younis Muhammad Younis Haniyeh, Luna Hossam Taysir Abu-Nada, Alioha Hamed Nidal Alioha, Abd Al-Rahman Muhammad Abd Al-Jawad Abu-Ras, Osama Medhat Badr Al-Awadhi, Zein Al-Din Muhammad Arafat Al-Bahteini, Zeina Muhammad Aziz Abd

Al-Aziz Al-Mashharawi, Juwan Abd Al-Rahim Omar Sharaf, Obaie Ayman Ammar Al-Basioni, Wafaa Omar Bassam Abu-Hasira, Muhammad Ali Muhammad Ali, Louay Ahmed Louay Al-Minaawi, Samer Iyad Mohamed Al-Asha, Sama Samah Mohamed Al-Sankari, Moataz Ahmed Abd Al-Aziz Abu-Al-Kas, Yahya Mohamed Ziad Abu-Namoos, Rana Mohamed Abd Al-Majeed Al-Qouqa, Sara Tarek Basheer Abu-Warda, Anas Mohammed Khamis Abu-Naamah, Youssef Mohamed Nasreddine Abu-Naamah, Ibrahim Mahmoud Ibrahim Al-Shami, Yara Noori Rafifan Tanboura, Izzat Ramadan Mohamed Kamal Al-Nouno, Ahmed Ayman Ghazi Auys, Al-Yaman Firas Fahmi Al-Najjar, Omar Abdullah Nabil Al-Wadiya, Mariam Salah Ahmed Al-Ghazali, Omar Ahmed Abd Al-Latif Siyam, Mujahid Mohamed Hussein Al-Sheikh Khalil, Bisan Ali Bassam Al-Bahtiti, Anas Naji Hatem Al-Nadeem, Jouri Mamdouh Salem Haji, Jouri Abdullah Salah Abu-Shakyan, Malik Ahmed Rafiq Al-Sinnwar, Youssef Tamer Fadhlat Abu-Labda, Nada Haitham Nasser Abu-Ouda, Adam Maher Mohsen Ma'rouf, Al-Muatasim Billah Musab Atta Ashour, Masa Raed Mohamed Sobh, Abd Al-Raouf Abdullah Abd Al-Raouf Barghou, Sanam Nafez Ubaid Al-Najjar, Yamen Ahmed Tawfiq Jaber, Doha Ziad Abd Al-Hamid, Ali Mousa Mohamed Al-Riyati, Abdullah Ibrahim Hassan Hamad, Jouri Hamdan Suhail Karajah, Sidra Karam Fawzi Hassouna, Suzan Karam Fawzi Hassouna, Makkah Rami Haidar Abu-Jazar, Rand Mohamed Ahmed Al-Shaer, Hassan Rami Naeem Al-Asmar, Hala Thaer Ayman Al-Khatib, Ahmed Abd Al-Hafiz Abd Al-Hadi Hameed, Safaa Issa Yassin Al-Sarraj, Dareen Medhat Zuhair Al-Nabris, Amr Khalil Ahmed Al-Attar, Hazem Rami Mohamed Al-Jalous, Ahmed Mohamed Ziad Jaber, Abdullah Mahmoud Shawqi Salem, Beren Mohamed Bakr Rabee, Sama Rizq Tawfiq Al-Shoubaki, Mervat Mohamed Naji Al-Yazji, Mohamed Jihad Abdullah Azoum, Mohamed Rami Ziad Al-Zainati, Mohamed Ahmed Mohamed Al-Adini, Mohamed Asim Hassan Abu-Masameh, Hala Khalil Fayez Barakat, Sarah Rami Mohamed Awad, Mariam Saeed Ali Al-Barawi, Mariam Khaled Khalil Al-Qatrous, Safiya Mohamed Saleh Al-Hout, Mahmoud Mehran Mohamed Al-Shantaf, Hamza Ibrahim Hassan Al-Hams, Iman Mahmoud Fayez Ahl, Tulin Nihad Omar Al-Madhoun, Rafiq Mohamed Rafiq Hajjaj, Dina Abdullah Khidr Mousa, Sarah Rami Suleiman Abu-Ma'mar, Hamed Mohamed Afaneh Afaneh, Mira Rafiq Hamouda Badran, Lin Basel Abd Al-Azeem Al-Hajj, Safaa Khaled Jihad Abu-Jabara, Sham Osama Mohamed Al-Jamasi, Hassan Mahmoud Rashad Al-Masri, Abd Al-Rahman Mazen Mohamed Ma'rouf, Jouri Saeed Atta Abu-Safra, Sharif Ashraf Sharif Hassouna, Farah Samour Suleiman Jarour, Yamen Mohamed Jumaa Abu-Mazid, Nour El-Din Saeed Faraj Junaid, Malak Mohamed Abdullah Al-Beshiti, Saeed Sami Ahmed Al-Kurd, Mohammed Haitham Faiz Al-Salak, Jawan Ahmed Mahmoud Abu-Labda, Nuzha Mohammed Saad Al-Masri, Jassem Mahmoud Ismail Sahwil, Ezz Eldin Hassan Fawzi Al-Bawab, Samaa Zarif Faiz Al-Harazin, Lynn Ezz Eldin Mohammed Baalousha, Reem Sultan Naeem Al-Qar'an, Adam Ismail Juma Abu-Zureian, Mira Sameh Mahmoud Sidem, Lama Hamouda Maher Al-Nammam, Ahmed Abd Al-Karim Mounir Ghabein, Awad Ayoub Awad Abu-Labda, Joud Alla Shihada Abu-Luli, Yazan Hani Mohammed Al-Banna, Omar Hamed Kamal Abu-Aoun, Alaa Eldin Abd Al-Hamid Bassam Al-Hafi, Youssef Omar Youssef Abu-Ma'iliq, Ziad Tareq Ziad Dahman, Yahya Nour Eldin Yahya Al-Aqqad, Naser Haitham Naser Al-Sudoudi, Sewar Mahmoud Mohammed Al-Sudoudi, Najwa Shadi Mohammed Abu-Laila, Nidal Thaer Ahmed Abu-Jazar, Mohammed Fadi Mohammed Al-Shalf, Sewar Ibrahim Mahmoud Daloul, Omar Ahmed Hamouda Abu-Taha, Abdullah Mohammed Aouni Abu-Aoun, Kamal Moataz Kamal Shakshak, Mohammed Nofal Youssef Al-Salak, Haitham Khaled Mahfouz Kashkou, Lareen Ahmed Nabil Safi, Sham Ahmed Zaki Darwish, Lamia Moeid Azzo Afana, Heba Ihab Saadallah Al-Helo, Karam Farid Abdullah Ghunaim, Khalil Al-Rahman Asaad Khalil Arada, Zain Ali Mohammed Al-Qara, Sara Ahmed Salim Al-Ma'lawani, Dana Mohammed Ibrahim Abu-Sharia, Nidal Mohannad Hashem Ashour, Abd Al-Karim Youssef Ramadan Abu-Al-Omrin, Sila Abd Al-Fattah Jaber Abu-Zarqa, Rayan Ahmed Abd Al-Fattah Al-Sufi, Bilal Tarek Youssef Al-Khatib, Maher Asaad Maher Abu-Lashin, Sham Ahmed Khalil Madi, Leen Kamal Hassan Ali, Mira Mahmoud Ismail Al-Kurd, Bayan Nasser Ali Labad, Yamen Kamal Farouk Abu-Taha, Fareed Mohammed

Saher Al-Ghaf, Ahmed Abd Al-Karim Hamdi Al-Shaer, Razaan Bilal Abd Al-Rahman Al-Hor, Hoor Mahmoud Ismail Hamad, Dana Mohammed Hassan Nesman, Omar Mousa Khalil Abu-Naseera, Maria Mohammed Taysir Al-Ghoti, Hadi Rami Salahuddin Ismail Abu-Sham, Taysir Ahmed Riyad Abu-Zarqa, Abdullah Ehab Al-Din Khaled Owaida, Aws Islam Mohammed Odaher, Abd Al-Rahman Adnan Jaafar Sarsour, Habiba Mohammed Mahmoud Abu-Ayada, Bilal Mohammed Rafeifan Tanbura, Amal Khalil Ibrahim Khader, Elias Anas Mohammed Odaher, Ola Khaled Mohammed Maarouf, Swar Mohammed Khalil Abu-Alaa, Mohammed Baha Rafeifan Tanbura, Kamal Ahmed Khalil Al-Hajjeh, Samir Mahmoud Samir Aql, Basima Omar Zuhair Al-Daour, Musab Ibrahim Mohammed Al-Aidi, Kasim Imad Fareed Salout, E'temad Mohammed Khalifa Abu-Sultan, Omar Iyad Ibrahim Shkoura, Yamen Ahmed Omar Dababesh, Yumna Ahmed Omar Dabash, Dana Ahmed Mohammed Al-Atal, Lama Amro Abdullah Nassar, Adel Rami Adel Jaber, Karam Youssef Omar Arouk, Amira Yahya Wasfi Barbakh, Jouri Khaled Yassin Al-Saidawi, Ahmed Mohammed Musleh Hammad, Mohannad Ezzedine Ibrahim Abu-Amer, Mira Saeed Nouri Tanboura, Kenan Eyad Ibrahim Zaarb, Bara Mahmoud Khaled Alwan, Jihad Abd Al-Latif Abd Al-Rahman Abu-Shaar, Ezzedine Abd Al-Rahman Nasser Abu-Nasser, Hatem Salem Ouda Abu-Ruwaida, Rital Atiya Khaled Atiya, Maria Islam Omar Harb, Joud Islam Omar Harb, Tulin Ahmed Atif Rouka, Ahmed Mahdi Abd Al-Munim Najm, Sahar Mohammed Omar Al-Masri, Aryam Atta Matar Ghaban, Sami Abd Al-Hamid Mohammed Al-Jamal, Falah Mustafa Jamil Eid, Majd Moamen Mustafa Al-Jabour, Ryan Tamer Fathi Al-Nabahen, Ibrahim Joudat Khamis Al-Najjar, Siham Mahmoud Misbah Al-Khor, Omar Mohammed Omar Jargon, Sara Mohammed Salah Zain Al-Din, Razan Hani Abd Al-Rahman Abd Al-Wahab, Yazan Thaer Ayman Al-Khatib, Aisha Mohammed Kamal Saleh, Fatima Abdullah Sobhi Hijazi, Renad Ibrahim Nabil Kaheel, Jouri Issa Yassin Al-Sarraj, Suwar Ramzi Sobhi Al-Ajl, Sidra Abdullah Waheed Al-Tabash, Mujahid Nasser Samir Rashid, Sila Mahmoud Wajih Abu-Zayed, Omar Mahmoud Mohamed Qanun, Salma Shadi Khamis Qudum, Lilian Saqr Yasser Abd Al-Aal, Maria Amjad Majed Abu-Odeh, Aya Mohamed Ahmed Qasim, Youssef Mohamed Nasser Shehadeh, Hamza Riad Ali Abu-Jazar, Nesma Ahmed Osama Al-Shayyah, Ahmed Arafat Ahmed Mazhar, Nada Issam Ahmed Salah, Mohamed Ibrahim Saeed Lebed, Yazan Mohamed Ali Hassouna, Adel Taher Ahmed Abu-Younes, Salma Zaki Mohamed Emad El-Din, Sham Omar Ismail Al-Najjar, Abd Al-Salam Mohamed Eid Bakr, Batoul Abd Al-Nasser Dawoud Al-Halisi, Yaqeen Moamen Mousa Rabee, Osama Emad Abd Al-Majid Aslim, Hour Hazem Kamal Hamdan, Omar Tarek Jamil Al-Maqoussi, Elias Mohamed Hamdan Tottah, Ahmed Mohamed Ahmed Omar, Jameela Mahmoud Abdullah Abu-Zayed, Salma Ibrahim Jumaa Abu-Nahl, Shahd Saqr Ezzat Abu-Rekba, Maria Mohamed Ali Al-Assar, Anas Riad Adel Hajila, Rafif Musab Mohamed Al-Attal, Sanaa Adel Ahmed Al-Mashoukhi, Tima Shukri Hamdi Al-Madhoon, Mohamed Nidal Ahmed Abu-Al-Qambez, Jowan Nabil Saeed Al-Qanfudh, Ghina Atiya Ibrahim Nofal, Dima Mahmoud Hassan Khattab, Amir Musab Mohamed Abu-Zayed, Jowan Eyad Mohamed Abd Al-Akhras, Misk Haitham Riyadh Samra, Osama Asif Ziad Al-Jazzar, Rital Nidal Jihad Shabat, Mohamed Ahmed Mahmoud Hajjaj, Dima Wael Youssef Al-Hawajri, Karim Mahmoud Abd Al-Hamid Gouda, Farah Ayman Marzouq Samour, Mohammed Al-Mu'tasim Walid Al-Qouqa, Ibrahim Mohammed Hassan Al-Sabakhi, Jihad Ahmed Jihad Abu-Jabara, Amira Naji Saleh Al-Ejaili, Mohammed Amer Ibrahim Al-Jarousha, Adam Ahmed Saeed Radwan, Aisha Misbah Samir Al-Hatou, Asad Mohammed Emad Shallaq, Dima Saeed Maher Al-Dos, Anas Jihad Mahmoud Al-Akhras, Asmaa Ahmed Mohammed Daghmash, Mais Hossam Jamil Al-Za'anin, Hadeel Rashid Adel Kaheel, Taqi Mousa Ahmed Ghali, Maha Saeed Khaled Alwan, Rose Tamer Mahmoud Al-Khayyat, Nasser Anas Abd Al-Nasser Al-Bakri, Nasser Bahjat Abd Al-Nasser Al-Tawil, Salma Omar Jamil Al-Za'anin, Salam Ahmed Samir Abu-Ishaq, Lujain Mo'taz Obeid Yasin, Habib Awad Mansour Abu-Hudaid, Jabr Muslim Oudah Abu-Akar, Abd Al-Karim Hussein Abd Al-Bari Abu-Foul, Ziad Mohammed Ziad Al-Hour, Baraa Alaa Nasr Jargoun, Suhayb Mohammed Mahmoud Haroun, Jad Al-Haq Mohammed Said Al-Akhr, Adam Hani Ahmed Al-Najjar, Hadi

Mohammed Riad Matar, Mira Ali Mahmoud Qashta, Abdullah Younis Nasser Al-Qirnawi, Hamad Moaz Hamad Hamad, Jouan Naji Abd Al-Rahman Abu-Hamad, Mira Amin Jamil Mansi, Raghad Ammar Ahmed Al-Atrash, Ibrahim Abdullah Mohammed Abu-Oraiban, Ibrahim Mohammed Zaki Al-Firi, Mohammed Khaled Mohammed Magari, Mohammed Nabil Abdullah Al-Tawil, Tolin Mohammed Ali Maamar, Farah Al-Bara Rajab Musleh, Rafeef Mahmoud Salem Qandil, Lian Kamel Said Jumaa, Lana Mahmoud Nasser Shahada, Ahed Mohammed Shahada Khudr, Tala Mohammed Gharib Gharib, Abdullah Ahmed Sami Khattab, Fatima Mohammed Faiz Al-Silk, Habiba Mohammed Awad Shaaban, Sultan Abd Al-Karim Suleiman Bukhit, Omar Siddiq Abd Al-Razaq Al-Ruqab, Khaled Abdullah Khaled Abu-Huwaishil, Amer Saber Younis Radwan, Yahya Mohammed Youssef Abed, Khaled Ahmed Khaled Abu-Owaileh, Bilal Loay Omar Alwan, Omar Mohammed Abd Al-Hamid Al-Harazin, Omar Mohammed Ibrahim Al-Mamlouk, Jumana Abdullah Ouda Abu-Shahada, Yahya Mohammed Mahmoud Hamad, Katya Ahmed Rashad Abu-Safi, Lynn Abd Al-Aziz Raed Abu-Jlahom, Celine Tawfiq Ahmed Lubbad, Celine Basel Mahmoud Al-Khayyat, Majd Abdullah Mohammed Shaaban, Abd Al-Rahman Haitham Jamal Abu-Sharkh, Lilyan Ibrahim Kamal Rashwan, Malak Mohammed Jamal Al-Madhoun, Bailasan Saadi Mohammed Abu-Hamada, Dana Shadi Abd Al-Salam Al-Masri, Deena Samir Mohammed Radi, Mennah Tariq Bassam Al-Ghafir, Amir Homam Salem Al-Masri, Adnan Mohammed Mustafa Al-Jabour, Ali Salem Ali Thuayeb, Baha Mohammed Abd Al-Hakim Al-Ajrami, Asaad Sabri Fayez Al-Qudra, Sewar Ibrahim Mohammed Al-Mabhuh, Mohammed Jihad Munir Al-Madhoun, Rital Fadi Ziyad Al-Akkad, Munzer Rashad Munzer Mushtaha, Bisan Muslim Ibrahim Al-Amawi, Mohammed Salim Mohammed Abu-Quta, Mohammed Issam Mahmoud Al-Kahlout, Obaida Ahmed Samir Qneita, Hanan Omar Youssef Al-Haddad, Rana Faisal Matar Al-Shaishi, Mousa Abdullah Mousa Zarab, Amira Mohammed Jumma Dhahir, Amira Yahya Nasir Ikhleel, Sidra Mohammed Alauddin Ahmed, Layan Mohammed Youssef Al-Muqayid, Yamen Anas Jumma Al-Jurjawi, Mufid Ahmed Mufid Janina, Ziyad Khamis Ziyad Al-Jazzar, Jannah Adel Samir Abu-Ishaq, Youssef Karam Mohammed Bakr, Saleh Ahmed Saleh Abu-Labda, Johnsta Mohammed Abd Al-Karim Harara, Yusra Sabri Abdullah Al-Farra, Aseel Jamal Salmi Ishtawi, Sila Khaled Nabil Amara, Salam Abd Al-Rahman Mohammed Salha, Al-Anoud Mohammed Saeed Dahmash, Mohammed Nidal Mohammed Awad Qudura, Jwan Saed Amro Al-Lada'a, Mohammed Khalil Mohammed Al-Lahham, Fadi Mohammed Ahmed Al-Sharif, Maria Shadi Rajab Qudeih, Jibril Mohammed Jibril Abu-Naja, Mohammed Ahmed Saleh Hamed, Abd Al-Aziz Abdullah Zaki Darwish, Layan Ahmed Issa Al-Nashar, Sajed Mahmoud Fathi Al-Shatli, Joudi Yahya Nimer Abu-Al-Kas, Noor Abd Al-Rahman Ayesh Darwish, Musab Osama Khaled Abd Al-Rahman, Hala Mahmoud Darwish Mohisen, Anas Rashid Nidal Alaywah, Mohammed Mohammed Abd Al-Mohisen, Mariam Al-Zaman Mohammed Saeed Washah, Shaheen Murad Walid Shaheen, Hammoud Khaled Hammoud Al-Ja'al, Baraa Abdullah Idris Abu-Shu'aib, Mira Mohammed Saleh Dawas, Noor Khamis Younis Al-Agha, Raghda Adel Mohammed Mousa, Noor Nihad Hamdan Tautah, Samaher Fadi Khamis Tanbourah, Mona Ammar Hassan Issaifan, Karam Adnan Saeed Al-Haddad, Batoul Mohammed Atwah Abu-Namos, Mufeed Abdullah Mufeed Hijazi, Mohammed Mahmoud Mohammed Saleh, Noor Al-Din Khalil Mousa Al-Dibs, Masa Ibrahim Abdullah Nassar, Qais Mohammed Hani Abu-Eid, Abd Al-Rahman Khattab Omar Al-Bahloul, Mohammed Tarek Ahmed Juma, Salma Firas Saeed Washah, Mohammed Ahmed Khaled Abu-Al-Qumasan, Atta Abdullah Atta Al-Hamaida, Mahmoud Maher Faisal Al-Awawda, Yasmin Abd Rabbo Mohammed Abu-Al-Jidyan, Habiba Abd Al-Qader Zuhair Al-Kurd, Mohammed Ahmed Youssef Masoud, Jouri Jihad Anwar Al-Tahleh, Waseem Mahmoud Mazen Asleem, Amira Sherif Saeed Al-Ba'a, Ahmed Anwar Mousa Jaber, Mohammed Hassan Deeb Al-Nawajah, Khaled Thaer Rizk Ghareeb, Abd Al-Rahman Ahmed Mahmoud Sidam, Ibrahim Ismail Ibrahim Jargon, Mohammed Zafer Ahmed Abu-Younis, Hadi Ahmed Mohammed Hamad, Jouri Ramadan Mohammed Meqdad, Mira Fadi Meraj Ahmed, Maryam Othman Khaled Asaliya, Mahmoud Taysir Ibrahim Juma, Yousef

Mohammed Ramadan Khalifa, Rakan Mohammed Jamal Abu-Kmeil, Al-Waleed Saleh Abd Rabbo Abu-Dahrouj, Maria Alaa Mahmoud Al-Fayoumi, Joud Mohammed Saleh Abu-Awad, Sandy Ahmed Basem Al-Shanshir, Ahmed Khaled Jamal Al-Aklouk, Issa Adham Issa Abu-Dhahir, Maya Mohammed Issa Abu-Dhahir, Noor Yasser Naim Okasha, Celine Ihab Mohammed Al-Khalidi, Serene Bilal Abd Al-Raouf Nasser, Rayan Othman Ayoub Al-Abadla, Naya Mohammed Mahmoud Obeid, Mohammed Yahya Suhail Hubush, Hussein Mohammed Hussein Al-Ramlawi, Jamal Atef Jamal Al-Aloul, Abd Al-Rahman Mohammed Basman Saqr, Palestine Mohammed Khaled Juha, Mohammed Nour Al-Din Mazen Al-Shawa, Mohammed Mohammed Rubhi Eshtaywi, Mus'ab Youssef Zaki Al-Batran, Qamar Hani Zaki Al-Batran, Mueen Mahmoud Mueen Rajab, Mohammed Rafiq Youssef Salah, Fatima Mahmoud Issam Al-Nounou, Karem Alaa Abd Al-Rahim Al-Batniji, Abd Al-Rahim Alaa Abd Al-Rahim Al-Batniji, Tala Fadi Abd Al-Rahim Al-Batniji, Alma Osama Mansour Abu-Al-Awaf, Huwayda Ahmed Nafez Quteifan, Ashraf Fadl Mohammed Abu-Ras, Aya Youssef Sami Hanouna, Taysir Nasr Yousri Al-Beltaji, Sanaa Amjad Youssef Abu-Warda, Mohammed Abd Al-Wahab Youssef Abu-Warda, Khaled Mahmoud Youssef Abu-Warda, Hind Rami Iyad Rajab, Roua Ismail Mahmoud Daloul, Areej Khamis Hosni Dagmash, Maria Ahmed Kamal Al-Haddad, Majd Mahmoud Ahmed Abu-Amsha, Zeina Ahmed Saeed Al-Bardawil, Omar Kamel Masoud Madoukh, Hosni Mohammed Hosni Al-Sayyis, Malak Helmi Aouni Al-Ghoul, Eileen Ramadan Majed Atallah, Nizar Amr Nizar Abu-Al-Mazzeh, Sami Abd Al-Hamid Mohammed Al-Jammal, Hashim Salim Hashim Abu-Dalo, Joudi Fadi Al-Zayyan, Ayman Fadi Ayman Odeh, Jamal Mohammed Islam Jamal Zeino, Salman Abdullah Salman Abu-Mustafa, Lamis Ahmed Mohammed Al-Maghrabi, Lama Youssef Khudr Hijazi, Kareem Mohammed Mahmoud Ashour, Mohammed Rajab Ahmed Suleiman, Diaa Jihad Raed Al-Ghoul, Yaman Ahmed Khalil Abu-Gaza, Malika Omar Sami Al-Arabid, Arwa Ahmed Hassan Nasman, Lana Mohammed Saber Al-Tahrawi, Obeida Mahmoud Misbah Hamad, Sewar Basem Waleed Abu-Muslim, Taleen Alaa Hassan Abu-Al-Khair, Zain Samed Saeed Al-Attar, Afnan Mohammed Salem Salama, Malak Mohammed Fares Abd Al-Salam, Hala Adel Harb Abu-Harb, Alaa Iyad Abd Rabbo Al-Dabari, Rou'a Abd Al-Hamid Qassem Al-Asal, Miral Bilal Jameel Abu-Akker, Sewar Mohammed Saber Al-Hawajri, Marah Hamza Jamal Asliya, Farah Hamza Jamal Asliya, Mohammad Ismail Hekmat Abu-Al-Atta, Al-Mu'tasim Billah Ayman Hamed Al-Hams, Anwar Allam Mohammad Al-Barsh, Hassan Emad Saadi Domideh, Bayan Wissam Jamal Nabhan, Kazem Ezzeddin Jamal Saleh, Mohannad Basim Jamal Al-Din Abu-Aita, Yamen Mohammad Abd Al-Aziz Abu-Salem, Maria Hassan Ata Hamdounah, Raghad Eid Abd Al-Mu'ti Abu-Samaan, Reem Khaled Ahmed Hamouda, Mohammad Shadi Talal Obaid, Karim Adnan Ahmed Salman, Laila Salah Jabr Al-Bisyuni, Mohammad Jamal Methqal Abu-Thaher, Habiba Tamer Mohammad Awkal, Baha Al-Din Taha Amjad Al-Harthani, Noor Ahmed Abd Al-Rahman Al-Muqayed, Rital Mohammad Hassan Abu-Habel, Yahya Ayoub Ghassan Khalil Hamdan, Malak Eid Mahmoud Nabhan, Dana Amin Marwan Abu-Shakyan, Khaled Majdi Khaled Al-Haloul, Joanna Mohammed Kamal Al-Fayoumi, Kamal Abd Al-Hamid Kamal Al-Fayoumi, Noor Mohammad Sami Hassan, Mohammad Salim Ismail Al-Alami, Qamar Jihad Abdullah Azzoum, Sara Mahmoud Hassan Jneineh, Abdullah Hossam Adnan Hajji, Badr Basim Salah Salem Al-Farra, Mais Tamim Ahmed Abu-Maamer, Jalal Jihad Hosny Abu-Hyeah, Waseem Mohammad Mousa Al-Ajleh, Sondos Khamis Mas'ad Al-Saeedi, Yasmin Ammar Abd Al-Raouf Al-Assar, Lyn Basel Eyad Zeyada, Ismail Ibrahim Abd Al-Rahman Al-Mashharawi, Omar Jihad Marwan Salem, Mirvat Mahmoud Shaher Abu-Ajwa, Kenan Muhammad Ali Abu-Juba, Salah Ahmed Muhammad Barhouma, Ataa Muhammad Muhammad Al-Najjar, Abd Al-Rahim Abdullah Atiya Daloul, Fareeda Kamel Hikmat Al-Taramasi, Murad Salam Rabhi Labad, Abd Al-Qader Ahmed Abd Al-Qader Abu-Nomr, Malik Al-Quloob Ramadan Younes Abu-Hamdal, Jawan Zakaria Kamel Abu-Rayala, Shadi Naseem Khalil Abu-Shadq, Maria Diaa Al-Deen Muhammad Al-Sayed.

6 years old

Khadija Suheil Zuhdi Al-Nahal, ., Omar Musab Khalil Al-Ashqar, ., Omar Abd Al-Shafi Muslim Mahani, ., Jawan Abdullah Baha' Al-Deen Sakik, ., Abd Al-Rahman Jalal Moeen Al-Harakly, ., Yahya Bilal Fathi Al-Majdalawi, ., Sulaf Wajdi Ramadan Al-Shabrawi, ., Rafeef Riyad Ramadan Salmanalay, ., Ramzi Ismail Ramzi Al-Khouli, ., Mais Khalid Awad Al-Sisi, ., Jana Ahmed Muhammad Zakaria Abu-Al-Layl, ., Habiba Muhammad Aouni Al-Mahlawy, ., Muhammad Atiya Musa Al-Khatnani, ., Lynn Ahmed Muhammad Ali, ., Habib Nasser Abd Al-Qader Mustafa, ., Batool Nadhir Shawqi Shaaban, ., Ahmed Ibrahim Hussein Abu-Nar, ., Samar Rami Muhammad Fadl Hassouna, ., Manal Firas Nihad Al-Wahidi, ., Ghazal Musab Ezz Al-Deen Shalat, ., Judy Hazem Saeed Al-Ramlawi, ., Mayada Jamal Ali Abu-Khater, ., Muhammad Shahda Jabr Al-Ajrami, ., Uday Abd Al-Rahman Haider Al-Nadim, ., Musab Ezz Al-Deen Khader Abu-Touha, ., Kenan Amin Ahmed Abd Al-Al-Alam Haram, ., Shaimaa Mahmoud Hani Rihan, ., Lina Hammam Mustafa Abu-Toha, ., Shams Mohammad Khalil Al-Suwerki, ., Omar Musab Abd Al-Hamid Zayno, ., Majed Abd Al-Wahab Bakr Al-Kahlout, ., Sarah Ahed Khalil Abu-Al-Ais, ., Bilal Abd Al-Rahman Rabea Shehab, ., Omar Ahmed Nasruddin Abu-Nama, ., Omnia Abd Al-Rahman Abd Al-Karim Al-Salak, ., Heba Mohammad Maher Abu-Ayda, ., Abd Al-Rahim Mohammad Abd Al-Hafiz Abu-Dahir, ., Fathy Nouruddin Fathy Abd Al-Aal, ., Obada Ahmed Youssef Abu-Al-Qamsan, ., Mohammad Raid Nabil Farhat, ., Huda Mahdi Ashraf Barghout, ., Lian Moawiya Ahmed Khala, ., Mennatallah Abd Al-Salam Ali Abu-Seif, ., Youssef Hammam Mahmoud Al-Kurdi, ., Omar Mohammad Bassam Abu-Hasira, ., Khader Mohammad Mohammad Issa Hamada, ., Fatima Mohammad Abd Al-Rahim Al-Madhoun, ., Obaida Amer Yahya Al-Balawi, ., Ibtisam Abd Al-Rahman Nahid Obeid, ., Talea Faiz Abd Al-Hakim Amer Hassouna, ., Jouri Mohammad Sami Al-Halabi, ., Alma Diab Khaled Afaneh, ., Youssef Abd Al-Rahman Hassan Al-Omassi, ., Jana Shaaban Youssef Awadallah, ., Huda Mohammad Shaker Al-Mughni, ., Hamza Abd Al-Rahman Maher Al-Mutawaq, ., Anas Jamil Moein Ataallah, ., Leen Ahmed Abd Al-Aati Saleh Mussa, ., Reem Mohammad Jamil Abu-Haya, ., Sawsan Mohammad Wael Saadiyah, ., Motasem Raid Youssef Al-Ladawi, ., Ruqaya Ibrahim Khaled Al-Lahham, ., Ali Mohammad Mohedin Skek, ., Ahmed Abdullah Ahmed Hegazi, ., Yassin Alaa Mohammed Naji Ryan, ., Mariam Mujahid Khadr Abu-Toha, ., Zain Al-Omr Mohammed Basel Abu-Ghban, ., Wael Ismail Wael Al-Hawari, ., Jana Hussein Faiq Abu-Aida, ., Imad Al-Din Ramzi Imad Shahada, ., Amer Fuad Omar Al-Zain, ., Diab Mohammed Diab Abu-Beid, ., Laith Saleh Ali Darwish, ., Ahmed Ali Hamed Al-Masri, ., Ziad Mahmoud Nasser Abu-Hseira, ., Mennat Allah Mahmoud Mohammed Saleha, ., Hisham Rizk Tawfiq Al-Shoubaki, ., Ahmed Abd Al-Rahim Samir Eid, ., Ismail Zayed Mahmoud Abd Al-Aal, ., Sara Yasser Magdy Abu-Owimer, ., Mohammed Ahmed Mohammed Al-Attar, ., Jana Hani Qabel Abu-Hazin, ., Ayman Mohammed Ayman Al-Khatib, ., Mohammed Youssef Rashad Abu-Safi, ., Oweis Ismail Fathi Al-Bahabsah, ., Zain Al-Din Bashir Jamil Ayad, ., Siham Walid Ibrahim Al-Zamli, ., Shahd Ramadan Abd Al-Fattah Badwan, ., Habiba Mohammed Khaled Jad Allah, ., Noor Raed Salim Al-Qudra, ., Hossam Mahmoud Jamil Al-Yazji, ., Hamed Al-Qassam Ramzi Ahmed Abu-Ouda, ., Amani Shadi Mohammed Al-Masri, ., Mostafa Waheed Ahmed Sheikh Al-Eid, ., Bakr Ahmed Mahmoud Breka, ., Helana Masad Awad Al-Araishi, ., Kinan Ismail Fathi Ayash, ., Mirvat Khaled Walid Breis, ., Ruqayya Abd Al-Rahman Salem Salama, ., Mariam Alaa Saber Qadoha, ., Hanan Mohammed Tawfiq Al-Bahiri, ., Kenda Haitham Zaki Oweidah, ., Siraj Mohammed Salah Al-Imam, ., Omar Ali Mahmoud Abbas, ., Dima Mohammed Omar Abu-Alwan, ., Dima Osama Khaled Al-Louh, ., Dayala Ramez Mahmoud Al-Dardasawi, ., Ibrahim Arafat Mohammed Asleem, ., Sarah Ahmed Aref Salman, ., Aya Mohammed Abd Al-Hakim Asfoor, ., Youssef Tariq Jamal Abu-Al-Ata, ., Saba Mohammed Ahmed Hammad, ., Fatima Maher Mohammed Abuhar, ., Yamen Alaa Ahmed Hamdan, ., Suzan Ahmed Jamil Al-Namroti, ., Sham Jihad Jaber Anber, ., Maya Mohammed Maher Abu-Moussa, ., Mohammed Nawaf Khamis Al-Louh, ., Hani Mazen Hani Abu-Ghoush, ., Abdallah Mohammed Hassan Al-Zazou, ., Nivin Mohammed Ahmed Jaradah, ., Loay Mohannad Mahmoud Abed, ., Yasser Mousa Ahmed Al-

Agha, ., Zain Jaber Noaman Hameed, ., Razaan Hazem Khalil Zaqout, ., Talen Mohammed Khaled Al-Houbi, ., Hud Alaa Mahmoud Al-Mabhouh, ., Mohammed Youssef Fayez Al-Madhoun, ., Hizar Hussain Ahmed Al-Astal, ., Mohammed Hossam Fawzi Al-Boab, ., Wael Mohammed Khamis Al-Hams, ., Mohammed Mahmoud Rajab Abu-Saleh, ., Rafaan Eyad Ahmed Brekeh, ., Fawzi Mohammed Fawzi Ahl, ., Aya Azmi Abdullah Abu-Armanah, ., Mohammed Abd Al-Karim Atwa Azeez, ., Yazan Fahd Harb Abu-Madi, ., Zaina Khader Sameeh Afana, ., Youssef Ammar Jamal Miqdad, ., Ahmed Farouk Nizar Al-Najjar, ., Dania Abdullah Denyan Mansour, ., Jouri Youssef Ibrahim Musleh, ., Nadeen Abd Al-Rahman Ibrahim Al-Sabbah, ., Yamen Rabie Juma Abu-Jazar, ., Ayoub Ali Ahmed Shweidah, ., Mohammed Khaled Mohammed Al-Bardawil, ., Asya Muneer Mohammed Fawzi Ghannam, ., Amir Saed Nawfal Nawfal, ., Lilian Ghazi Fayez Al-Yazji, ., Tamim Youssef Mohammed Basheer, ., Qusai Rami Shafeeq Mansour, ., Bilal Nidal Amer Hmeidah, ., Salma Mohammed Rasmi Al-Najjar, ., Judy Hussein Mohammed Abu-Hamed, ., Sham Raef Mahmoud Khalil, ., Ahed Mahmoud Nafez Al-Ayedi, ., Abdullah Mohammed Fathy Abu-Ajoah, ., Mira Mahmoud Omar Taha, ., Amena Moatassem Ameen Nawfal, ., Youssef Mohammed Hmeid Abu-Mousa, ., Ghazal Bilal Medhat Al-Zard, ., Menna Allah Mahmoud Atiya Abu-Hammouda, ., Sham Ahmed Faris Siyam, ., Lana Walid Sabri Al-Nabahin, ., Malak Mahmoud Moeen Ayyash, ., Khaled Ahmed Medhat Abu-Bakr, ., Mjd Mohammed Abd Al-Mohsen Abu-Al-Rous, ., Joud Karam Noaman Al-Sharif, ., Sama Ibrahim Mousa Farajallah, ., Lina Tarek Ahmed Abu-Younis, ., Lin Raed Naif Al-Sharafi, ., Sarah Abdullah Ahmed Maamar, ., Malak Mohammed Sameer Abd Al-Nabee, ., Kinan Mohammed Ghanem Jarour, ., Aisha Alaa Abd Al-Qader Abu-Joudeh, ., Sameer Jamil Sameer Al-Agha, ., Iman Ibrahim Youssef Hussein, ., Maria Imad Mohammed Abu-Dagheim, ., Ahmed Hassan Ahmed Abu-Seif, ., Youssef Mohammed Ahmed Al-Laham, ., Amir Obadah Salah Aldeen Al-Roqb, ., Heba Jihad Wajeeh Al-Agha, ., Abdullah Hussein Mahmoud Abd Al-Aal, ., Hala Jihad Wajih Al-Agha, ., Jana Raafat Ali Abed, ., Noor Al-Huda Saleem Abd Al-Hakim Kaheel, ., Kareem Ziad Muhammad Al-Muqeed, ., Lana Ghassan Shehada Radwan, ., Suleiman Asim Muhammad Omar Marouf, ., Dalia Iyad Ziad Abu-Mohsen, ., Jana Suleiman Jamil Abu-Ghazal, ., Jamal Mustafa Jamal Mousa, ., Yaqeen Ahmed Hamouda Abu-Taha, ., Ahmad Muhammad Ishaq Al-Sayed Ahmad, ., Alaa Ahmad Ramadan Maghari, ., Muhammad Raafat Muhammad Salama, ., Samir Muhammad Samir Fayyad, ., Nada Ahmed Jalal Abu-Hasna, ., Wajih Mahmoud Wajih Abu-Zayd, ., Yahya Ramez Khedir Karizem, ., Zeina Ziad Aaed Al-Ajrami, ., Rahma Younes Amro Al-Amur, ., Nada Nasr Sobhi Jomaa, ., Hamza Sabri Musleh Radi, ., Muhammad Ahmad Jamal Mousa, ., Iman Ibrahim Muhammad Al-Noori, ., Awad Ahmad Awad Nasr, ., Maria Saadi Majdi Al-Dabakka, ., Ali Mahmoud Rashad Al-Masri, ., Muhammad Hassan Nayef Abu-Shamala, ., Lana Asaad Majid Mushtaha, ., Farah Saleh Ibrahim Asleem, ., Daniel Abed Muhammad Anwar Jabr, ., Yaqoub Ali Abd Al-Shafi Al-Majaida, ., Joud Mahmoud Fares Siyam, ., Hassan Hussein Ahmad Al-Shaer, ., Joud Jamal Sabri Al-Hussayneh, ., Karim Farid Rajab Halawah, ., Habib Saleh Habib Dagmash, ., Abd Al-Rahman Mousa Muhammad Al-Aidi, ., Hala Mahmoud Daifallah Al-Nadiyat, ., Moaz Muhammad Abd Al-Karim Al-Afarinji, ., Sarah Tamer Rizk Jarada, ., Mohammad Tawfiq Ismail Al-Hour, ., Yousef Mohammad Abd Al-Karim Al-Naqla, ., Wadi'a Yousef Ridwan Matar, ., Habiba Ghassan Asaad Nasman, ., Adam Ishaq Ziad Al-Irqan, ., Hala Mahmoud Ali Awajah, ., Abd Al-Rahman Ismail Abd Al-Qadir Abu-Joud, ., Aisha Khalid Suheil Abed, ., Zaid Mahmoud Ramadan Al-Arareer, ., Oday Murad Mustafa Abu-Ghoulah, ., Mohammad Ahmad Imad Helles, ., Muhannad Abd Al-Rahim Ayash Darwish, ., Iyad Maysarah Iyad Al-Sarsek, ., Munib Abd Al-Qadir Abd Al-Raziq Al-Raqeb, ., Ahmad Rami Farah Abed, ., Yousef Hazem Awad Abu-Seif, ., Nasreen Yahya Khalid Abu-Hilal, ., Jamal Ghazi Jamal Taleb, ., Maher Muhammad Nabil Al-Qudra, ., Bilal Mahmoud Hassan Jargon, ., Abdullah Mohammad Jamal Abd Al-Naser Al-Azayzeh, ., Amal Yaser Musa Abu-Ishaq, ., Hala Bilal Nabil Al-Aidi, ., Ali Mohammad Khalil Abu-Hamad, ., Heba Moataz Abdullah Abdeen, ., Mahmoud Mohammad Rafiq Al-Kahlout, ., Ali Mohammad Ahmad Qasim, ., Layan Hassan Mohammad Al-Attar, ., Ahmad Abdullah Mohammad Al-Saddoudi, ., Mahmoud

Abdullah Mohammad Al-Saddoudi, ., Dana Osama Mohammad Dabur, ., Baha Yaser Naim Akasha, ., Celine Arafat Talal Abu-Atiweh, ., Abdullah Mohammad Abdullah Shuqura, ., Nada Maher Khalid Abu-Ubaid, ., Shaza Hazem Jihad Abu-Anza, ., Siraj Bilal Saleh Al-Shafi'i, ., Mahmoud Bilal Mahmoud Abu-Salmiya, ., Maisam Raed Saeed Al-Sahbani, ., Al-Hassan Anwar Ahmed Farajallah, ., Aya Mohammad Awni Abu-Aoun, ., Mahmoud Moamen Mahmoud Al-Talla', ., Talia Hisham Mohammad Tabasi, ., Obaida Mohammad Rajaa Al-Najjar, ., Yara Samir Salama Saad, ., Tariq Ziad Mohammad Al-Houbi, ., Tulin Ehab Al-Din Khaled Owidah, ., Sham Mohammad Saeed Al-Rifi, ., Mohammad Abd Al-Aziz Adel Dahliz, ., Aya Ahmed Fawzi Al-Ghouti, ., Sham Wael Hamdan Al-Dahdoh, ., Munir Mohammad Munir Al-Talla', ., Ataf Mustafa Salim Al-Bahloul, ., Hanin Ahmed Bassam Abu-Sharbin, ., Malak Salem Mohammad Abd Al-Wahid, ., Yasmin Yousef Omar Sharaf, ., Mohammad Hazem Khalil Al-Ashqar, ., Salim Islam Salim Abu-Hatab, ., Sami Bilal Sami Abu-Youssef, ., Mira Mohammad Khalil Zaidan, ., Elias Basem Fathi Abu-Gharqoud, ., Salem Hamdi Salem Salah, ., Mostafa Sharif Hassan Abu-Shaweesh, ., Mujahid Shadi Atef Haliewa, ., Najwa Abdullah Sobhi Hegazy, ., Hamza Mohammad Shahada Abu-Mustafa, ., Ibrahim Hossam Ibrahim Salem, ., Hanan Hatem Jaber Al-Raai, ., Heba Ahmed Moein Ayash, ., Layan Abd Al-Rahman Nasir Abu-Nasir, ., Mohammad Shadi Nimer Abd Al-Aal, ., Abeer Shafiq Abd Al-Hay Al-Dahshan, ., Malak Alaa Shahada Abu-Loli, ., Rulan Naeem Bakr Muslim, ., Karam Yousef Sobhi Al-Helo, ., Hanan Anwar Abd Al-Latif Fayyad, ., Adam Mohammad Sami Khattab, ., Razaan Tariq Mohammad Al-Maghari, ., Mohamed Essam El-Din Ismail Abd Rabbo, ., Suhaila Hisham Mesbah Jadallah, ., Salma Hisham Mesbah Jadallah, ., Yazan Mohamed Ahmed Al-Khatib, ., Jouri Bassam Mahmoud Abu-Shaweesh, ., Hamza Ahmed Naeem Abu-Haleeb, ., Youssef Ahmed Samir Abu-Shamal, ., Salama Osama Salama Hussein Ali, ., Kenan Medhat Khader Al-Ajal, ., Asaad Mohamed Asaad Dagmash, ., Mira Salah Fawaz Abu-Razeq, ., Moaz Mohamed Ibrahim Al-Najjar, ., Mona Ahmed Mohamed Hassouna, ., Nasr Waleed Nasr Al-Zaeem, ., Salma Yahia Ashraf Abu-Anzah, ., Mohamed Othman Khalil Seidam, ., Tala Mohamed Ahmed Obeid, ., Batoul Mostafa Ali Abu-Maamar, ., Islam Moamen Amin Noufal, ., Layan Mahmoud Yahia Yahia, ., Mais Ghassan Ismail Sahweel, ., Ismail Ahmed Mohamed Barhouma, ., Siraj Munir Ahmed Abu-Jameza, ., Jouan Nidal Saleh Mishmish, ., Jana Mazen Youssef Al-Silk, ., Mohamed Ibrahim Jamil Thabet, ., Mena Allah Ahmed Ibrahim Bedwan, ., Sarah Qasem Taha Al-Shaer, ., Mohamed Naji Mohamed Quwedar, ., Ahmed Mohamed Ahmed Zaaroub, ., Nada Mousa Azmi Al-Jamal, ., Al-Hassan Saleh James Tarkhan, ., Ward Taher Saeed Al-Azaizah, ., Ghala Ibrahim Hamed Al-Senwar, ., Ismail Ibrahim Hamed Al-Senwar, ., Ghina Ibrahim Hamed Al-Senwar, ., Joud Ibrahim Radwan Al-Lamdani, ., Ghazal Ziad Hassan Salem, ., Mena Allah Saeed Abd Al-Nasser Al-Tawil, ., Jori Ismail Ghanem Jarrour, ., Asmaa Mohammed Khaled Abris, ., Dhafer Ayoub Dhafer Al-Helo, ., Abd Al-Qader Khaled Khalil Saedam, ., Jinan Safa Al-Din Mohammed Al-Talbani, ., Ahmed Naeem Abd Al-Fattah Ali, ., Jori Tarek Adel Thabet, ., Hussein Rami Arafat Abu-Oida, ., Haroun Karam Haroun Hassan, ., Eileen Khalil Omar Matar, ., Bayan Faisal Ali Al-Naami, ., Abd Al-Rahman Eyad Ibrahim Shaqoura, ., Ahmed Nimer Atiya Semaan, ., Lamis Nasser Ghazi Adweidar, ., Tala Emad Nabil Obeid, ., Jori Eyad Mohammed Eid Al-Akhras, ., Malik Islam Ali Abu-Sanjar, ., Aseel Raed Saleh Al-Shafi, ., Mira Abdullah Khaled Abu-Huwaishel, ., Mariam Ayash Nasser Al-Masri, ., Hussein Mohammed Hussein Atiya, ., Salah Ahmed Salah Abdullah, ., Naji Mahmoud Mohammed Abu-Suhaiban, ., Joudi Mousa Mahmoud ZaarAB, ., Sham Mohammed Hussein Abu-Obeid, ., Mohammed Issam Ahmed Salah, ., Moen Suleiman Moen Al-Najjar, ., Ata Raed Ata Al-Raqeb, ., Kanaan Mohammed Jamal Al-Aloul, ., Hamza Emad Humaidan Abu-Amra, ., Zakaria Majdi Ahmed Shalouf, ., Sewar Jihad Abdullah Abu-Rakab, ., Adam Shadi Hamdi Asfour, ., Majd Emad Mustafa Al-Louh, ., Shadi Jamil Mahmoud Saleh Al-Sawalha, ., Mohammed Ahmed Mousa Sheikh Al-Eid, ., Omar Bilal Basheer Al-Kahlout, ., Moatasem Misbah Ibrahim Al-Attout, ., Yazan Ahmed Jihad Shaqoura, ., Shaimaa Mohammed Sobhi Shehab, ., Rafeef Mohammed Abd Al-Karim Al-Ghalban, ., Jouri Mohammed Fouad Ashtawi, ., Leen Abd Al-Nasser Saleh Abu-Dahrooj, ., Rimas Ahmed Mahmoud Dahlez, ., Baha Nihad Issa Abu-Huwaidi, ., Rahaf

Mahmoud Khalil Al-Shaer, ., Hayat Abdullah Mousa Al-Astal, ., Moaz Etemad Youssef Dalool, ., Malak Mohammed Amin Al-Dahdooh, ., Shaimaa Naeem Abd Al-Rahman Hamdan, ., Haitham Tamer Mahfouz Kashkou, ., Ezz El-Din Eid Aziz Nabhan, ., Noor Ibrahim Baraka, ., Retal Osama Shalael, ., Mohammed Abd Al-Salmi Ashtawi, ., Omar Ahmed Atieh Noufel, ., Kinan Tamer Fathi Al-Nabahen, ., Moufid Khalid Moufid Mousa, ., Moayad Salem Ouda Abu-Rweidah, ., Soad Mohammed Ahmed Jahjouh, ., Karam Mohammed Mahmoud Abu-Ma'mar, ., Abd Al-Rahman Mohammed Yahya Abu-Sahloub, ., Sham Abd Al-Karim Ibrahim Al-Hato, ., Mohammed Ramzi Ouda Kerman, ., Amal Abdullah Khder Mousa, ., Yamen Abdullah Zakaria Al-Astal, ., Adam Youssef Mohammed Al-Hila, ., Adam Osama Mohammed Al-Jamasi, ., Rose Ahmed Mahmoud Al-Riyati, ., Noor Abd Al-Qader Said Banat, ., Ayat Alaa Nasr Jarghon, ., Raghda Iyad Matar Ghaben, ., Aseel Basel Ramadan Abed, ., Lamia Youssef Omar Shayah, ., Elya Lubin Said Al-Ezzaizeh, ., Mohammed Ezz El-Din Al-Qassam Mousa Ashour, ., Eyad Rami Atallah Al-Aidi, ., Samaa Fadi Jihad Ridwan, ., Ahmed Hani Khaled Abu-Al-Naga, ., Ghazal Ibrahim Adnan Abu-Alwan, ., Mira Saqr Izzat Abu-Rakbah, ., Sanaa Alaa Salama Saada, ., Hana Alaa Salama Saada, ., Hajjaj Ihsan Hajjaj Al-Zairy, ., Ward Hatim Khalil Zidan, ., Mohammad Hamdan Asaad Malaka, ., Joud Khaled Yassin Al-Saidawi, ., Zain Al-Din Ramzi Mohammad Al-Dasuqi, ., Lynn Maher Asaad Al-Akhras, ., Mohammad Karam Mohammad Bakr, ., Ibrahim Ahmed Salah Abu-Amrah, ., Mohammad Ahmed Mahmoud Abu-Lebda, ., Sulaiman Fathi Sulaiman Al-Jarjawi, ., Abd Al-Rahman Mahmoud Naeem Habboush, ., Lana Mutee Bassam Al-Ghafir, ., Sidal Hani Ibrahim Abu-Jamaa, ., Hamza Mohammad Hamza Abu-Hilal, ., Zaher Ramadan Zaher Abu-Al-Omrein, ., Adam Nidal Mohammed Abu-Aida, ., Jouri Mohammad Ahmad Zakout, ., Judy Mohannad Abd Al-Qader Al-Attar, ., Suhair Ahmed Nahid Ashour, ., Ahmed Sulaiman Nabil Mansour, ., Sobhi Ziyad Sobhi Al-Qadi, ., Mufeeda Rabee Kamal Al-Barash, ., Eman Saleh Deeb Ghabayin, ., Mohammad Akram Shahada Al-Jakbeer, ., Walid Omar Hasan Rashid, ., Omar Aed Mohammad Abu-Aida, ., Yassin Youssef Ibrahim Abu-Hada, ., Ahmed Hani Hasan Abu-Nasser, ., Huzaifa Omar Abu-Al-Mazza, ., Amrah Ahmed Samara, ., Arab Medhat Shahada Abu-Aida, ., Salah Mohammad Abd Al-Latif Abu-Zbidah, ., Sara Wissam Hasan Abu-Jazar, ., Ibrahim Shadi Basheer Abd Al-Qader, ., Alaa Mohammad Alaa Al-Din Dababsh, ., Nafez Moaz Nafez Ashour, ., Mohammed Abd Al-Karim Akram Abd Al-Aal, ., Zain Mohammed Ali Jaba, ., Moamen Mohammed Iyad Abu-Al-Aynayn, ., Sewar Karam Jamal Darwish, ., Fatima Mohammed Hussein Ashour, ., Abd Al-Rahman Omar Riyadh Khala, ., Yousef Iyad Ahmed Ata Allah, ., Malak Nabil Mohammed Al-Ghalban, ., Kinda Jihad Mohammed Al-Ghannam, ., Zain Al-Din Mohammed Ramzi Al-Lulu, ., Malak Fadi Nayef Al-Dash, ., Hashim Salim Hashim Abu-Dal, ., Ashour Ihab Ashour Al-Hindi, ., Raghad Mahmoud Mohammed Ahmed, ., Rawan Ibrahim Ziyad Ashour, ., Zain Mohammed Salama Saad, ., Talin Basheer Jamil Al-Ara'ar, ., Qamar Hani Mohammed Jamal Drabiya, ., Imad Zakaria Fathi Al-Bahri, ., Noor Moamen Hamad Hmeid, ., Adam Fadel Ata Allah Abu-Al-Atta, ., Maria Faheem Farouk Hassanain, ., Riman Iyad Shaaban Oudah, ., Malak Mohammed Shafiq Al-Dahshan, ., Basima Sami Salim Qasim, ., Hanan Tamer Abd Al-Rahim Al-Batniji, ., Jwan Tahseen Moeen Al-Shorabasi, ., Hamed Ibrahim Hamed Amdukh, ., Lyn Sameh Ata Ajour, ., Mira Jalal Mutee Hassouna, ., Mira Ibrahim Sami Hanoona, ., Jouri Asaad Irfan Al-Sarhi, ., Sara Essam Faraj Al-Beltaji, ., Noor Moatasem Arafat Al-Menawi, ., Jouri Saleh Khamees Nasrallah, ., Maryam Mohammed Hamad Al-Rafati, ., Falak Majid Nabil Al-Maghribi, ., Hatam Abd Al-Rahim Hatam Arebi, ., Ali Yousef Ali Juha, ., Mohammed Hussein Shaaban Al-Hattab, ., Sirin Abdullah Khalil Salem Deeb, ., Raghad Ziad Muhammad Shaaban Al-Batran, ., Menna Allah Mohannad Saad Mushtaha, ., Abd Al-Salam Mohammed Abd Al-Salam Hassouna, ., Siraj Hassan Khaled Awad, ., Misk Raafat Shabaan Lulu, ., Yasin Mahmoud Taha Skik, ., Hour Mohammed Abdelrabbih Barakah, ., Noor Hatem Khaled Abu-Aisha (Abu Hatab), ., Lynn Abdulrahman Abofoul, ., Abdullah Mohammed Khalifa, ., Ahmed Izzeldin Saleh Abu-Dhahrooj, ., Abd Al-Qader Arabi Abd Al-Qader Zubaidi, ., Adam Hassan Mahmoud Al-Najjar, ., Mohammed Yaser Nafez Abu-Dhahir, ., Yazen Judat Ahmed Al-Maghribi, ., Judi Mohammed Salah Abu-Zour, ., Ibrahim Ali

Ayman Al-Khatib, ., Mohammed Emad Amer Al-Asatl, ., Joud Ali Talal Abu-Khubeiza, ., Jouri Mahmoud Misbah Hamad, ., Mohammed Ibrahim Yahya Haboob, ., Baraa Abd Al-Hamid Ma'rouf Maqdad, ., Majd Udayi Alaa Al-Af, ., Rahaf Zaher Youssef Al-Mabhuh, ., Rital Mohammed Ali Al-Ra'i, ., Jaafar Omar Abd Al-Hakim Al-Manamih, ., Bilal Bassam Mohammed Zaqout, ., Hend Mohammed Ibrahim Sharab, ., Maram Mohammed Younes Abu-Musbah, ., Judi Mahmoud Mohammed Qadeeh, ., Hassan Ali Salman Al-Najjar, ., Sawsan Osama Jameel Abu-Alyan, ., Ismail Mohammed Ismail Aslih, ., Mohammed Ahmed Jamal Abu-Anza, ., Anas Nasser Rafaat Mhana, ., Hazem Bassim Mufid Nattat, ., Mohammed Safwat Abd Shabaan, ., Ruqayya Mohammed Walid Zaher, ., Lian Ibrahim Akram Shabaan, ., Ismail Mahmoud Jihad Aghneim, ., Osama Bilal Osama Abu-Al-Jabeen, ., Ismail Abd Al-Hadi Abd Al-Karim Qahman, ., Mariam Samed Samir Abu-Habel, ., Salma Ahmed Nabil Junaid, ., Hazem Bilal Ibrahim Tayeh, ., Yazan Abd Al-Karim Amer Khaila, ., Masoud Mohammed Masoud Masoud, ., Maisa Yousef Abd Al-Raouf Al-Majdalawi, ., Ziyad Rami Ziyad Al-Zeinati, ., Lana Ismail Naim Al-Taramsi, ., Abd Al-Karim Abdullah Fathi Alwan, ., Salma Jihad Yousef Awad, ., Wasan Mohammed Eid Manoun, ., Joud Anwar Omar Zahir, ., Lana Fakhri Mohammed Al-Alloul, ., Kamal Mohammed Kamal Al-Din Abu-Ayta, ., Sawer Hatem Hussein Farajallah, ., Amira Hussein Abd Al-Fattah Farajallah, ., Sawer Wael Rajab Ubaid, ., Salma Ahmed Saad Labed, ., Rahaf Imad Zuheir Al-Dabbour, ., Ahmed Ayman Idris Al-Omari, ., Mohammed Ahmed Mohammed Mahna, ., Sarah Mohammed Omar Hassan Al-Sayed, ., Baraa Tariq Talal Ubaid, ., Sham Mohammed Jamal Ubaid, ., Suad Wael Kamal Al-Dawaseh, ., Yasmin Akram Hussein Abu-Tabaq, ., Ibrahim Hazem Mohammed Awkal, ., Abd Al-Rahman Osama Ahmed Al-Oraini, ., Abd Al-Hadi Ali Shukri Mousa, ., Ruba Mamdouh Ayesh Al-Sous, ., Mohammed Ziyad Hassan Abu-Aida, ., Sham Ziyad Taleb Aziz, ., Mohammed Abdullah Nasr Hassanein, ., Nour Al-Din Mohammed Kamal Al-Fayoumi, ., Karim Mousa Jamal Al-Shawa, ., Ibrahim Issa Aouni Abu-Yousif, ., Mariam Mahmoud Khaled Al-Harazin, ., Khaled Saed Misbah Al-Khor, ., Abd Al-Hafiz Shukri Abd Al-Hafiz Barbekh, ., Hamza Imad Youssef Al-Bash, ., Alma Kamel Abd Al-Jawad Al-Aqqad, ., Eid Ali Eid Qamar Barbekh, ., Yamen Marwan Abdullah Abu-Shahma, ., Sama Ahmed Mahmoud Al-Af, ., Majida Hatem Manal Al-Dubakeh, ., Maysa Mahmoud Farid Zarab, ., Hassan Mahmoud Hassan Al-Shaer, ., Yamen Khalil Rashad Kordieh, ., Amir Jihad Shouqi Al-Ajrami, ., Mohammed Raed Abd Al-Shafi Hamouda, ., Farah Hassan Faiq Junaid, ., Omar Suhaib Amin Khader, ., Youssef Mohammed Abd Al-Jabbar Ouda, ., Maryam Abd Al-Qader Abd Al-Hafiz Hameed, ., Akram Mahmoud Zaher Zaher, ., Abd Al-Salam Mohammed Fayyat Matar, ., Bana Hani Jamal Abu-Naji, ., Zeina Awad Adham Jadallah, ., Rana Nasser Mohammed Warsh Agha, ., Hamdi Mohammed Atallah Abu-Ulbah, ., Majd Mohammed Shahda Abu-Sitteh.

7 years old

Ahmed Mohammed Hamdi Deeb, ., Hamza Raed Abd Al-Hadi Rajab, ., Suhaib Osama Ibrahim Naji, ., Nabil Abdullah Nabil Al-Wadiya, ., Maryam Mohammed Zaki Ashour, ., Mohammed Hamdan Moeen Al-Yazji, ., Karam Ibrahim Ahmed Abu-Khamees, ., Alma Hassan Ismail Abu-Shaqfa, ., Bisan Mansour Adham Al-Falouji, ., Walid Ibrahim Hussein Abu-Nar, ., Layan Omar Kamel Jandiya, ., Abd Al-Rahman Mazen Abdullah Al-Sinwar, ., Mohammed Nabil Khaled Abu-Al-Fahm, ., Hani Amer Hassan Harara, ., Nabil Adel Nabil Al-Qishawi, ., Munir Mohammed Munir Hamada, ., Farah Wael Amin Mohsen, ., Hadi Muhammad Abd Al-Nasser Al-Masri, ., Ne'mat Muhammad Samir Al-Bahnasawi, ., Malak Hamid Nidal Alaywa, ., Noor Ahmed Ashraf Al-Khodari, ., Mira Mahmoud Fouad Abu-Ghunaima, ., Raghda Ismail Wael Al-Hawari, ., Samira Iyad Yahya Al-Laham, ., Judy Moyed Subhi Samara, ., Ali Bakr Nasr Al-Sarahi, ., Raghad Salahuddin Muhammad Al-Dallou, ., Nasr Mahmoud Nasr Jaradah, ., Hani Muhammad Hani Al-Awadi, ., Asir Hamdi Hikmat Ghabin, ., Ayham Murid Muhammad Ishtaywi, ., Maria Malik Basim Jundiya, ., Ilham Hamza Badr Al-Bihtini, ., Obaida Firas Fahmi Al-Najjar, ., Maria Muhammad Abd Al-Hadi

Qaddoura, ., Rital Moussa Hamdi Ikhlil, ., Nada Wissam Amin Hasouna, ., Raed Ibrahim Raed Abu-Hayya, ., Fares Shadi Fares Hararah, ., Muhammad Abdullah Ahmed Abu-Nada, ., Mira Karim Abdullah Alaywa, ., Hala Raed Ahmed Kashkou, ., Latifa Yusuf Lutfi Hamdan, ., Hashim Mamdouh Salem Haji, ., Sama Ramez Abd Al-Razzaq Al-Masri, ., Nabil Ibrahim Nabil Abu-Seif, ., Musab Muhammad Talal Al-Urmi, ., Muhammad Hassan Ali Al-Zein, ., Muhammad Nimer Muhammad Abd Al-Halim Harz, ., Anas Mahmoud Taysir Al-Halabi, ., Mira Osama Abd Al-Fattah Abu-Al-Jadayan, ., Aida Muhammad Jamal Warshaga, ., Rowan Ahmed Issa Al-Sharafi, ., Adi Saqr Nasr Al-Sarahi, ., Moaz Muhammad Fawzi Al-Nadeem, ., Zuheir Muhammad Zuheir Al-Burai, ., Khaled Rami Khaled Al-Hassi, ., Lin Fadi Samiha Hashem, ., Ali Saleh Ali Darwish, ., Dana Youssef Awad Al-Qatshan, ., Karam Salim Saadi Hameed, ., Karim Salim Saadi Hameed, ., Rehab Mohamed Abd Al-Hamid Ashour, ., Mohamed Ahmed Mohamed Jadallah, ., Medhat Hammam Medhat Al-Amoudi, ., Omar Hossam Abd Al-Karim Hanoon, ., Osama Mohannad Ragheb Al-Kurdi, ., Mohamed Ibrahim Abdullah Ashour, ., Bassem Mohamed Bassam Abu-Hasira, ., Layan Ezzedine Khadr Abu-Touha, ., Sara Mohamed Rashad Abu-Hasira, ., Osama Ahmed Salah Abu-Rakba, ., Qusai Mohamed Khalil Abu-Al-Eis, ., Sham Mohamed Nahid Abu-Ajwa, ., Rital Bilal Salah Abu-Shikayan, ., Reem Rami Ahmed Kashkou, ., Warda Mahmoud Salman Hamada, ., Sohaib Ahmed Rafiq Al-Sinwar, ., Moataz Younis Mohamed Hameed, ., Mahmoud Majed Ayyash Asleem, ., Yamen Saeed Adly Al-Qedra, ., Reem Abdullah Youssef Issa, ., Adam Malik Ahmed Zaarab, ., Shahd Ashraf Taysir Farwana, ., Mohamed Khaled Mohamed Al-Assar, ., Bisan Ala'a Abd Al-Qader Shaheen, ., Anas Hassan Ziad Abu-Hasanain, ., Mohamed Ammar Mohamed Asraf, ., Ali Ahmed Ali Helles, ., Amir Ahmed Ali Helles, ., Sajida Anwar Omar Al-Tabatibi, ., Jouri Medhat Zuhair Al-Nabris, ., Murad Fadi Farajallah Jarad, ., Hala Ammar Mohamed Asraf, ., Malak Abd Al-Rahim Mohamed Shareem, ., Soha Riyad Hussein Abu-Mughseeb, ., Metqal Ahmed Aish Ramadan, ., Hiyam Ahmed Yousef Abu-Khudair, ., Hamza Ibrahim Khalil Zaqout, ., Ibrahim Raed Ismail Abu-Alwan, ., Lana Mohammed Rubhi Abu-Qamar, ., Ataf Wael Naji Abu-Jame, ., Fahmi Fouad Abd Al-Aziz Abu-Saeed, ., Mahmoud Khalil Mohammed Al-Nouri, ., Ameera Mohammed Waleed Dalool, ., Mohammed Wael Moussa Ayesh, ., Jory Mishaal Khaled Al-Madhoun, ., Zain Khaled Sabri Saleh, ., Mohammed Hani Mohammed Abu-Matwi, ., Sally Rami Ahmed Abd Al-Qader, ., Moamen Kayed Asr Sabah, ., Hamza Eid Salman Younis, ., Maryam Abd Al-Rahman Mahmoud Ashour, ., Samir Hani Samir Al-Haitham, ., Amir Ramadan Ahmed Darwish, ., Mohammed Jamal Al-Deen Khaled Abu-Saeed, ., Yousef Bahaa Fathi Qadeeh, ., Malak Bahaa Fathi Qadeeh, ., Alma Fawzi Atwa Abu-Ishaq, ., Islam Hamza Ishaq Alol, ., Ali Anis Mohammed Ayash, ., Sama Asim Azzam Al-Shawa, ., Mohammed Alaa Kamal Emad Al-Deen, ., Mohammed Saqr Yasser Abd Al-Al, ., Judy Nour Al-Deen Jamil Al-Shobaki, ., Alaa Majdi Mostafa Ali, ., Zeina Ismail Abd Al-Jabbar Abu-Labda, ., Joud Mohammed Ismail Siam, ., Tehany Yasser Anwar Abdullah, ., Mostafa Mohammed Essam Joifel, ., Hamza Mohammed Shehada Abu-Jazar, ., Sama Essam Samir Adwan, ., Batoul Murad Ismail Yassin, ., Abdullah Mohammed Khaled Al-Shaer, ., Sally Saeed Ali Al-Barawi, ., Adam Fadi Fathi Al-Nabahen, ., Maria Ahmed Al-Sayed Fatair, ., Youssef Ezzedine Atef Hassan, ., Mohammed Mahmoud Nasser Abu-Simaan, ., Mahmoud Ahmed Mahmoud Al-Ran, ., Waleed Mohammed Waleed Abu-Shuaib, ., Sila Saeed Jaber Abu-Huwaishal, ., Mariam Akram Diab Abu-Oudah, ., Kinan Mohammed Haidar Al-Daour, ., Firas Nour Eddin Hassan Abu-Habl, ., Anwar Ehab Jawad Sweidan, ., Nader Maizar Jamal Hosso, ., Jamal Ibrahim Atiya Al-Nabahen, ., Talal Adham Talal Salama, ., Noor Muaz Youssef Darwish, ., Obada Mahmoud Ghazi Al-Rantisi, ., Amal Mohammed Ahmed Al-Ghafri, ., Jenan Abdullah Hamad Hamad, ., Azmi Mohammed Azmi Awaida, ., Noha Bilal Abd Al-Rahman Al-Hour, ., Ali Mohammed Ali Hassouna, ., Karam Sufian Freij Abu-Mediene, ., Batoul Mohammed Omar Jlambo, ., Rinad Ahmed Youssef Al-Lahham, ., Ali Islam Ali Abu-Said, ., Hamza Rabei Atef Al-Batsh, ., Mohammed Yaser Mohammed Hamdqa, ., Karim Hamza Mufeed Hijazi, ., Yaser Hussein Mahmoud Abd Al-Aal, ., Fatima Salim Ali Thweib, ., Abdullah Tayseer Sami Al-Masri, ., Youssef Ehab Jameel Al-Baz, ., Fatima Omar Nafez Al-Ghoul, ., Hazem Muslih Atiya

Tarabin Jarmi, ., Rahaf Mazen Mohammed Maarouf, ., Alma Momen Mustafa Al-Jabour, ., Zuheir Omar Zuheir Al-Daour, ., Sanaa Mohammed Mousa Barhum, ., Saeed Firas Saeed Weshah, ., Rawan Rajaa Ismail Samour, ., Farah Eyad Eid Qanbour, ., Mana Allah Mohammed Abdullah Sharab, ., Omar Rawad Mohammed Qenan, ., Sham Ayyub Awad Abu-Labda, ., Ma'tasim Ahmed Said Radwan, ., Sajid Yusuf Salim Nabhan, ., Jamal Bilal Jamal Nasman, ., Shaza Mahmoud Nizar Abu-Sahlul, ., Abd Al-Rahman Mohammed Abd Al-Hakim Al-Qudra, ., Ahmed Nihad Omar Al-Madhoun, ., Tala Ahmed Fouad Abu-Odeh, ., Nadia Bilal Jumaa Al-Khour, ., Zayed Shadi Zayed Al-Ayadi, ., Misk Ramzi Subhi Al-Ajil, ., Ailin Muhammad Nahid Hanoun, ., Selin Muhammad Nahid Hanoun, ., Serin No'man Suleiman Haboosh, ., Retaj Abd Al-Karim Kamal Abu-Rahma, ., Aseel Yasin Hisham Abd Al-Latif, ., Ailin Muhammad Issa Al-Othamneh, ., Aseel Bilal Hassan Abu-Masameh, ., Bassam Ahmed Bassam Al-Jammal, ., Yamen Ahmed Naeem Ashour, ., Rakan Muhammad Naeem Okasha, ., Malik Ibrahim Talal Salameh, ., Ruaa Murad Waleed Shaheen, ., Abdullah Yusuf Khudr Hijazi, ., Rashad Mahmoud Rashad Al-Masri, ., Ammar Hamdan Salman Khattab, ., Ahmed Hazem Ubaid Al-Najjar, ., Noor Yasser Hassan Al-Qatshan, ., Khaled Ahmed Khaled Abu-Al-Qumsan, ., Rana Ismail Fathi Ayash, ., Noor Muhammad Atta Allah Hajaj, ., Linda Muhammad Alaa Al-Din Ahmed, ., Maryam Ahmed Abd Al-Karim Al-Laqta, ., Layan Bassam Ibrahim Abu-Namous, ., Omar Abdullah Ayash Darwish, ., Jana Muhammad Ahmed Wafi, ., Retal Yusuf Ramadan Abu-Al-Omrein, ., Yamen Jihad Atef Abu-Younes, ., Rajab Farid Rajab Halawah, ., Yasmine Walid Ibrahim Al-Zamli, ., Zain Al-Din Nihad Suleiman Al-Nabahin, ., Lama Mahmoud Nasser Shehadeh, ., Jamal Abdullah Jamal Nabhan, ., Anas Abd Al-Karim Munir Ghabein, ., Youssef Ahmed Abd Al-Razek Abu-Sinjar, ., Tala Mohammed Ali Abu-Alwan, ., Mary Mustafa Mohammed Al-Hanafi, ., Fatima Ahmed Mahmoud Abbas, ., Malek Mohammed Abd Al-Hakim Al-Ajrami, ., Kawthar Riyad Ayyad Al-Rumailat, ., Noor Iyad Mansour Al-Salak, ., Taqwa Fares Khaled Al-Khatib, ., Ahmed Mahmoud Mazen Shaldan, ., Rahaf Adnan Abd Al-Karim Abu-Mustafa, ., Sama Sharif Bakr Al-Batneiji, ., Naya Thaer Rizk Ghareeb, ., Haneen Mahmoud Abdullah Abu-Zayed, ., Lynn Mohammed Emad Issa, ., Abd Al-Karim Mohammed Rashid Al-Masri, ., Noor Ahmed Mohammed Al-Madhoun, ., Ikhlas Kamal Aouni Al-Barawi, ., Zainab Mahmoud Zuhdi Abu-Sharia, ., Khaled Mohammed Fathi Jaber, ., Jana Wissam Zaki Awida, ., Jana Bashir Jameel Ayad, ., Maria Mohammed Kamal Hamdan, ., Abdullah Mahmoud Atiya Abu-Hamouda, ., Jory Mahmoud Salim Al-Ghofari, ., Sham Hazem Kamal Hamdan, ., Wasim Hossam Al-Din Ismail Abd Rabbo, ., Nidal Khaled Mohammed Barakat, ., Rakan Abdullah Salah Ja'rou, ., Joud Hassan Ali Hassouna, ., Khaled Mohammed Khaled Abu-Taimah, ., Osama Mahmoud Mohammed Shana'ah, ., Sara Shadi Salama Abu-Lashin, ., Ilan Tariq Fadel Al-Ghannam, ., Youssef Mohammed Adnan Madi, ., Ali Sabri Abdullah Al-Farra, ., Mohammad Osama Hajjaj Al-Zari'i, ., Omar Ahmed Mohammad Salhiyeh, ., Balsam Saadi Mohammad Abu-Hamada, ., Iman Hussein Khaled Odeh, ., Joud Mahmoud Saadi Hamdan, ., Rami Faisal Matar Al-Sheshi, ., Abd Al-Rahman Rami Mahmoud Khrais, ., Reema Samer Maher Al-Muqayad, ., Abd Al-Hadi Ata Abd Al-Nabi Al-Najjar, ., Malik Ahmed Osama Al-Shayah, ., Ramadan Hatem Fayez Al-Banna, ., Ismail Mohammad Ismail Sauheil, ., Maryam Wissam Ali Jouda, ., Lynn Mahmoud Ali Abd Al-Hadi, ., Eileen Abd Al-Rahman Abd Al-Nasser Awad, ., Sewar Moeen Saleh Abu-Suleiman, ., Mohammad Mustafa Khaled Al-Halul, ., Dania Raafat Saleh Abu-Shalouf, ., Dana Ahmed Odeh Abu-Khattab, ., Raja Musab Mohammed Al-Atal, ., Firas Jaser Yaser Al-Qarinawi, ., Mohammad Said Nihad Al-Shawa, ., Mohammad Noufal Amer Al-Shamali, ., Ali Mohammad Ali Al-Shamali, ., Layan Sultan Naeem Al-Qaraan, ., Mohammad Mohammad Awad Al-A'araj, ., Ahmad Akram Hassan Akram Al-Dahsaan, ., Dima Ahmed Jamal Al-Borno, ., Aya Abd Al-Misbah Al-Khour, ., Jana Mustafa Khalil Tammous, ., Hassan Mohammad Bassam Abu-Sharabeen, ., Abd Al-Qader Ismail Abd Al-Qader Abu-Jouda, ., Qusai Ramadan Khalil Jouda, ., Manal Rashid Nidal Al-Youwah, ., Hala Mohammad Jamal Al-Madhoun, ., Ahmed Ali Fathi Al-Ghalban, ., Hiba Allah Saleh Salem Abu-Mandeel, ., Sana Abd Al-Khalek Mohammad Jawad Al-Farra, ., Ayman Mohammad Ayman Hajjaj, ., Karam Mahmoud Maher Farwana, ., Ahmed

Mohammed Gharib Gharib, ., Mishal Abd Al-Majeed Mishal Yaghi, ., Minnah Allah Emad Mohammed Brika, ., Bilal Ismail Riyad Sukkar, ., Salim Ahmed Salim Al-Malwani, ., Abd Al-Rahman Kamal Hassan Musa, ., Maher Zayed Hashem Hassan, ., Aya Mohammed Atteh Abu-Namus, ., Ahmed Shadi Fadl Abu-Asi, ., Omar Amer Ibrahim Al-Jarousha, ., Aya Fadi Riyad Ashour, ., Mohammed Mahmoud Tahseen Ahmed, ., Rahaf Mazen Mohammed Dabour, ., Ghina Assef Ziyad Al-Jazzar, ., Misk Mohammed Abd Al-Karim Al-Ifranji, ., Mohammed Ahmed Hassan Darwish, ., Fathi Salim Fathi Abu-Ajoua, ., Obaida Naji Saleh Al-Ejeli, ., Mohammed Ahmed Nayef Al-Zarabi, ., Jumana Mahmoud Ismail Sahwil, ., Abd Al-Karim Saber Younis Radwan, ., Tulin Anas Mohammed Zamlot, ., Issa Husni Ahmed Abu-Najah, ., Ameer Alaa Fouad Hana, ., Retaj Osama Youssef Al-Zahar, ., Zeina Hossam Jameel Al-Zaanin, ., Shadi Basel Naim Abu-Anza, ., Hassan Youssef Rashad Abu-Safi, ., Misk Mohammed Ibrahim Darwish, ., Haya Sami Qassam Al-Najili, ., Dalia Mohammed Abd Rabbo Abu-Mustafa, ., Diaa El-Din Ismail Mahmoud Al-Derawi, ., Mohammed Youssef Zaki Abdullah, ., Jana Hamadah Mansour Subuh, ., Jana Abdullah Daoud Abu-Al-Roos, ., Lara Hani Saleh Al-Thawabita, ., Jinan Atieh Khalid Atieh, ., Reem Mahmoud Mohammed Qannan, ., Farah Nizam Saad Al-Qara, ., Farah Hisham Mahmoud Juwaifel, ., Maria Bilal Essam Abu-Salima, ., Ismail Omar Ismail Ashour, ., Mohammad Fadi Ziad Al-Aqqad, ., Osama Rizk Juma Al-Nahhal, ., Amer Amer Al-Abd Qaezaat, ., Muwadda Mohammad Zayed Zaqmat, ., Eyad Mohammad Mustafa Al-Adham, ., Lara Nabil Said Al-Qunfudh, ., Reem Bilal Abd Al-Haleem Noufal, ., Abdullah Ziad Ahmad Al-Muqayyad, ., Hamza Salah Omar Sharaf, ., Abd Al-Rahman Ayman Samir Abu-Shamala, ., Al-Muntasir Billah Moataz Obeid Yassin, ., Essam Hani Essam Saqallah, ., Esraa Mohammad Khalil Rayan, ., Jana Ashraf Mohammad Subhi, ., Majed Naji Mohammad Qudeir, ., Layan Mohammad Jamal Abu-Jallalah, ., Sarah Mohammad Jawad Al-Wadiyah, ., Lara Mohammad Jawad Al-Wadiyah, ., Abd Al-Qader Yahya Nabil Al-Shubrawi, ., Ahmad Mustafa Abd Al-Rahman Bashir, ., Muna Fawzi Zuhair Al-Laham, ., Sarah Asad Majed Mushtahe, ., Karem Awad Zaki Al-Hawajri, ., Masa Samer Amr Al-Ladda'a, ., Abd Al-Rahman Abdullah Ramzi Khidr, ., Khadeeja Mohammad Abd Al-Qader Abu-Judah, ., Amena Shaaban Jaber Al-Dhaddouh, ., Mohammad Ibrahim Mahmoud Dalool, ., Zain Samed Mohammad Qashta, ., Mahmoud Ashraf Awad Issa, ., Sewar Mohammad Majed Al-Namroti, ., Mohammad Abdullah Mousa Zaarab, ., Ahmad Mohammad Ahmed Qasim, ., Lara Salah Ibrahim Al-Satari, ., Reema Ashraf Samir Awaida, ., Basem Abd Al-Latif Mohammad Abu-Al-Atta, ., Oday Muhannad Mahmoud Abed, ., Mohammad Akram Hamad Hijazi, ., Khaled Bilal Zaki Al-Jazzar, ., Amr Abd Al-Hamid Ismail Al-Astal, ., Kenzy Islam Youssef Abu-Maileq, ., Kinda Islam Youssef Abu-Maileq, ., Ahlam Saeed Khamis Al-Shorbaji, ., Retaj Mohammad Zakariya Radi, ., Sham Mohammad Ghanem Al-Jajah, ., Mohammad Misbah Hamad Kashko, ., Ahmad Misbah Hamad Kashko, ., Sarah Mohammad Ahmed Jabr, ., Amal Ahmad Fawzi Al-Ghouti, ., Juma Khaled Juma Al-Khor, ., Mohammad Abdullah Omar Al-Hassayna, ., Yazan Emad Al-Din Tawfiq Al-Arian, ., Ali Jihad Mahmoud Abu-Assi, ., Hadoon Mohammad Ibrahim Al-Muqaddama, ., Tala Karam Nouman Al-Sharif, ., Ghina Mohammad Mosleh Hamad, ., Anas Mohammad Mosleh Hamad, ., Liyan Riyadh Adel Hujaila, ., Aisha Majdi Al-Hissi, ., Osama Mohammad Osama Al-Dahshan, ., Rital Mohammad Osama Al-Dahshan, ., Ahmad Othman Adnan Sheikh Al-Eid, ., Ibtisam Mohammad Mahmoud Ridwan, ., Ali Alaa Shahda Abu-Lulua, ., Youssef Mahmoud Ismail Hamad, ., Mira Atiya Ismail Zamlout, ., Saeed Tahr Saeed Al-Azayza, ., Anas Emad Nabil Obaid, ., Hadeel Adnan Saeed Al-Haddad, ., Abdullah Shaker Marzooq Al-Kahlout, ., Adam Tariq Ouni Al-Issawi, ., Muhannad Saleem Mohammad Abu-Quta, ., Mohammad Ihab Rafiq Abu-Masamah, ., Ali Hassan Mahmoud Al-Najjar, ., Shahd Salem Riyadh Sukkar, ., Maryam Ali Fawzi Abu-Hamad, ., Rital Shadi Mohammad Abu-Laila, ., Ruba Ayman Mohammed Saleha, ., Aida Mohammad Nahid Al-Fasiha, ., Jouri Mohammad Hamdan Tootah, ., Mohammad Dia Saeed Al-Sahbani, ., Sham Mohammad Montaser Shaaban Halasa, ., Jana Hani Mohammad Abu-Al-Aur, ., Rihab Mohammad Khalifa Abu-Sultan, ., Ali Tareq Dawood Halisi, ., Ahmad Ezz Mohammad Al-Qarman, ., Islam Mohammad

Ihsan Al-Limdani, ., Khalid Mohammad Jamil Al-Za'anin, ., Aya Mahmoud Abd Al-Hamid Juda, ., Hamza Abd Al-Kamel Bulbul, ., Sameh Abd Al-Kamel Bulbul, ., Batool Ismail Amin Abu-Hasaneen, ., Aseel Suleiman Ahmad Sheikh Al-Eid, ., Lian Ahmad Rabhi Nateel, ., Omar Hassan Shaaban Halasa, ., Wisam Ali Nabil Al-Aidi, ., Lian Hussein Mohammad Abu-Hamad, ., Nada Mohammad Ahmad Abd Al-Ghafoor, ., Maria Jihad Abdullah Abu-Rukab, ., Ismail Mohammad Ismail Salah, ., Mohammad Rizq Faiq Hals, ., Salah Ahmed Salah Karira, ., Abboud Yahya Sami Al-Jourani, ., Maria Zafer Ahmed Abu-Younis, ., Sham Nimer Khalil Yassin, ., Sarah Mohammad Ahmad Omar, ., Saeed Mohammad Saeed Abu-Jkhaidib, ., Karam Hosni Tawfiq Salmi, ., Meral Ahmad Osama Al-Shayah, ., Mohammad Abdullah Mohammad Al-Ghaf, ., Riham Mohiuddin Nayef Al-Saqa, ., Tamam Raed Al-Dawawsa, ., Judi Ayman Saleh Abu-Al-Naja, ., Saleh Youssef Hassan Faza'at, ., Ghina Mohammad Sabri Al-Durra, ., Fathi Youssef Fathi Abu-Qarn, ., Zain Nidal Mahmoud Abd Al-Aal, ., Maryam Ahmed Basem Al-Shansher, ., Kinzi Ahmed Mohammed Abu-Al-Ata, ., Muslimah Talal Nafez Al-Jundi, ., Bilal Khaled Fouad Abu-Al-Qariya, ., Yasmin Adeeb Mohammed Diban, ., Mohammed Deeb Isa Abu-Zahir, ., Baker Mohammed Eyad Abu-Al-Einin, ., Adham Mohammed Isa Abu-Zahir, ., Raed Mohammed Ziyad Lubad, ., Ziyad Tarek Ziyad Abu-Subha, ., Fathi Zaid Fathi Al-Majdalawi, ., Samir Mohammed Samir Abu-Khdeir, ., Obada Bilal Mohammed Baroud, ., Ibrahim Mohammed Ibrahim Shahin, ., Mohammed Anwar Omar Al-Madhoun, ., Khaled Mohammed Khaled Abu-Daher, ., Mohammed Atef Jamal Al-Aloul, ., Mohammed Ahmed Fadel Hamed, ., Yazan Hazem Ismail Joudeh, ., Hanan Ali Nasri Al-Ra'i, ., Adel Saddam Kanaan Alwan, ., Khaled Mohammed Khaled Juha, ., Arafat Hamdi Mohammed Arafat Hassouna, ., Faiz Ahmed Faiz Arqiq, ., Mohammed Ibrahim Ziyad Asbaih, ., Lina Ahmed Abd Al-Razzaq Al-Dibs, ., Zain Jihad Mohammed Al-Sawafiri, ., Maher Bilal Baker Abu-Jahal, ., Karim Mohammed Abd Al-Fattah Ata Allah, ., Ahmed Mohammed Abd Al-Majid Al-Rubai, ., Maria Ayman Mahmoud Al-Sharafi, ., Jihad Mohammed Jihad Al-Sheikh, ., Eileen Tahseen Moeen Al-Sharbase, ., Bara Adham Nafez Al-Sharbase, ., Mena Alaa Moeen Al-Sharbase, ., Iman Salam Hassan Al-Alami, ., Noor Al-Din Fahmi Noor Al-Din Ajur, ., Hala Ibrahim Hamed Amdukh, ., Dukhila Yusuf Zaki Al-Battran, ., Riham Rami Fouad Abu-Foul, ., Al-Yaman Nader Nasser Suleiman, ., Yusuf Rafiq Yusuf Salah, ., Malik Ashour Naeem Al-Ghafri, ., Zeina Darwish Mustafa Ahl, ., Yusuf Ashour Naeem Al-Ghafri, ., Ahmed Ihsan Mahmoud Juha, ., Mira Ahmed Kamal Al-Haddad, ., Mohammed Fadl Mohammed Abu-Ras, ., Zeina Asaad Irfan Al-Sarahi, ., Hamza Farihh Abd Al-Azam, ., Khitam Al-Madallah Khamis Hosni Dagmash, ., Sarah Bashar Hamouda Hamada, ., Jihad Mahmoud Jihad Salmi, ., Abd Al-Rahman Samah Mohammed Rajab, ., Hana Ashraf Ata Juha, ., Ismail Ahmed Ismail Abu-Thuraya, ., Yamen Mohammed Ghazi Abu-Awad, ., Adam Ahmed Mahmoud Al-Sabti, ., Tala Yusuf Abd Al-Karim Hamada, ., Joud Mohammed Taha Skik, ., Osama Mohammed Majid Al-Lil, ., Alaa Ramadan Talal Al-Maznar, ., Hamza Mohammed Hassan Abu-Habel, ., Ghada Hassan Hamad Abu-Daqa (Al-Najar), ., Maha Abdullah Oudah Abu-Shahada, ., Abd Al-Rahman Nassar Abdullah Ghayadh, ., Rakan Abdullah Salah Ja'roor, ., Sham Mohammed Islam Jamal Zino, ., Sami Nahid Ahmed Al-Sheikh Khalil, ., Ziad Aed Ibrahim Abu-Khater, ., Ziad Tariq Ziad Al-Durra, ., Malak Yusuf Saeed Abu-Slemia, ., Maria Ibrahim Amin Al-Agha, ., Amir Mohammed Ziad Al-Hirsh, ., Faten Osama Walid Muhareb, ., Yusuf Ashraf Yusuf Al-Sahar, ., Batoul Mohammed Nabil Al-Turk, ., Sohib Mohammed Jamal Salama, ., Ahmed Mohammed Saber Al-Tahrawi, ., Ghina Ammar Yusuf Abu-Maileq, ., Aya Saqr Omar Kahil, ., Aya Raed Suleiman Al-Darbi, ., Ghazal Mohamed Ashraf Al-Khudari, ., Ahmed Haitham Ibrahim Musa, ., Wisam Fadlallah Ahmed Al-Khatib, ., Abdulhamid Ahmed Abdelhamid Qishta, ., Zahara Firas Mustafa Al-Jadi, ., Hamza Nael Majdi Al-Muhtaseb, ., Mohamed Omar Jamil Jabr, ., Banan Mohamed Salem Salama, ., Sajid Naif Salman Al-Najjar, ., Sarah Ali Ibrahim Al-Jabour, ., Dana Mohamed Ismail Asleh, ., Ahmed Tahseen Hassan Al-Qatshan, ., Laith Ghassan Hussein Kawarea, ., Roua Hussein Hassan Hijazi, ., Bara'a Ali Helmy Abd Al-Nabi, ., Sham Mohamed Saeed Jaser, ., Wael Ahmed Zaki Abu-Labda, ., Maryam Ahmed Muti Abu-Qos, ., Nagham Saeed Mohamed Salem, ., Ahmed Fadi Shawqi Saadeh, ., Selene Medhat

Mohamed Abu-Amsha, ., Lyn Medhat Mohamed Abu-Amsha, ., Fatima Mohamed Saber Al-Hawajri, ., Ibrahim Zahi Ibrahim Labad, ., Mustafa Samad Jamal Warsh Agha, ., Ahmed Ayman Hamid Al-Hamis, ., Aseel Mohamed Ramadan Al-Barsh, ., Obaida Samad Samir Abu-Habl, ., Yazan Yousef Abdelraouf Al-Majdalawi, ., Mohamed Hatem Jumaa Al-Barawi, ., Zakaria Eid Abdulqader Sabah, ., Khaled Ayman Abdulrahman Al-Harthani, ., Ahmed Bassam Jamal Al-Din Abu-Eitah, ., Joud Salah Jamal Al-Din Abu-Eitah, ., Anas Fadi Jamil Al-Sulibi, ., Mohamed Nidal Akram Saqr, ., Lyn Amer Hussein Farajallah, ., Jamal Hassan Jamal Jaser, ., Yousef Ahmed Abdulaziz Abu-Salem, ., Moussa Mohammed Moussa Aslieh, ., Osama Ahmed Mohammed Mahna, ., Salma Mohammed Omar Hassan El-Sayed, ., Ahmed Ata Ahmed Hamouda, ., Yamen Fadi Rafiq Assaf, ., Mohammed Shadi Rafiq Assaf, ., Maryam Khaled Fouad Al-Askari, ., Yasser Tamer Mohammed Awkal, ., Joudi Saeed Awad Al-Najjar, ., Aisha Khaled Mohammed Al-Balbisi, ., Mohammed Hassan Mohammed Zahir, ., Mira Ayman Ibrahim Ballousha, ., Kareem Magdy Khaled Al-Halloul, ., Adam Yasser Raed Saad, ., Adam Eyadah Nafez Mareesh, ., Dima Amin Adnan Abu-Oudah, ., Nagham Hossam Atiya Awida, ., Adnan Saber Adnan Haji, ., Mohammed Ehab Jameel Nasrallah, ., Dala Mustafa Mohammed Qandil, ., Ahmed Jazy Ayman Abu-Mustafa, ., Ali Sherif Hosni Abu-Hiyah, ., Yazan Mohammed Khaled Al-Hams, ., Kareem Mahmoud Ahmed Al-Shawa, ., Maryam Ahmed Abd Rabbo Samour, ., Alaa Haitham Atiya Abu-Hamida, ., Yasser Osama Yasser Wafi, ., Noor Mohammed Saeed Al-Azazi, ., Dana Taha Mohammed Abu-Nada, ., Madeline Sami Jawad Al-Ajlah, ., Hala Mohammed Saeed Hamdan, ., Hajar Seif Al-Din Mahmoud Abu-Bakr, ., Zain Nidal Nafez Abu-Al-Qombaz, ., Huzaifa Osama Abdulshafi Hamouda, ., Ahmed Raed Abdulshafi Hamouda, ., Jouri Radwan Abdurrahim Al-Mazein, ., Nasr Mohammed Nasr Tanboura, ., Yazan Mohammed Kamal Ahmed, ., Amir Mohammed Zaher Zaher, ., Osama Ahmed Hamdi Al-Shalfouh, ., Rama Thaer Hani Warsh Agha, ., Hanin Hani Nabil Abu-Nasr, ., Rami Wasim Rabi Bakir, ., Ruqayya Ali Mohammed Al-Khatib, ., Abdullah Jabir Abdullah Abu-Halabiya, ., Judy Issam Mohammed Hussein, ., Lin Dia Al-Din Mohammed Al-Sayyid, ., Tala Shadi Sami Al-Madhoun, ., Ahmed Shadi Ahmed Al-Urayni, ., Abd Al-Hadi Isbilitan Mahmoud Abu-Sidou, ., Mohammed Bassam Mohammed Al-Shalfouh.

8 years old

Rital Rami Ahmed Kashkou, ., Aya Hossam Amin Hassouna, ., Mohammed Rafiq Ali Zaher, ., Ahmed Nader Zaki Abu-Naji, ., Bilsan Aed Mohammed Al-Mahrouq, ., Wael Mohammed Wael Abu-Jabal, ., Sawsan Tamer Hosni Azzam, ., Amir Ishaq Rubhi Samour, ., Naima Jawad Hosni Mousa, ., Rudaina Bahaa Al-Din Omar Kanaan, ., Talal Mohammed Ahmed Al-Rashidi, ., Faraj Ismail Faraj Kriri, ., Iliya Mohammed Mustafa Nabil Aliwa, ., Rahaf Maher Mahmoud Marai, ., Rital Muin Ramadan Salmanalai, ., Yara Mazen Nimir Abd Al-Aal, ., Lian Nasser Shahdah Abu-Al-Fahm, ., Fatima Al-Zahraa Raed Kamel Al-Jaabari, ., Yazan Rami Mohammed Fadel Hassouna, ., Malak Mahmoud Ibrahim Al-Shami, ., Faiz Thaer Faiq Abu-Al-Qumsan, ., Sama Mohammed Mohammed Abu-Hasira, ., Mohammed Adham Shaker Abu-Al-Aish, ., Mahmoud Mohammed Abd Al-Rahim Al-Madhoun, ., Huda Ayman Jamil Abu-Al-Jalil, ., Hani Mahmoud Hani Reyhan, ., Abd Al-Rahman Nasser Hosni Mousa, ., Yahya Yasser Nasif Hijazi, ., Udai Muhammad Mahmoud Al-Ghussain, ., Mawaddah Nour Al-Din Mazen Al-Shawa, ., Sameer Muhammad Sameer Hijazi, ., Fayez Shadi Fayez Al-Deqqa, ., Aisha Youssef Muslim Mehany, ., Abd Al-Rahman Muhammad Uthman Al-Ghaliyeni, ., Nidal Muhammad Ali Ali, ., Omar Waleed Muhammad Lafi, ., Ismail Muhammad Shaher Abu-Ghoneima, ., Muhammad Wissam Fathi Aqel, ., Hanaa Said Raed Rayan, ., Raneen Abd Al-Rahman Maher Al-Mtauq, ., Rita Abd Al-Rahman Rabie Shehab, ., Ahmad Riyad Abd Al-Rabbo Abu-Samra, ., Zain Zaki Khaled Attallah Alaywa, ., Huda Muhammad Fadel Hamed Hassouna, ., Muhammad Nael Basheer Al-Ran, ., Tala Omar Kamel Jundiyeh, ., Fawzi Shouqi Fawzi Muftah, ., Malak Muhammad Nahid Haboush, ., Jamal Jamil Jamal Al-Balawi, ., Farah Hussain Fathi

Abu-Jalala, ., Ahmad Jawhar Yahya Al-Balawi, ., Luay Iyad Lafi Warshaga, ., Aya Nidal Akram Abu-Layla, ., Tawfiq Ali Tawfiq Abu-Jazar, ., Karam Nouri Rafifan Tanboura, ., Souad Muhammad Sami Al-Halabi, ., Batoul Hani Muhammad Abu-Jalahum, ., Talin Omar Abdullah Abu-Zakri, ., Musab Hisham Rajih Al-Talbani, ., Ezz Al-Deen Alaa Abd Al-Aal Qarmout, ., Lana Fadel Muhammad Habashi, ., Ahmad Nidal Danyal Abu-Qamar, ., Batoul Ahmad Nasr Al-Din Abu-Naemeh, ., Iman Bilal Medhat Al-Zard, ., Noor Iyad Maher Abu-Layla, ., Abd Al-Aziz Abdullah Suleiman Tabash, ., Ameer Ahmed Basheer Shaheen, ., Mohamed Hamdi Mahmoud Al-Haj Youssef, ., Malkiya Majid Ayas Asleem, ., Hatem Rami Mohamed Al-Jalous, ., Raed Ahmed Amin Abu-Fanonah, ., Mahmoud Mohamed Fathi Yaghi, ., Maria Muhannad Fawzi Al-Nabulsiya, ., Zaki Hammoudeh Zaki Abdullah, ., Masa Yasser Hassan Al-Hams, ., Joud Jihad Tayseer Abu-Abdo, ., Liyan Musab Adnan Kelab, ., Maram Raed Tawfiq Abu-Youssef, ., Sanad Moataz Saeed Al-Jarabeh, ., Zain Aliyan Mohammed Abu-Jibeh, ., Abdullah Mohamed Al-Abed Baris, ., Rashid Bilal Shaban Abu-Ammar, ., Majd Antar Mohamed Al-Masri, ., Zeina Naji Ahmed Abu-Taha, ., Hoda Mohamed Shafiq Karajah, ., Abd Al-Rahman Riad Mohamed Al-Amoudi, ., Jannat Obaida Salahuddin Al-Baghdadi, ., Waad Ghazi Faiz Al-Yazji, ., Bilal Rami Ali Abd Al-Hadi, ., Moen Alaa Moen Al-Anqar, ., Rahaf Tarek Munir Ajour, ., Ghanem Ismail Ghanem Jaroour, ., Jamal Mohamed Fawzi Al-Ghalban, ., Basma Mohamed Samir Abd Al-Nabi, ., Linda Saddam Awda Abu-Sanger, ., Heba Allah Atef Mahmoud Kowarea, ., Rital Abdullah Zaki Abdullah, ., Raghad Khaled Ismail Aql, ., Kinan Osama Yahya Zreid, ., Sama Saad Shawkat Abu-Sayed, ., Ali Hassan Rajeh Al-Araj, ., Saja Mohamed Ismail Abu-Muslim, ., Mohamed Naseem Tahseen Barbakh, ., Khadija Suleiman Jawad Abu-Lafi, ., Saqr Ibrahim Jumaa Abu-Nahla, ., Mohammad Tariq Jamil Al-Muqawasi, ., Mohammad Nader Hamdan Qeshta, ., Abdullah Mounes Mohammad Al-Buraim, ., Aref Ahmed Aref Salman, ., Omar Asaad Atiya Abu-Sharia, ., Lama Mohammad Ouda Al-Najjar, ., Malak Mohammad Adnan Khalil, ., Maria Akram Sameeh Kareem, ., Islam Khaled Mohammad Halawa, ., Sewar Mahmoud Fathi Al-Shatli, ., Sham Ayman Ismail Abu-Shamal, ., Wisam Maysara Mahmoud Jabril, ., Dania Saeed Shehda Al-Behbehani, ., Ghram Khaled Salah Jundia, ., Mohammad Tariq Mohammad Ziad Bsisu, ., Sami Faiz Shehda Al-Najjar, ., Husam Khalil Ahmed Al-Attar, ., Batool Mohammad Faiz Al-Hasani, ., Jouri Nidal Saleh Mishmish, ., Omar Sameh Jamal Masoud, ., Maria Mahmoud Mousa Abu-Zaid, ., Mohammad Adham Bashir Thabet, ., Yara Mohammad Jaber Abu-Zarqa, ., Taleen Mohammad Rebhi Abu-Qamar, ., Saba Bilal Khalil Zaarab, ., Tamer Bahjat Abd Al-Nasser Al-Tawil, ., Noor Al-Din Sobhi Misbah Saqr, ., Abd Al-Rahman Youssef Ibrahim Masleh, ., Donia Juma Rajab Marouf, ., Husni Husni Ibrahim Abu-Rukba, ., Baraa Ahmed Zuhair Khalifa, ., Majdi Yasser Majdi Al-Bardawil, ., Ahmed Orabi Abd Al-Qader Al-Zubaidi, ., Ghazal Ayman Marzouk Samour, ., Yazan Saleh Khamis Nasrallah, ., Reetal Ahmed Mahmoud Abu-Dan, ., Mohammad Youssef Abd Al-Latif Al-Shawish, ., Lian Zuhair Salim Al-Madfaa, ., Maryam Mohammad Salem Salah, ., Eileen Basel Mahmoud Al-Khayyat, ., Rwan Abdulrahman Ayesh Darwish, ., Buthaina Adham Yaser Al-Qreenawi, ., Yazan Faris Mohammed Rabeeh, ., Mohammed Yousuf Mohammed Basheer, ., Ali Ahmed Hamza Obeid, ., Ridwan Khaled Deeb Badr, ., Lamar Anwar Abd Al-Latif Fayad, ., Lina Ahmed Salem Azzam, ., Sham Aziz Mohammed Fakhri Al-Farra, ., Jihad Hamed Salman Hamadah, ., Noura Ahmed Jalal Abu-Husseineh, ., Amal Ahmed Mahmoud Hajjaj, ., Hala Nawfal Yousuf Al-Sullak, ., Mayar Mohammed Shahdeh Al-Attar, ., Ismail Waleed Mohammed Saad, ., Kamel Hamza Kamel Ghaban, ., Zainab Fadi Rasmi Qdeih, ., Mohammed Abd Al-Hafiz Abd Al-Hadi Hmaid, ., Ahmed Akram Mohammed Al-Othmani, ., Ahmed Samir Mahmoud Abd Al-Ghafour, ., Khamis Mohammed Khamis Al-Hamas, ., Ziad Mohammed Ziad Salah, ., Jory Firas Jameel Abu-Samra, ., Maria Marwan Mahmoud Hammed, ., Ramadan Mohammed Ramadan Al-Bawab, ., Rital Mohammed Saeed Sadeq, ., Adam Eid Mohammed Al-Fatayirji, ., Suhail Yehia Suhail Haboosh, ., Hassan Riad Ali Abu-Jazar, ., Sara Islam Saleem Abu-Hatab, ., Nada Ahmed Issam Salah, ., Abd Al-Raheem Louay Abd Al-Raheem Khashan, ., Rahaf Waleed Sabri Al-Nabahien, ., Yehia Eyad Hamdan Tottah, ., Malak Asaad Fahmi Abu-Mustafa, ., Feryal Abdullah Mohammed Al-Sududi, ., Abdullah Nafith Ramadan Magari, .,

Maria Ziad Subhi Al-Qadi, ., Wesam Omar Zuheir Al-Daour, ., Omar Ahmed Mahmoud Al-Riyati, ., Shahd Salam Tayseer Al-Bayadh, ., Ismail Moataz Ismail Issa, ., Malak Youssef Fayez Al-Madhoun, ., Jenan Samer Suleiman Jarour, ., Amir Ahmed Sameer Abu-Shamalh, ., Aya Hamdan Mohammed Al-Suwaisi, ., Abrar Mohammed Ahmed Aziz, ., Ahmed Mohammed Ahmed Al-Qaryanawi, ., Dania Munzer Sobhi Shuber, ., Adam Mohammed Abdulaziz Alyan, ., Mohammed Fadi Fathi Al-Nabahen, ., Shadi Mohammed Sayed Al-Akkr, ., Suhaib Abdullah Munir Ghabain, ., Moataz Abdulkarim Jawad Al-Boab, ., Abdullah Sameer Salama Saad, ., Tala Sameer Salama Saad, ., Lian Maher Asad Al-Akhras, ., Rital Ahmed Ibrahim Mohamdeen, ., Qatr Al-Nada Khaled Jamal Al-Azbat, ., Maryam Imad Saeed Habib, ., Majed Amjad Majed Abu-Oudah, ., Lana Attouh Samee Abu-Ishaq, ., Zainab Mohammed Khamis Salem Deeb, ., Ameera Mohammed Khalil Madi, ., Howaida Ahmed Fares Siam, ., Walid Anas Walid Al-Bayaa, ., Rafeef Freej Sameer Al-Jamal, ., Salma Abdulrahman Mohammed Saleha, ., Osama Issa Ouni Abu-Yousef, ., Ibrahim Marwan Ismail Sidahmed, ., Ali Samee Ragheb Al-Tawil, ., Lian Ahmed Imad Helles, ., Dima Mustafa Nimer Abu-Eida, ., Dima Mahmoud Darwish Ghabain, ., Ibrahim Nihad Riyadh Daghmash, ., Ibrahim Mohammed Ibrahim Al-Bayadh, ., Abrar Majed Mohammed Saleh, ., Ibrahim Ahmed Zeyad Salah, ., Nabila Tamer Rizk Jaradeh, ., Adel Shadi Jamal Barakah, ., Bana Hussein Talal Hussein, ., Imad Mustafa Al-Looh, ., Rasel Hossam Abd Al-Majid Al-Amour, ., Sama Sameh Mahmoud Saedam, ., Naeem Saed Naeem Nabhan, ., Rital Nidal Mohamed Daloul, ., Ahmed Abd Al-Karim Atwah Azeez, ., Iman Osama Salama Hussein Ali, ., Amira Waseem Yahya Al-ustadh, ., Ahmed Amir Hassan Al-Ghafeer, ., Zain Ouda Khudr Al-Tork, ., Abd Al-Rahman Jaser Hameed Abu-Musa, ., Tala Mahmoud Abd Al-Karim Salman, ., Hala Arafat Suleiman Al-Agha, ., Jana Ahmed Mohamed Hassouna, ., Mohamed Nidal Mohamed Al-Mabhouh, ., Adel Tarek Adel Thabet, ., Sherif Osama Mohamed Dabour, ., Maria Ahmed Mohamed Said Abu-Kuwik, ., Nadia Ibrahim Hafiz Al-Dabbaki, ., Mahmoud Hussein Mahmoud Abd Al-Al, ., Baraa Mohamed Fayyaz Al-Silk, ., Juman Al-Mu'tasim Waleed Al-Qouqa, ., Yousef Ibrahim Akram Abu-Karsh, ., Doaa Abdullah Fareed Al-Hawajri, ., Mus'ab Mohamed Jamal Mansour, ., Firas Rami Kamal Abu-Teir, ., Moaz Hammad Suleiman Mansour, ., Suleiman Mus'ab Suleiman Haboush, ., Omar Mohamed Medhat Al-Nousan, ., Bassem Hussein Bassem Bakr, ., Batoul Ali Waleed Baris, ., Hazem Hassan Marzouk Al-Kahlout, ., Aya Hossam Ibrahim Salem, ., Salem Hatem Salem Salah, ., Jinan Ismail Fayyaz Abu-Maileq, ., Mohamed Raed Nayef Al-Sharafi, ., Mohamed Mahmoud Ramadan Al-Ur'ayr, ., Yasser Saqr Yasser Abd Al-Al, ., Ibrahim Alaa Ibrahim Al-Darbashi, ., Khalil Mustafa Khalil Tamos, ., Ahmad Mahmoud Hassan Shaheen, ., Osama Mohammed Osama Muhanna, ., Mira Hani Abdullah Jomah, ., Dana Louay Omar Alwan, ., Dania Eyad Ziad Abu-Mohsen, ., Mohammed Rami Mahmoud Awad, ., Jana Yahya Rashad Abu-Safi, ., Ibrahim Eyad Sobhi Bakheet, ., Rytal Ahmad Mohammed Al-Attar, ., Rwan Ahmed Essam Shaat, ., Naseem Shadi Atef Heliwa, ., Saif Mohammed Said Al-Naffar, ., Amira Yasser Ahmed Abu-Halhoul, ., Randa Nabil Ahmed Nofal, ., Zaid Sabri Maslah Radi, ., Jana Mohammed Ali Abu-Khdeir, ., Jannah Saeed Mouad Al-Jarbah, ., Rimas Ahmed Walid Abu-Al-Rous, ., Yousef Sohail Yousef Alwan, ., Issa Ahmed Issa Al-Nashar, ., Rahaf Ahmad Samir Qanita, ., Rajab Mohammed Rajab Jomah, ., Hamza Yousef Mohammed Labad, ., Ritaj Yousef Hassan Al-Mashal, ., Tala Ahmed Khalil Madi, ., Amir Mohammed Samir Al-Saafin, ., Jana Basil Abd Al-Azim Al-Hajj, ., Dana Ahmed Jamil Al-Namroti, ., Rytal Ahmed Mahmoud Daliz, ., Majed Mohammed Nabil Al-Qadra, ., Saqr Ahmed Ibrahim Al-Masari, ., Hala Mohammed Ziad Al-Hour, ., Mohammed Tarek Nabil Al-Hamadiat, ., Ameed Mohammed Naeem Akasha, ., Sherif Qasim Mansour Wafi, ., Mai Amer Ibrahim Al-Jarousha, ., Saqr Ahmed Ismail Al-Zahar, ., Rahaf Amjad Majed Al-Ghoul, ., Eline Adel Zakaria Al-Faseeh, ., Mohammed Munir Shahda Al-Ladawi, ., Anas Khaled Sohail Aabed, ., Hudhafa Ihab Darwish Joudeh, ., Mira Sami Muhammad Kalab, ., Mira Youssef Rateb Obeid, ., Sumaya Ahmed Hammad Al-Arouqi, ., Yasmeen Ibrahim Saeed Abu-Shamaleh, ., Lina Muhammad Ahmed Darwish, ., Noor Muhammad Youssef Abu-Khudair, ., Ghina Muhammad Saud Al-Karnaz, ., Saleh Nouman Suleiman Habboush, ., Jori Mahmoud Jawad Kaheel, ., Fouad

Muhammad Omar Quddous, ., Yassin Shadi Rajab Qadih, ., Yosra Medhat Sami Ismail, ., Kinan Abdullah Ziyad Sharaf, ., Aseel Ibrahim Muhammad Abu-Mutlaq, ., Joud Muhammad Salmi Abu-Arteimah, ., Ne'ema Mehran Ahmed Al-Dalo, ., Lubna Raed Mahmoud Al-Batsh, ., Yosra Islam Ali Abu-Sonjor, ., Layan Alaa Al-Din Sobhi Mesh'al, ., Hiyam Ahmed Ibrahim Eid, ., Siham Abd Al-Rahman Abd Al-Nasser Awad, ., Habiba Mahmoud Fahmy Abd Al-Qadir, ., Amir Muhammad Ahmed Mubarak, ., Nael Ramadan Ibrahim Al-Najjar, ., Rahaf Hisham Ismail Ismail, ., Salama Shadi Salama Abu-Lasheen, ., Awad Hassan Awad Abd Al-Wahab, ., Layan Fareed Abdullah Ghunaim, ., Baraa Khamis Younis Al-Agha, ., Salah Muhammad Muhammad Al-Riyati, ., Shaza Al-Iman Ahmed Saleh Hamed, ., Abd Al-Rahman Abdullah Khader Moussa, ., Ahmed Muhammad Abd Al-Hakim Asfour, ., Karim Mahmoud Fawzi Ahl, ., Maya Rami Atallah Al-Aidi, ., Jihad Mahmoud Darwish Al-Den, ., Yara Younis Nasser Al-Qarinawi, ., Mahmoud Mostafa Amin Nofal, ., Waleed Hossam Waleed Kabaja, ., Maria Ahed Rashed Nofal, ., Mayar Mohammad Qasem Sarsour, ., Hamza Youssef Taysir Khader, ., Zeina Sami Mohammad Al-Baghdadi, ., Ghalia Mahmoud Jumaa Abu-Jazar, ., Rital Mohammed Taysir Al-Hindi, ., Mohammed Ashraf Sobhi Abu-Wardeh, ., Suleiman Hussein Ahmad Al-Astal, ., Malak Aref Saleh Abu-Dahrug, ., Abd Al-Rahman Karam Khamees Abu-Kloub, ., Ahmad Ayman Mohammad Saleha, ., Joud Mahmoud Hassan Al-Harsh, ., Judy Mohammad Youssef Al-Astal, ., Mariam Mohammad Issam Sha'ath, ., Yamen Fawzi Mohammad Eid Al-Zaqzouq, ., Mariam Mahmoud Saad Al-Fara, ., Abdullah Abd Al-Nasser Dawoud Al-Haleesi, ., Zeina Ahmad Salah Kurdeya, ., Mennah Tahseen Ismail Abu-Hatab, ., Abdullah Hamzeh Mufid Hijazi, ., Duaa Ramzi Sobhi Al-Ajjal, ., Lana Bilal Issam Abu-Salimeh, ., Sami Ramzi Sami Abu-Naja, ., Ibrahim Eyad Ibrahim Zaarab, ., Al-Hasan Imad Suleiman Al-Agha, ., Lana Ismail Mahmoud Al-Derawi, ., Ahmad Ehab Mehariz Al-Namnam, ., Abdullah Mohammed Wajih Al-Zein, ., Ibrahim Khalil Ibrahim Khader, ., Adam Arafat Talal Abu-Atiwi, ., Sama Mustafa Khaled Al-Haloul, ., Lian Imad Mohammad Al-Zaaboot, ., Riyam Mohammad Fuad Al-Agha, ., Fadel Issam Fadel Al-Daour, ., Karim Mohammed Samir Abu-Shamalih, ., Aseel Mohammad Waleed Abu-Shaib, ., Jana Mahmoud Ahmed Al-Kahlout, ., Najah Tareq Ahmed Jumaa, ., Amal Palestine Ehab Ahmed Aref, ., Maria Naaman Suleiman Habboush, ., Ayub Yusuf Muhammad Al-Hilah, ., Muhammad Abdulrahman Muhammad Samour, ., Layan Muhannad Muhammad Abu-Zaanouneh, ., Sujud Muhammad Izzat Shaabit, ., Nasr Yahya Nasr Al-Rakhawi, ., Khadija Yusuf Ibrahim Abu-Hadde, ., Abd Al-Majeed Naeem Abd Al-Majeed Afaneh, ., Ahmad Rami Ayash Al-Shandagali, ., Muhammad Abd Al-Dawousa, ., Aline Walid Asaf, ., Al-Mu'tasim Billah Abdullah Ahmad Abd Al-Qader, ., Lana Basil Hisham Mushtaha, ., Habiba Hossam Faiz Abu-Awad, ., Mennatallah Rami Faiz Abu-Awad, ., Rafiq Nimer Bassem Al-Shanshir, ., Naseeba Walid Zuheir Qreiaqah, ., Maya Ahmed Mansour Sukkar, ., Daif Muhammad Ali Abu-Jabba, ., Elma Muhammad Nafez Abu-Dhahir, ., Hussein Muhammad Hussein Kereizim, ., Abeer Muhammad Samir Abu-Khdeir, ., Maya Tariq Saad Al-Banna, ., Amal Ihab Ashour Al-Hindi, ., Muhammad Nidal Muhammad Shabekh, ., Hossam Ahmed Abd Al-Hay Al-Matooq, ., Ibrahim Rashid Muhammad Sukkar, ., Adel Mahmoud Adel Al-Najjar, ., Atif Raafat Saleh Al-Zamli, ., Samar Khalil Saleh Al-Najjar, ., Muhammad Yunis Ghazi Abu-Jlambo, ., Muhammad Jabir Muhammad Abu-Kloub, ., Ibtisam Ibrahim Hussein Abu-Jamous, ., Hala Nabil Nasr Qaza'at, ., Rital Amin Hani Dagmash, ., Hamza Muhammad Yusuf Nassar, ., Hosna Nidal Abd Al-Razzaq Al-Dabas, ., Aya Ahmed Harbi Al-Kahlout, ., Zein Abdulrahim Munir Al-Hosari, ., Masa Ahmed Mohammed Mushtaha, ., Ghazal Mohammed Ziyad Al-Samari, ., Mudathir Nour Al-Din Mazen Al-Shawa, ., Yasmin Akram Omar Al-Mamlouk, ., Malak Zakaria Fathi Al-Bahri, ., Afnan Hossam Nayef Harz, ., Maria Rizq Ali Orkouq, ., Jana Youssef Matar Abu-Jarad, ., Mohammed Moamen Zakaria Al-Mazloum, ., Ezzedine Hatem Abd Al-Rahim Arbaia, ., Mohammed Ahmed Naeem Orkouq, ., Abdullah Ramez Ahmed Hassouna, ., Youssef Mohammed Youssef Abu-Warda, ., Mayar Adham Jamal Al-Batsh, ., Nassim Karim Rashad Samour, ., Kazem Mohammed Kazem Al-Zamili, ., Hala Mohammed Saeed Salmi, ., Noor Alaa Omar Al-Nimr, ., Ismail Ahmed Ismail Al-Najjar, ., Nada Mahmoud Jihad Salmi, .,

Youssef Attia Ghazi Hamdieh, ., Mira Louay Mohammed Ouda, ., Hassan Mohammed Nasr Abu-Foul, ., Mazen Mohammed Mazen Al-Khatib, ., Dana Mohammed Khaled Al-Ayoubi, ., Hoda Ahmed Samir Al-Akili, ., Yamen Saleh Khalil Al-Bahatini, ., Abdullah Ramadan Talal Al-Maznar, ., Siraj Bahaa Hassan Abu-Habl, ., Abd Al-Rahman Abd Al-Hamid Mohammed Abu-Gaza, ., Mennat Allah Hassan Abu-Amira, ., Hala Abd Al-Salam Rizq Al-Wawi, ., Abdullah Ibrahim Al-Barsh, ., Essam Bassam Kharwat, ., Ahmed Ibrahim Khairy Al-Kafarnah, ., Rafat Fadi Rafat Abu-Reala, ., Kamal Mohammed Kamal Abu-Hasaballah, ., Rinas Ahmed Jadallah Abu-Jama, ., Judy Osama Waleed Muhareb, ., Abd Al-Rahman Mohammed Rizq Saleem, ., Ayham Mohammed Mazen Abu-Rukba, ., Majd Omar Sami Al-Arabeed, ., Nour El-Din Tahseen Khalil Omran, ., Lilas Bassem Walid Abu-Muslim, ., Amna Zaher Yousef Al-Mabhuh, ., Mohammad Haitham Ibrahim Musa, ., Sayyed Samed Saeed Al-Attar, ., Mai Mohammad Ali Al-Rai, ., Abd Al-Hakim Omar Abd Al-Hakim Al-Manaameh, ., Lama Hossam Mohammad Zaqout, ., Ghena Abdullah Jamil Abu-Asi, ., Sama Adel Harb Abu-Harb, ., Farah Abd Al-Hamid Qassem Al-Astal, ., Maria Bilal Jamil Abu-Aker, ., Salem Hassan Salem Sarour, ., Khaled Raed Fawzi Al-Qassas, ., Amna Bassam Ali Khader, ., Yousef Munir Mohammad Salem, ., Yahya Raed Adnan Matar, ., Obaida Mohammad Ramadan Al-Marnakh, ., Ismail Maher Mohammad Farah Al-Zein, ., Mohammad Mohammad Walid Zaher, ., Fawz Mohammad Nabil Al-Sharafi, ., Abdullah Moataz Mohammad Al-Abd Abu-Kloub, ., Fawzia Saeed Mohammad Al-Mahrouk, ., Ramadan Abd Al-Karim Amer Khala, ., Shaza Bilal Ibrahim Tayeh, ., Majd Ibrahim Jamil Ghboon, ., Obaida Ismail Jamal Abu-Awad, ., Murad Ahmed Yousef Jneid, ., Ward Mohammad Abd Al-Qader Sabah, ., Hamza Emad Saadi Domideh, ., Saber Emad Sabri Thari, ., Khaled Mohammad Eid Manon, ., Qusay Yousef Samir Al-Mabhuh, ., Zeina Anwar Omar Taher, ., Mohammad Bassem Jamal El-Din Abu-Eita, ., Suad Ibrahim Sobhi Zaqzouq, ., Jamal Mohammad Jamal Obeid, ., Hams Adnan Ahmed Salman, ., Hasan Wissam Hasan Al-Sukni, ., Ayman Hazem Mohammad Awkal, ., Bayan Osama Ahmed Al-Ereeni, ., Aisha Musab Saad Al-Kahlout, ., Mohammed Al-Moataz Saad Al-Kahlout, ., Sama Eid Mahmoud Nabhan, ., Mohammed Ayadah Nafeth Mareesh, ., Sewar Basem Salah Salem Al-Farra, ., Lynn Abd Al-Hamid Kamal Al-Fayoumi, ., Mohammed Eyad Suleiman Sleila, ., Riyad Omar Jamal Muqaddad, ., Noor Hussam Adnan Hajji, ., Sewar Ezzedine Habib Zaarab, ., Jenin Ahmed Abd Al-Qader Ahmed, ., Ahmed Zakir Saadallah Abu-Khater, ., Mohammad Riyad Ahmed Abu-Jabareh, ., Joud Jihad Mohammad Al-Mabhouh, ., Murad Yasser Mahmoud Abu-Shamah, ., Jana Yassin Mohammed Qdeih, ., Shahd Hamza Abd Al-Rahman Abu-Gaza, ., Ahmed Abd Al-Nasser Abdullah Siam, ., Ahmed Arafat Abdullah Abu-Zaid, ., Amal Mahmoud Hassan Al-Shaer, ., Mohammed Yasser Ahmed Abu-Dan, ., Rimas Mahmoud Fareed Zaarab, ., Bassem Musab Bassem Al-Kurd, ., Najwa Ibrahim Atef Salem, ., Mohammed Rami Raed Abu-Asr, ., Safa Muthaqal Ali Abu-Saif, ., Intisar Ahmed Abd Al-Qader Ahmed, ., Othman Issa Othman Al-Masri, ., Ismail Aziz Khalil Al-Qassas, ., Sarah Basel Mohammed Abu-Al-Qomssan, ., Hamdi Mohammad Hamdi Al-Zeen.

9 years old

Ghadir Alaa Saleem Al-Atawneh, ., Sarah Ali Hamed Al-Masri, ., Ahmed Alaa Abd Al-Hadi Masoud, ., Haneen Mahmoud Emad Al-Madhoun, ., Raghad Zaher Abd Al-Hakim Kaheel, ., Akram Mohammad Abd Al-Rahim Al-Madhoun, ., Yazan Abd Al-Hamid Mohammad Rayan, ., Rital Nidal Atiyeh Saeed, ., Mohammad Emad Breik Al-Amawi, ., Ferial Mohammad Kamal Al-Masri, ., Yazan R'afat Ramadan Al-Jarou, ., Mohammad Rami Mohammad Fadel Hassouna, ., Yara Abd Al-Qader Jihad Al-Fayoumi, ., Youssef Ahmed Youssef Abu-Al-Qumsan, ., Sameh Fadi Sobhi Masoud, ., Haroun Majdi Hussain Abu-Daf, ., Izz-Al-Din Mohammad Abd Al-Hamid Zeino, ., Sama Fadi Fayez Daoud, ., Noha Abd Al-Rahim Omar Sharaf, ., Zakaria Khabbab Mohammad Nabil Al-Mutawakkil,

., Hadi Hani Ramadan Al-Hissi, ., Mohammad Jalal Moein Al-Harakli, ., Qusay Mohammad Muneer Abu-Hasira, ., Zeina Mahmoud Aouni Saker, ., Talia Ayman Ghazi Owais, ., Lama Hamza Badr Al-Bahtini, ., Jana Rizq Azmi Al-Khattab, ., Tala Haitham Akram Abu-Saadeh, ., Joury Rami Mahmoud Al-Sheikh Khalil, ., Akram Khalil Akram Mahdi, ., Abdullah Ahed Khalil Abu-Al-Eis, ., Saleh Mohammad Saleh Abu-Warda, ., Mahmoud Ramzi Mahmoud Al-Sheikh Khalil, ., Wael Mohammad Wael Nabhan, ., Lian Ra'ed Hamed Abu-Aita, ., Lian Deeb Abdullah Rifaat Abu-Al-Qumsan, ., Lian Abdullah Emad Al-Din Sarsour, ., Mohannad Ahmed Ibrahim Damo, ., Mohammad Abd Al-Fattah Mohammad Ouda, ., Mahmoud Mamdouh Salem Haji, ., Abd Al-Kareem Hossam Abd Al-Kareem Hanoon, ., Fouad Ra'ed Youssef Al-Ladawi, ., Leila Mohammad Moein Al-Harakli, ., Sharif Ayman Mohammad Al-Arabi Harz, ., Rahaf Ramez Awad Abu-Hamada, ., Abd Al-Malek Thair Malek Taroosh, ., Jana Nasser Mohammed Abu-Warda, ., Khaled Abd Al-Khaleq Khaled Haniya, ., Hassan Abd Al-Azim Mohammed Thaher, ., Ahmed Saud Said Abu-Sa'da, ., Noor Wissam Amin Hassouneh, ., Musaab Riyad Naeem Abu-Rizq, ., Mohammed Ghassan Youssef Abu-Debbagh, ., Abd Al-Razzak Ramez Abd Al-Razzak Al-Masry, ., Yamen Ayman Hassan Al-Deriwi, ., Mohammed Anas Moussa Abu-Oudah, ., Samad Mohammed Hussein Al-Sheikh Khalil, ., Hala Raed Hussein Abu-Jald, ., Jana Mohammed Abd Al-Hafez Abu-Thaher, ., Jana Mazen Abdullah Al-Sinwar, ., Sama Nasser Mohammed Abu-Warda, ., Fatima Firas Fahmi Al-Najjar, ., Saif Al-Islam Hamdy Hikmat Ghabn, ., Haitham Raed Ahmed Kashkou, ., Siham Saed Misbah Al-Khawr, ., Fatima Al-Zahraa Nadh Ismail Al-Hamaida, ., Mahmoud Mohammed Mahmoud Jarada, ., Ayman Wissam Ahmed Abu-Warda, ., Tala Hassan Abd Al-Kareem Safi, ., Malek Mohammed Salah Abu-Rukbeh, ., Omar Fathi Basheer Al-Balawi, ., Ahmed Fadi Sameeh Hashem, ., Tasneem Mohammed Sobhi Samarah, ., Abdullah Said Mohammed Issa, ., Ahmed Salah Ahmed Al-Ghazali, ., Ramez Zayd Fathi Al-Majdalawi, ., Marwa Basel Ahmed Abu-Al-Qomsan, ., Zakaria Abd Al-Kareem Hassan Safi, ., Taqi Munzer Abd Al-Hamid Zainu, ., Mohannad Mohammed Omar Radi, ., Abeer Mohammed Yemeni Humaid, ., Mohammed Mohammed Yemeni Humaid, ., Mujahid Ahmed Mahmoud Al-Salq, ., Lin Thaer Ayman Al-Khatib, ., Haitham Youssef Muhammad Al-Majaydeh, ., Jana Imad Abd Al-Monem Ashour, ., Wafaa Mousa Youssef Al-Maqousi, ., Muhannad Ibrahim Muhammad Khalaf Allah, ., Wafaa Muhammad Jamil Al-Maqousi, ., Fouad Hazem Fouad Hamada, ., Waad Mohsen Abed Al-Quraan, ., Mohammad Zaid Mohammad Abu-Zaid, ., Ghazal Wissam Sobhi Abu-Sharar, ., Nasser Jamal Nasser Ayad, ., Dania Mahmoud Jamil Al-Yazji, ., Muhammad Hossam Abd Al-Rahman Al-Kurdi, ., Rashid Khalil Fayez Farajallah, ., Maryam Amin Saleh Abu-Al-Naja, ., Omar Abdullah Suleiman Tabash, ., Liann Abdullah Hamad Hamad, ., Lana Suhail Khalil Madi, ., Marihan Majid Aslim Aslim, ., Khalil Ahmad Saleem Al-Ma'louani, ., Omar Ahmad Mahmoud Abu-Shamala, ., Yazan Arafat Khalil Jargon, ., Ibrahim Mahmoud Hassan Abd Rabbo, ., Liann Shadi Ibrahim Al-Attal, ., Rahaf Emad Fathi Ezz Al-Din, ., Ahmed Mohammad Ahmed Al-Ghofary, ., Ismail Essam Al-Din Ismail Abd Rabbo, ., Lana Raed Ibrahim Mohysen, ., Salma Ahmed Maqbool Abu-Mashi, ., Larin Mahmoud Zuhdi Abu-Sharia, ., Akram Osama Hassan Al-Qatshan, ., Gana Mahmoud Naif Nashwan, ., Noor Tariq Youssef Al-Khatib, ., Yousr Jamil Khalil Mansour, ., Islam Asaad Abd Al-Majid Shahada, ., Hossam Mohammed Khamees Barbekh, ., Mohammed Youssef Salah Al-Din Abu-Jadallah, ., Lana Ahmed Imad Abd Al-Rahman, ., Siraj Ihab Falah Al-Sawafiri, ., Lujain Ahmed Mohammed Barhoumeh, ., Ibrahim Sabri Abdullah Al-Farra, ., Issam Ahmed Issam Salah, ., Sanad Mohammed Amer Al-Astal, ., Bilal Rami Ghazi Al-Raqab, ., Mahmoud Mohamed Ayash Hmeid, ., Musab Mohammed Nasser Shihada, ., Malak Bakr Marwan Abu-Al-Aoun, ., Fouad Akram Fouad Abu-Safi, ., Mohammed Akram Fouad Abu-Safi, ., Maryam Ahmed Salah Kareera, ., Salma Nafth Ubaid Al-Najjar, ., Nada Yasser Ibrahim Al-Shaer, ., Tala Samer Salem Salem, ., Shahd Marwan Abd Al-Rahman Abu-Shmalah, ., Hamdi Mahmoud Tahseen Ahmed, ., Saja Mohammed Ihsan Dumaida, ., Siraj Othman Fathi Abu-Gharqud, ., Shaaban Yasser Mohammed Hamdeqh, ., Islam Muawiya Shaaban Abu-Laben, ., Omar Youssef Zaki Abdullah, ., Jana Yasser Hassan Al-Qatshan, ., Lara Saeed Abd Al-Nasser Al-Tawil, ., Banan Hussein

Abdelsalam Abu-Mansi, ., Mayar Nidal Amer Hamida, ., Moamen Moamen Taysir Abu-Dan, ., Hassan Hani Mohammed Abu-Matwi, ., Akram Raed Salah Al-Ajouri, ., Adam Hassan Mohammed Aql, ., Marwan Raed Riyad Al-Jabri, ., Shahd Khaled Khalil Sidam, ., Hossam Mohamed Omar Al-Yazji, ., Abdullah Mohammad Faheem Hasanain, ., Youssef Osama Youssef Al-Zahhar, ., Ahmed Ali Hassan Ayada, ., Mohammed Bilal Salim Al-Madaf, ., Hala Magdy Khaled Al-Halool, ., Jouri Magdy Ahmed Shalouf, ., Wafa Islam Omar Abu-Ghali, ., Maryam Ziyad Mohammed Al-Muqaid, ., Ismail Mustafa Jameel Eid, ., Youssef Fares Youssef Al-Ghandour, ., Roaa Mazen Mohammed Ma'ruf, ., Rahaf Zuhair Mohammed Abu-Taimah, ., Shahd Bilal Abd Al-Rahman Al-Hour, ., Omar Khattab Omar Al-Bahloul, ., Sama Abu-Al-Huda Mahmoud Al-Mabhouh, ., Noor Kamal Mansour Sobhi, ., Omar Mohammed Jamal Ammar, ., Ahmed Farid Mahmoud Abu-Al-Rous, ., Wafaa Mohammed Nahid Hanoun, ., Asmaa Riad Mohammed Aradeh, ., Ziad Khalil Ahmed Shaheen, ., Rima Misbah Hassan Tamraz, ., Karam Mohammed Samir Abu-Hasirah, ., Ahmed Ikrami Mohammed Al-Jazzar, ., Aseel Shahda Mahmoud Abu-Jabal, ., Mohammed Mahmoud Mohammed Abu-Sohiban, ., Qusai Mohammed Hassan Abu-Habl, ., Suzan Nidal Jihad Rashid, ., Omar Anwar Omar Al-Madhaun, ., Roaa Mohammed Gharib Gharib, ., Amal Mohammed Khaled Al-Bayyaa, ., Halima Ramzi Mohammed Al-Dasouqi, ., Ayham Saeed Salman Saeed, ., Bisan Mahmoud Khaled Ahmed, ., Maryam Mohammed Abd Al-Khaleq Abu-Khousa, ., Dania Youssef Rashad Abu-Safi, ., Mohammed Ibrahim Wasfi Al-Nader, ., Lin Mohammed Ramadan Al-Bawab, ., Younis Mohammed Younis Al-Agha, ., Areih Fadi Fathi Al-Nabahen, ., Karim Rami Rabhi Al-Wadiyeh, ., Baraa Hassan Ali Hassouna, ., Sewar Hazem Kamal Hamdan, ., Tala Mohammed Omar Jalmbou, ., Dana Mohammed Saad Al-Masri, ., Samira Yasser Mohammed Bekheet, ., Maryam Mohammed Jawad Al-Wadiyeh, ., Alaa Mohammed Sobhi Al-Najjar, ., Amnah Fouad Mahmoud Tabassi, ., Mohammed Saleh Khamis Al-Hamas, ., Abdullah Khaled Mohammed Al-Miqadamah, ., Mona Ihab Al-Din Khaled Oweidah, ., Shahd Hussein Mahmoud Abd Al-Aal, ., Sami Mohamed Ahmed Zaqout, ., Ahmed Ibrahim Mohamed Al-Dahshan, ., Aya Ismail Ghanem Jarrour, ., Huda Hossam Hossam Labad, ., Mayar Mohamed Amin Al-Dahdouh, ., Mahmoud Mohamed Abdullah Shaheen, ., Fajr Ziyad Mohamed Abu-Oudah, ., Sondos Hatem Jaber Abu-Zarqa, ., Sujoud Anwar Fahmi Munes, ., Rahaf Khaled Ismail Abu-Al-Ala, ., Mohamed Ahmed Attieh Noufal, ., Yamen Jabr Nu'man Hamid, ., Retaj Atta Ibrahim Abidin, ., Farah Mo'taz Obeid Yassin, ., Mohamed Wael Abd Al-Qader Al-Far'a, ., Mahmoud Kamel Misbah Al-Hawajri, ., Taqa Mohamed Ismail Sahweil, ., Malak Youssef Mohamed Basheer, ., Abdullah Raafat Abd Al-Bari Mohamed, ., Rimas Sultan Naeem Al-Quraan, ., Abdullah Mahmoud Abdullah Abu-Zaid, ., Mohamed Majid Suleiman Al-Masdar, ., Naif Ahmed Naif Al-Zarabi, ., Amir Mostafa Salim Al-Bahloul, ., Bilal Abdullah Zaki Abdullah, ., Adam Jaser Yaser Al-Qirnawi, ., Fatima Sameeh Misbah Faraj, ., Habiba Mohamed Younes Abu-Al-Omrein, ., Wadie Ghazi Fayez Al-Yazji, ., Alma Said Jaber Abu-Howayeshl, ., Dina Mohamed Khaled Abreis, ., Haider Mohamed Haider Al-Da'our, ., Lian Ibrahim Mohamed Al-Haj Youssef, ., Mohamed Ghassan Fayez Qreiq'a, ., Malak Marwan Mohamed Al-Hawajri, ., Yazan Mohamed Abdullah Abu-Hatab, ., Lama Mohamed Abdullah Abu-Hatab, ., Sama Mohamed Rafifan Tanbura, ., Raja Ali Hassan Al-Ghandour, ., Mostafa Tamer Mohamed Ahmed, ., Mostafa Iyad Rajab Shaaban, ., Sama Hassan Fawzi Al-Bawab, ., Ali Mohamed Shaaban Abu-Doba'a, ., Zainab Ahmed Amin Abu-Fanouna, ., Zeina Mahmoud Salem Kandil, ., Ahmed Firas Mazen Al-Shawa, ., Tala Ahmed Rizk Abu-Maamer, ., Dima Tariq Aouni Al-Eisawi, ., Mohamed Fahd Musa Al-Najjar, ., Joud Mohamed Shahda Khader, ., Al-Mutasim Billah Ahmed Abdullah Yaseen, ., Taym Tawfiq Ahmed Lebd, ., Muhaimen Taysir Abdulrahman Abu-Huli, ., Mona Mohamed Azzam Al-Shawa, ., Ahmed Ramadan Ahmed Darwish, ., Ward Anwar Ahmed Farajallah, ., Waseem Ahmed Mohamed Al-Nabih, ., Noor Hossam Jamil Al-Zaanin, ., Azzam Ayham Nihad Al-Shawa, ., Basema Mohamed Nasri Al-Naoq, ., Ghazal Fadi Rasmi Kadh, ., Kanzy Shadi Youssef Darwish, ., Ismail Mahmoud Ismail Sahwil, ., Humam Ahmed Omar Al-Yazji, ., Younis Rami Younis Abu-Sayyam, ., Abdulrahman Zuhair Omar Al-Lahham, ., Lujain Jibr Nihad Abu-Jayab, ., Al-Baraa Ayman Hassan

Yaseen, ., Fatima Ahmed Mahmoud Sidam, ., Ali Mahmoud Ayish Shahin, ., Areij Saber Younis Redwan, ., Taysir Ahmed Rashad Abu-Safi, ., Saba Omar Hassan Abu-Jazer, ., Wafaa Nasser Ghazi Adwidar, ., Mohamed Wael Ahmed Al-Astal, ., Aseel Hossam Mohamed Abdin, ., Sama Omar Mohamed Al-Ghusain, ., Khadija Mohamed Awad Al-A'araj, ., Malik Shaker Marzuq Al-Kahlout, ., Ghazal Mohammad Khalifah Abu-Sultan, ., Mohammad Raafat Mahmoud Al-Zain, ., Rahaf Atef Naeem Habib, ., Yaqeen Othman Yahya Abu-Masameh, ., Layan Bakr Ismail Shaheen, ., Qusay Mohammad Nofal Radi, ., Samira Ali Munir Owaidah, ., Tala Khaled Kamal Al-Kurdi, ., Ziad Iyad Youssef Abu-Said, ., Yazan Abd Al-Rahman Nizar Shahada, ., Aya Abd Al-Jaber Nimer Abu-Khousa, ., Aseel Othman Khalil Sidom, ., Rimas Nidal Anwar Radi, ., Lana Hamzah Isaac Al-Loul, ., A'id Iyad A'id Al-Ajrami, ., Ziad Tarek Dawood Halesi, ., Sarah Mohammad Gamal Abd Al-Nasser Al-Azayza, ., Lina Youssef Abd Al-Hadi Abd Al-Hadi, ., Sajed Mohammad Ezzat Shabit, ., Ayat Mahmoud Hussein Al-Sawalha, ., Siraj Hilal Anwar Al-Sha'er, ., Bara'a Mohammad Fathi Yaghi, ., Youssef Ahmad Radwan Al-Mdani, ., Layan Mohannad Mahmoud Abed, ., Anwar Jihad Anwar Al-Tahleh, ., Zeina Mohammad Abd Al-Karim Al-Laqta, ., Mahmoud Moussa Mahmoud Zaarab, ., Abd Al-Rahman Nihad Isaac Abu-Howaidi, ., Karam Faisal Ali Al-Naami, ., Jouri Anwar Abd Al-Latif Fayad, ., Suad Hossam Ibrahim Salem, ., Raghad Munir Ahmad Abu-Jmeizah, ., Ali Gamal Ali Abu-Hilal, ., Huda Tarek Ahmad Abu-Younis, ., Maria Ahmed Naeem Al-Nabih, ., Mohammad Raja Ismail Sammour, ., Rawand Hani Khaled Abu-Al-Naja, ., Janan Mahmoud Khalil Al-Derbi, ., Firas Adham Talal Masbah, ., Sondos Ziad Mahmoud Al-Azayeb, ., Sara Mahmoud Hassan Al-Khawaja, ., Hussein Mohammed Suleiman Faraj, ., Ghady Mustafa Jamal Mousa, ., Tala Nahid Ahmad Al-Qirinaoui, ., Abdullah Mohammed Youssef Hussein, ., Mohammed Ahmed Khalil Zarab, ., Anas Dhafer Mazen Al-Shawa, ., Suhaib Moaz Hossam Hassan, ., Omar Nouman Suleiman Haboush, ., Senioura Yahya Rashad Abu-Safi, ., Jana Ibrahim Bahjat Abu-Dan, ., Mohammed Abd Al-Majid Ahmed Abu-Mghisib, ., Moaz Yahya Abd Al-Jawad Jouda, ., Ahmed Tawfiq Ismail Al-Hour, ., Sami Yahya Sami Al-Jourani, ., Sara Nidal Jalal Al-Banna, ., Amir Ammar Ibrahim Al-Jarousha, ., Sondos Mohammed Ibrahim Jouyfel, ., Mohammed Salah Mousa Abu-Sanimah, ., Rihab Mohammed Ghanem Jaarour, ., Basima Ahmed Ibrahim Al-Masaraei, ., Ahmed Raafat Abd Al-Karim Al-Astal, ., Kenan Jihad Wajih Ghban, ., Hala Mohammed Ahmed Al-Qirinaoui, ., Yazan Mohammed Youssef Al-Muqayid, ., Mohammed Asaad Hammad Al-Bishti, ., Khaled Osama Khaled Abd Al-Rahman, ., Noor Raed Naif Al-Sharafi, ., Moaz Jihad Abd Al-Mohisen, ., Hassan Mohammed Ismail Salah, ., Habiba Mahmoud Salem Nabaat, ., Tayseer Mohammed Tayseer Al-Ghouti, ., Nesma Mohammed Badr Al-Ghandour, ., Hala Mahmoud Ismail Hamad, ., Janin Hazem Khalil Al-Ashqar, ., Abdullah Mahmoud Mohammed Shana'a, ., Rahma Ahmed Omar Al-Halabi, ., Abdulrahman Osama Fouad Abu-Ouja, ., Mo'tasem Hakim Mahmoud Al-Hilou, ., Watin Ashraf Shabat, ., Adeeb Mohammed Adeeb Shaheen, ., Retal Youssef Ibrahim Mosleh, ., Layan Hassan Khalil Ubaid, ., Mohammed Walaa Abd Al-Jabbar Al-Hajj, ., Tala Shadi Rasmi Hamdan, ., Qusai Hassan Issam Baroud, ., Maram Mahmoud Mohammed Muslim, ., Saeed Abdullah Nasser Arar, ., Majd Yahya Nemer Abu-Al-Kas, ., Bassam Ahmed Bassam Abu-Sharbin, ., Yusra Mohammed Muntasir Shaaban Hleiseh, ., Mohammed Abd Al-Nasser Dawood Al-Hilisi, ., Tasneem Karam Nouman Al-Sharif, ., Tala Mohammed Kamel Zaarab, ., Joud Adel Samir Abu-Ishaq, ., Maria Hussein Mohammed Saleha, ., Sama Sari Jumaa Nemer, ., Mohammed Saher Hassan Abu-Tawahinah, ., Samir Sameh Samir Al-Fasih, ., Hala Hassan Sameer Aql, ., Majd Ali Zakariya Al-Astal, ., Maryam Samir Hassan Tamraz, ., Mayar Mohammed Fawzi Ahl, ., Waseem Adnan Saeed Al-Haddad, ., Baker Ayman Mohammed Du'abis, ., Al-Bara bin Malik Ismail Amin Abu-Hassanein, ., Sewar Mahmoud Darwish Ghabaen, ., Malik Moussa Khalil Abu-Nusairah, ., Zakaria Hosni Ahmed Abu-Najah, ., Mohammed Mustafa Mohammed Al-Hanfi, ., Ghazal Bilal Nabil Al-Aidi, ., Ghazal Khalil Ibrahim Al-Bahloul, ., Sama Ahmed Hassan Muhaysin, ., Yamen Mohammed Saleh Abu-Jazar, ., Mohammed Zaki Shukri Al-Kurd, ., Adam Matar Ahmed Al-Yahya, ., Abd Al-Hadi Majed Ismail Abu-Shumalah, ., Adam Hossam Azmi Muslim, ., Hassan Mohammed Radwan Shabat, ., Farid Youssef Farid Nasr, ., Islam

Wael Mahmoud Abu-Tarboush, ., Obaida Mohamed Jamil Al-Zaaneen, ., Abd Al-Aziz Mohamed Ahmed Al-Dahshan, ., Mennatallah Abdullah Khidr Musa, ., Saja Ibrahim Radwan Al-Lamdani, ., Imad Mohamed Imad Shaleq, ., Jamal Al-Din Khaled Jamal Al-Azbat, ., Majid Mohamed Majid Al-Afifi, ., Lana Hamad Saber Abu-Awad, ., Yahya Mohamed Eid Abu-Arar, ., Shawqi Rami Shawqi Aisha, ., Magdi Ahmed Magdi Aliwa, ., Batoul Ahmed Ismail Al-Masri, ., Hamza Osama Ali Naeem, ., Kareem Akram Shahda Al-Jakhbeer, ., Huda Dhafer Ahmed Abu-Younes, ., Naif Mohiuddin Naif Al-Saqqa, ., Rital Mohamed Youssef Abu-Saad, ., Ibrahim Lotfi Mohamed Abu-Obeid, ., Alia Ibrahim Jamal Nasr, ., Mohamed Mohamed Musa Abu-Masameh, ., Moumen Ali Hanouna, ., Saja Ali Al-Zein, ., Mennatallah Ahmed Atiya Abu-Mustafa, ., Anas Shadi Bashir Abd Al-Qader, ., Wael Ayman Jamal Harb, ., Hala Sameh Jamil Abu-Sabra, ., Khaled Nimer Basem Al-Shanshir, ., Dima Mohamed Dawood Abu-Ghali, ., Khaled Hamza Khaled Al-Samri, ., Mouj Bilal Naeem Okasha, ., Lamis Raed Adel Hijazi, ., Muad Bilal Mohamed Baroud, ., Tala Mohamed Ibrahim Shaheen, ., Mohamed Suleiman Akram Al-Sardi, ., Rihab Mohamed Talal Al-Arami, ., Mostafa Mahmoud Bakr Nowejja, ., Bilal Abd Al-Nasser Jumaa Abu-Aathra, ., Rafif Khaled Fawaz Kalab, ., Amira Khalil Mahmoud Hamdan, ., Taleen Nabil Mohammed Abu-Labda, ., Siraj Marwan Tahseen Rajab, ., Issam Hossam Eldin Saleem Sharab, ., Mazin Ali Nasri Al-Rai, ., Omar Khalil Saleh Al-Najjar, ., Ali Ahmed Ali Al-Khatib, ., Abd Al-Rahman Youssef Ghazi Abu-Jalambo, ., Tamer Ne'mat Ayash Abu-Hadayed, ., Fadi Rami Ibrahim Zarour, ., Azmi Amin Hani Dagmash, ., Youssef Alaa Eldin Fallah Al-Sawafeeri, ., Qasem Ammar Mahmoud Al-Shurafi, ., Riyad Mohammed Riyad Juha, ., Maryam Naim Yaqoub Dahlan, ., Rahaf Shawqi Hamed Hamada, ., Mahmoud Hamada Nayef Harz, ., Moaz Munir Khamis Al-Ghoulah, ., Bisan Faheem Farouq Hassanain, ., Safaa Asaad Ali Arouq, ., Khalil Abdullah Khalil Abd Al-Rahman, ., Farah Bassam Hamdi Al-Zaytonieh, ., Ammar Samih Ata Ajour, ., Amjad Issam Salem Hosso, ., Abd Al-Aziz Amjad Youssef Abu-Warda, ., Hussam Fallah Attallah Al-Hasanat, ., Rimas Saed Ali Shaaban, ., Abdullah Khaled Walid Al-Rifati, ., Abd Al-Salam Ahed Rafiq Hena, ., Doaa Mohammed Saadi Hassouna, ., Zeina Abdullah Hani Al-Sherbasi, ., Islam Khalil Fahmy Hena, ., Hussein Ramadan Hassan Al-Jumla, ., Ahmed Naim Hussein Abu-Taima, ., Taleen Ahmed Mohammed Muhareb, ., Taleen Hatem Khaled Abu-Aisha, ., Hassan Alaa Hassan Abu-Habl, ., Hamza Abd Al-Karim Mansour, ., Mohammed Nassar Abdullah Ghiadh, ., Abd Al-Rahman Hossam Mahmoud Abu-Al-Quraya, ., Hamza Shadi Al-Madhoun, ., Amir Ashraf Mohamed Hussein Ali, ., Noor Allah Abdullah Samir Nasr, ., Bakr Abd Al-Karim Rubhi Al-Salfiti, ., Amin Ibrahim Amin Al-Agha, ., Mira Muhammad Mustafa Mahdi, ., Dima Ziad Ahmed Al-Harsh, ., Lina Ashraf Youssef Al-Sahhar, ., Sarah Fadi Abd Al-Fattah Ahmed, ., Rebhi Ishaq Rubhi Samour, ., Ahmed Mohamed Ahmed Abu-Labda, ., Ammar Abd Al-Rahim Abd Al-Qadir Jahjuh, ., Yazan Mohamed Ali Al-Hasanat, ., Nada Fadlallah Ahmed Al-Khatib, ., Ali Omar Abd Al-Hakim Al-Manama, ., Kinan Khaled Mohamed Nassar, ., Ahmed Ali Ibrahim Al-Jabour, ., Adham Ahmed Atwa Abu-Aradah, ., Jana Adel Harb Abu-Harb, ., Amal Nasser Raafat Mohanna, ., Tala Ahmed Zaki Abu-Labda, ., Ritaj Ahmed Mutee Abu-Qos, ., Fuad Mohamed Ali Abu-Tabikh, ., Imad Eddin Mahmoud Imad Haboub, ., Rihab Hamza Jamal Asaliyah, ., Diyaa Ismail Abd Al-Fattah Abu-Al-Jidyan, ., Salama Abd Al-Karim Salama Al-Khalout, ., Rital Ashraf Ahmed Al-Kurd, ., Lynn Saad Ibrahim Abd Al-Rahman, ., Aya Amer Abd Al-Hai Zahir, ., Rana Nasser Yahya Al-Akhras, ., Inas Wael Rajab Obeid, ., Ali Hassan Jamal Jasser, ., Sewar Ahmed Mohamed Mohanna, ., Mais Ahmed Akram Labed, ., Adam Ibrahim Mohamed Al-Balbisi, ., Amir Mahmoud Sameeh Moqat, ., Omar Majid Omar Al-Madhoun, ., Alaa Mohamed Omar Al-Muqayed, ., Mujahid Khaled Fouad Al-Askari, ., Osama Mohamed Samir Sabah, ., Ayham Jamal Muthaqal Abu-Taher, ., Muhannad Ismail Jamal Shalail, ., Majd Al-Din Taha Amjad Al-Harthani, ., Mira Ali Shukri Musa, ., Nawal Amjad Zuheir Atallah, ., Yasmeen Kamal Hassan Al-Dabus, ., Layan Eid Mahmoud Nabhan, ., Yamen Sharif Bakr Al-Batniji, ., Hossam Hazem Mohamed Ramadan Hassan, ., Sabrin Saber Adnan Hajji, ., Malak Mustafa Mohamed Qandil, ., Sharif Emad Sobhi Al-Sheikh Ahmed, ., Layan Bassam Anwar Al-Khatib, ., Zeina Khader Ibrahim Abu-Hamada, ., Ryan Ibrahim Ghazi Quwader, ., Dana Sami Jawad Al-Ajlah, ., Lyn

Mohammad Faiz Thabet, ., Mayar Mohamed Saeed Hamdan, ., Hour Mohammad Younis Abd Al-Rahman, ., Noor Mohammad Younis Abd Al-Rahman, ., Ibrahim Ihab Ibrahim Abu-Shahada, ., Lyn Aaed Mohammad Salman, ., Fedia Younis Mohammad Ghabin, ., Salah Al-Din Mujahid Wahid Ahmed, ., Fayeq Amin Ghalib Abu-Amsha, ., Mona Abd Al-Rahman Saber Jarboa, ., Rana Ibrahim Ali Hamadin, ., Malak Nidal Mohammad Al-Far, ., Yazan Alaa Walid Zahir, ., Mohammed Mohammed Ismail Al-Mabhouh, ., Abdullah Mohamed Omar Al-Muqeed, ., Farah Fadi Emad Abu-Habl, ., Rimas Ahmed Fayeq Saifan, ., Bilal Raed Omar Al-Masri, ., Yusuf Mazen Rizk Ghabin, ., Elias Hassan Ihsan Abu-Jarad, ., Fatima Ali Saad Al-Din Abu-Saada, ., Yahya Eyad Ahmed Ashour, ., Aya Ayman Yaqub Al-Harthani.

10 years old

Lama Ahmed Mohammed Badawi, ., Mohammed Jamil Moeen Atallah, ., Wasim Bilal Fathi Al-Majdalawi, ., Ibrahim Ayman Radi Abu-Zahir, ., Ahmed Mohammed Ali Ali, ., Maria Kamal Ismail Sabra, ., Hala Muhannad Sami Asleem, ., Yusuf Nasser Hosni Mousa, ., Hala Moaid Subhi Samara, ., Nasr Bakr Nasr Al-Sarahi, ., Moamen Emad Al-Sayed Al-Masri, ., Ahmed Adel Awni Al-Dous, ., Yusuf Ali Ayash Al-Arir, ., Ghada Nadhir Shawqi Shaban, ., Fahd Zayed Fathi Al-Majdalawi, ., Abd Al-Hadi Alaa Abd Al-Hadi Masoud, ., Mahmoud Atef Mohammed Warshaga, ., Riyad Shadi Riyad Al-Waheedi, ., Hala Fadi Faiz Dawoud, ., Fares Raed Ahmed Kashkou, ., Adham Mansour Adham Al-Falouji, ., Lian Abd Al-Rahim Omar Sharaf, ., Lin Abd Al-Rahim Tawfiq Qassem, ., Asmaa Raed Suleiman Abu-Magsib, ., Fatima Al-Zahra Walid Jihad Al-Masri, ., Karim Omar Ali Al-Khodari, ., Reema Munir Ali Al-Houm, ., Ahmed Mohammed Youssef Al-Majdalawi, ., Mai Mahmoud Mohammed Badawi, ., Marah Ali Saleh Al-Sawalha, ., Kamel Mohammed Kamel Jundiyeh, ., Abd Al-Rahman Khader Salama Al-Rai, ., Hamza Mohammed Abd Al-Majeed Al-Qouqa, ., Malik Mohammed Nahid Haboush, ., Maram Shehda Jabr Al-Ajrami, ., Lian Abd Al-Jawad Ali Al-Houm, ., Abdullah Wasim Mohammed Jabr Soueidan, ., Lian Hani Ismail Al-Hindi, ., Areej Naji Mohammed Halawa, ., Basem Khalil Basem Al-Damati, ., Mohammed Ahmed Issa Al-Sharafi, ., Malak Ahmed Said Al-Ramlawi, ., Lana Iyad Ismail Abu-Shaqfa, ., Hashem Rami Ahmed Kashko, ., Mariam Mohammed Abd Al-Hadi Qadoura, ., Nada Walid Abd Al-Haqq Al-Mahlawi, ., Louts Abd Al-Rahman Rabei Shihab, ., Riyad Fathi Riyad Qurot, ., Farah Mohammed Shaaban Abu-Drabi, ., Nada Abd Al-Rahman Hassan Al-Amsi, ., Majd Ramez Suhail Al-Souri, ., Amal Zaki Khaled Attallah Alaywa, ., Mutasim Abd Al-Halim Bashir Al-Hilu, ., Mayar Kamal Othman Al-Tayyib, ., Yazan Abd Al-Nasser Asaad Shamallakh, ., Aya Mahmoud Khalil Abu-Daf, ., Yasmin Mohammed Hussein Al-Sheikh Khalil, ., Raghad Bashir Hamdi Barakat, ., Ridwan Abd Al-Khaliq Ridwan Shabat, ., Jannah Abdullah Salah Abu-Shukyan, ., Alin Tamer Fudlat Abu-Labda, ., Sami Mahmoud Sami Ghazal, ., Taysir Ashraf Taysir Farwana, ., Haider Rami Haider Abu-Jazar, ., Salma Omar Mohammed Zorab, ., Tariq Ismail Jaber Abu-Said, ., Karim Mohammed Sabri Al-Darrah, ., Deema Medhat Zuhair Al-Nabris, ., Liyan Sami Salah Abu-Dalu, ., Lana Sami Salah Abu-Dalu, ., Malak Mohammed Ouda Al-Najjar, ., Jana Hamza Salah Abu-Sokrane, ., Mira Hassan Mohammed Abu-Shamala, ., Hamadah Ramzi Ahmed Abu-Ouda, ., Yazan Haitham Omar Talbah, ., Mariam Ahmed Zakaria Haniya, ., Noura Mohammed Fathi Al-Mazeen, ., Abdulaziz Mohammed Abu-Al-Shaar, ., Soha Mohammed Ouda Al-Najjar, ., Aseel Tamer Fadhlat Abu-Labda, ., Abdulrahman Hossam Mahmoud Abu-Al-Qaraya, ., Abdulkarim Nader Abdulkarim Saadiah, ., Yaseen Mohammed Ismail Siam, ., Mahmoud Muneer Mahmoud Abd Al-Ghafoor, ., Baker Tarek Jamal Abu-Al-Ata, ., Leen Ammar Mohammed Asraf, ., Saeed Mohammed Saeed Salmi, ., Mayar Shaker Khaled Kaheel, ., Mo'men Sayyid Qutb Mahmoud Al-Hashash, ., Badr Ramadan Abd Abu-Tair, ., Abdullah Mohammed Ibrahim Hejazi, ., Mohammed Nidal Mahmoud Abu-Eid, ., Sama Mohammed Suleiman Abu-Ghlaiba, ., Diana Musaad Awad Al-Araishi, ., Fatima Ahmed Youssef Al-Bayouk, ., Ahmed Islam Atallah Abu-Olba, ., Mohammed Rami Ahmed Ismail, ., Ahmed Naseem Tahseen Barbakh, ., Mayar Shadi Atef Hliwa,

., Lareen Saber Ali Qudeih, ., Mira Hazem Obeid Al-Najjar, ., Muslimah Ali Anwar Kalab, ., Rital Nasser Ali Labad, ., Qasim Shadi Salama Abu-Lashin, ., Tayseer Mustafa Fouad Abu-Safi, ., Shahd Youssef Abd Al-Latif Ouda Allah, ., Mohammed Younis Masoud Sammour, ., Munzer Mohammed Suleiman Abu-Sinemah, ., Sajed Ayman Mohammed Al-Bishti, ., Jana Mohammed Ahmed Darwish, ., Mayar Ahmed Abdulkarim Wahba, ., Emad Ahmed Emad Helles, ., Rital Khaled Mohammed Al-Da'alasa, ., Nadeen Jamal Salmi Ishtawi, ., Yazan Saeed Adli Al-Qadra, ., Lana Nahid Sameer Eid, ., Layan Issa Izzat Al-Wawi, ., Maryam Asaad Atiya Abu-Sharia, ., Reda Moayyad Salah Al-Kafarna, ., Yahya Mohamed Nasser Al-Suwair, ., Abdullah Jamal Sabri Al-Hasaineh, ., Mohammed Hamdan Mohammed Al-Suwesi, ., Heba Ahmed Jameel Al-Namroti, ., Rania Mamdouh Omar Al-Ghareez, ., Saleh Ouni Saleh Al-Rifi, ., Mayar Ahmed Ibrahim Abu-Hasira, ., Maryam Noor Abd Al-Kareem Abu-Rabie, ., Yamen Mohammed Saleh Ahmed Hassouneh, ., Abdullah Ahmed Abdullah Ghabn, ., Khadija Mohammed Jameel Abu-Hiyyeh, ., Mohammed Ahmed Mohammed Al-Hassan, ., Nada Mahmoud Ali Abd Al-Hadi, ., Youssef Samir Ramadan Al-Atamani, ., Imad Ramez Mohammed Qeshta, ., Batool Raafat Jomaa Al-Louh, ., Ameen Muslim Awda Abu-Aker, ., Raghad Ahmed Mohammed Arsaan, ., Mahmoud Misbah Samir Al-Hato, ., Layan Ahmed Jameel Al-Baz, ., Yazan Yasser Hassan Al-Hamass, ., Dima Eyad Hamdan Toutouh, ., Mohammed Khalid Hammouda Matar, ., Abd Al-Rahman Abdullah Yaqoob Al-Hour, ., Hala Ziad Khamis Al-Jazzar, ., Salma Mohammed Salem Hijazi, ., Hanan Basel Naeim Abu-Anza, ., Moemen Mohammed Talal Al-Muznner, ., Tala Osama Khalil Al-Madhoon, ., Ali Hassan Ali Abu-Ghalyoon, ., Ahmed Imad Yaqoob Ayad, ., Mena Majid Ayash Asleem, ., Layan Eyad Ibrahim Baraka, ., Shireen Raed Tawfiq Abu-Yousef, ., Noor Basem Hamdi Al-Ramlawi, ., Khalil Omar Mahmoud Abu-Omar, ., Ayman Shadi Jameel Imad, ., Raghad Ali Hassan Abbas, ., Oday Moawiyah Ahmed Al-Shenbari, ., Mohammad Hasan Ziyad Abu-Hassanain, ., Abdullah Raed Mohammad Mosleh, ., Lana Mohammad Zakaria Al-Astal, ., Noor Yahya Nabil Al-Shabrawi, ., Jana Abd Al-All Hussein Abu-Ftair, ., Lojain Mohammad Shaaban Eid, ., Sara Mohammad Sobhi Helles, ., Ibrahim Ahmed Ibrahim Abu-Namer, ., Alaa Ziyad Mahmoud Fanqa, ., Amal Ayham Ahmed Arif, ., Ibrahim Raed Ibrahim Al-Qernawi, ., Sami Omar Yousef Abu-Maileq, ., Omran Awni Hamed Abu-Aoun, ., Maria Ibrahim Abd Al-Rahman Zaquot, ., Ruaa Mahmoud Jumaa Abu-Jezer, ., Sujood Ghayad Rezeq Al-Mosalha, ., Basmla Saleh Maher Frawaneh, ., Rateel Sameer Salamah Saad, ., Muntasir Omar Awad Awad, ., Noor-Eddine Ayman Marzouq Samour, ., Mohammad Saeed Suleiman Miqdad, ., Aseel Osama Fathi Abu-Ajwa, ., Mazen Adham Mazen Al-Talmasi, ., Momen Mohammad Saadi Qeshta, ., Jad Samer Mohammad Al-Mubasher, ., Jana Mahmoud Yousef Al-Lahham, ., Hamdi Shadi Hamdi Asfour, ., Muslimah Sami Ahmed Al-Kurd, ., Fares Jamal Ali Abu-Namous, ., Malak Mohammad Awad Hamdan, ., Mahmoud Ziad Salamah Abu-Shaar, ., Karam Abdullah Hamad Hamad, ., Mohammad Tahsin Asaad Maghfal, ., Taqi Alaa Kamal Emad Eddin, ., Ismail Mohammad Ismail Al-Hour, ., Hamza Ahmed Walid Abu-Al-Rous, ., Mohammad Fathi Hamdan Abu-Saqr, ., Ahmed Salem Hosni Abu-Toyour, ., Sally Mohammad Hasan Herz Allah, ., Malak Mohammad Atiyeh Al-Sinwar, ., Abdullah Issam Ahmed Al-Attar, ., Yasmin Mohammed Faiz Abu-Oudah, ., Tala Jihad Abdullah Abu-Rekab, ., Jamal Ibrahim Jamal Nasr, ., Ahmed Basel Ramadan Al-Sha'er, ., Mohammed Rami Jameel Abdu, ., Obaida Misbah Mohammed Shat, ., Faiz Thaer Faiz Hussein, ., Mohammed Nassar Mohammed Al-Sha'er, ., Malek Hani Mohammed Al-Banna, ., Taleen Mahmoud Naeem Haboush, ., Mansour Hamada Mansour Subh, ., Yousef Nasri Yousef Al-Zeer, ., Sohaib Mousa Ahed Al-Ghafri, ., Tasneem Arafat Hameed Al-Arjani, ., Haneen Hassan Mohammed Abu-Abdullah, ., Samer Ahmed Mohammed Hassouna, ., Amal Mohammed Nabil Al-Qudra, ., Ibrahim Musab Ibrahim Al-Astal, ., Ibrahim Islam Ali Abu-Sanjar, ., Bayan Mohammed Hamdan Totooh, ., Ghaida Wael Ahmed Farajallah, ., Abdullah Ahmed Faris Siyam, ., Anas Mohammed Rubhi Al-Za'anin, ., Sujood Ali Suleiman Abu-Ma'mar, ., Hala Imad Faraj Al-Zatma, ., Mahmoud Farouq Nizar Al-Najjar, ., Mais Ibrahim Atta Al-Za'anin, ., Malek Mahmoud Rushdi Al-Najjar, ., Firas Ibrahim Hafiz Al-Dabaki, ., Yousef Hamdi Mahmoud Al-Haj Yousef, ., Issam Mohammed

Issam Al-Najjar, ., Ameera Abd Al-Fattah Radwan Al-Afifi, ., Taleen Ahmed Khalil Madi, ., Andalus Islam Mohammed Odheir, ., Ibrahim No'man Suleiman Haboush, ., Mohammed Yaser Ziyad Khalifa, ., Farah Mahmoud Diab Alwan, ., Adam Mohammed Nabil Al-Aidi, ., Layan Youssef Taysir Khidr, ., Dana Saeed Ramadan Eid, ., Malik Youssef Omar Sharaf, ., Layan Hisham Hussein Al-Astal, ., Mostafa Ahmed Amer Al-Majaydeh, ., Karim Fayez Mohammed Abu-Samra, ., Kamal Musab Kamal Abu-Naim, ., Jamal Hammad Jamal Salah, ., Zain Jihad Basheer Saad, ., Oday Mahdi Moawad Al-Jarba, ., Ahmed Abd Rabbo Darwish Al-Arja, ., Warda Mahmoud Walid Tabaza, ., Eline Ziad Ibrahim Al-Maghari, ., Inas Mohammed Osama Al-Agha, ., Adam Maher Faisal Al-Awawda, ., Mahmoud Khalil Ahmed Shaheen, ., Jihad Ahmed Jihad Shakoura, ., Adham Ahmed Naim Ashour, ., Ghazal Hussein Akram Al-Melh, ., Ibrahim Ziad Talib Aziz, ., Bilal Mohammed Omar Jlembo, ., Hussein Mohammed Hussein Subh, ., Jawad Raed Mahmoud Al-Batsh, ., Fadwa Shadi Walid Baroud, ., Abdullah Rabie Mohammed Habboub, ., Faek Fayez Ahmed Nofal, ., Lana Ibrahim Mohammed Al-Haj Youssef, ., Mohammed Yasser Mohammed Abu-Taima, ., Abdullah Mahmoud Abdullah Shaheen, ., Noor Hamada Ahmed Jargon, ., Mohammed Mahmoud Mohammed Qarmot, ., Bisan Rami Ramzi Abu-Mosheikh, ., Jood Mohammed Samir Al-Bahnsawe, ., Saja Adel Mousa Zanon, ., Sajed Mohammed Shahda Al-Khalidi, ., Ahmed Hatem Yasser Mansour, ., Tala Tarek Adel Thabet, ., Arwa Mazen Mohammed Marouf, ., Mennat Allah Wissam Zaki Owaida, ., Saja Nabil Ahmed Khalil, ., Shoaib Al-Mo'tasim Walid Al-Qouqa, ., Layan Hossam Abd Al-Majid Al-Amour, ., Zahr Mohammad Abdullah Abu-Hadroos, ., Suleiman Mohammad Hassanein Abu-Najah, ., Heda Shabaan Ibrahim Al-Dahdouh, ., Musab Ismail Ghanem Jaaroor, ., Lana Mohammad Juma Al-Tala'a, ., Sara Hani Samir Al-Haytham, ., Omar Hani Abdullah Juma, ., Abdullah Mujahid Alaa Abd Al-Qadir Abu-Joudeh, ., Shaza Bilal Issam Abu-Salima, ., Rawan Jamal Atiya Al-Tarabain Jarmi, ., Abd Al-Rahman Waheed Hussein Al-Raqib, ., Mohammad Abdullah Atta Al-Hamaida, ., Mohammad Ahmad Nazmi Junaid, ., Raghad Shaker Marzouk Al-Kahlout, ., Raheeq Al-Zohour Mohammad Abd Al-Karim Al-Ghalbaan, ., Nagham Asif Ziad Al-Jazzar, ., Ahmad Hossam Khalil Zaqout, ., Bilal Saeb Atef Al-Batsh, ., Taline Nafedh Othman Al-Aidi, ., Mohammad Musa Saeed Salem, ., Zainab Saleh Ibrahim Asleem, ., Ahmad Ayman Ibrahim Naji, ., Mohammad Iyad Mansour Al-Salk, ., Naseem Sharif Ramzi Al-Ghaf, ., Sama Hesham Mahmoud Juwaifel, ., Tala Nofel Yousef Al-Salk, ., Salim Ibrahim Salim Al-Arouqi, ., Lama Ahmad Salah Karira, ., Abdullah Mohammad Dardah Al-Najjar, ., Yaqeen Mahmoud Rajab Abu-Saleh, ., Mohammad Hassan Khaled Abu-Ubaid, ., Issam Tareq Issam Shahin, ., Karim Hosni Ibrahim Abu-Rukbah, ., Yazan Iyad Ahmed Al-Rawagh, ., Ahmad Khaled Nasr Al-Din Kahil, ., Yahya Mohammad Nabeel Abu-Salmiya, ., Qays Ali Fawzi Abu-Hamad, ., Mohammad Mahmoud Mohammad Qenan, ., Sanaa Mohammad Osama Al-Dahshan, ., Mohamed Mohamed Abdullah Abu-Hatab, ., Yazid Walid Sabri Al-Nabahen, ., Jamila Rami Saleh Dawas, ., Akram Mohamed Akram Al-Hina, ., Nesma Salah Saleh Al-Swalha, ., Mohamed Abd Al-Rahman Mohamed Jaber, ., Fathi Shadi Fadel Abu-Assi, ., Juwan Abdullah Nabil Al-Saloot, ., Sama Obaida Salah Al-Din Al-Baghdadi, ., Amira Magdy Ahmed Shalouf, ., Mohamed Talaat Ali Barhoum, ., Youssef Ahmed Atef Rouka, ., Ghazal Ramzy Sobhi Al-Ajal, ., Farah Mohamed Samir Abu-Hasira, ., Obaida Hossam Fawzy Al-Bawab, ., Juwan Asim Azzam Al-Shawa, ., Subai Samour Suleiman Jarrar, ., Alaa Jihad Jaber Anbar, ., Ahmed Mohamed Hussein Abu-Said, ., Eline Ismail Abd Al-Jabbar Abu-Labda, ., Ahmed Mazen Mohamed Abu-Fayyad, ., Wisam Mohamed Ahmed Jaber, ., Eline Haitham Fayez Al-Salk, ., Ruba Mohamed Khamis Alwan, ., Rimas Bashir Ahmed Masoud, ., Jana Ibrahim Akram Abu-Karsh, ., Ahmed Faik Mohamed Mahmoud, ., Zeina Tawfiq Ahmed Labad, ., Farah Nabil Hassan Al-Najjar, ., Naeem Sultan Naeem Al-Quraan, ., Ali Mohamed Fawzy Al-Ghalban, ., Mohamed Sobhi Misbah Saqr, ., Lana Hussein Mohamed Hamad, ., Mira Mahmoud Mohamed Hassan, ., Raghad Osama Youssef Al-Zahar, ., Hassan Ayman Hassan Matar, ., Ibrahim Khaled Ahmed Abu-Jazar, ., Zeina Samad Mohamed Qeshta, ., Noor Islam Khader Mousa, ., Fatima Basem Mohamed Saleh, ., Yazan Aouni Ahmed Sultan, ., Sama Osama Salama Hussein Ali, ., Darin Mahmoud Maher Farwana, ., Malik Ahmed Khader Nassar, ., Ismail

Mohy Al-Din Ismail Al-Astal, ., Lama Youssef Fayez Al-Madhoun, ., Khaled Jamal Al-Din Khaled Abu-Saeed, ., Mohammed Bara Taysir Shahin, ., Rafif Ehab Mehrez Al-Nammam, ., Ghina Rami Attallah Al-Aidi, ., Magda Mohammed Najib Al-Haddad, ., Alin Jawad Youssef Al-Louh, ., Murad Ahmed Mahmoud Sweilem, ., Aseel Ahmed Samir Abu-Ishaq, ., Youssef Mohammed Atef Al-Kurd, ., Moamen Ahmad Mohamed Abu-Arar, ., Jana Salam Taysir Al-Bayed, ., Amal Yasser Ahmed Abu-Halhoul, ., Aya Sami Walid Al-Helo, ., Osama Shadi Ragab Qudeih, ., Saif Mohammed Saeed Wishah, ., Rehab Mahmoud Mohammed Shanaa, ., Noor Akram Hamd Hejazi, ., Wael Abd Al-Razak Mohamed Awkal, ., Mohammed Eyad Mohammed Qeshta, ., Ahmed Jamal Ali Abu-Hilal, ., Judy Eyad Youssef Abu-Saeed, ., Ahmed Hassan Ali Hassouna, ., Malak Mahmoud Mohammed Muslim, ., Islam Abdullah Ayish Darwish, ., Maya Shadi Jabr Baraka, ., Ruaa Osama Ahmed Al-Kurd, ., Mostafa Hammam Hamdan Abu-Naja, ., Majd Ahmed Ouda Abu-Khattab, ., Asaad Yasser Asaad Hassanin, ., Jana Hassan Fawzi Al-Bawab, ., Hassan Zuhair Fawzi Al-Laham, ., Mohammed Anas Mohammed Zamelot, ., Ziyad Ahmed Zaki Abu-Hamada, ., Mahmoud Suleiman Mahmoud Qudeih, ., Fatima Az Zahra Ramadan Mohammed Maghafel, ., Isa Moussa Isa Samour, ., Ahmed Abd Al-Nasser Saleh Abu-Dahrouj, ., Mohammed Ziyad Mohammed Al-Muqayed, ., Sama Sami Abd Al-Karim Jouda, ., Rahaf Salim Mohammed Abu-Qouta, ., Tasneem Mohammed Kamal Hamdan, ., Bilal Ahmed Mohammed Salehah, ., Mohammed Abdullah Nasser Arar, ., Bakr Mohammed Nasri Al-Naaouq, ., Farah Musamah Hassan Nasser, ., Khaled Ramzi Sami Abu-Najah, ., Leen Abdullah Munir Ghabein, ., Sama Ziyad Ahmed Al-Muqayed, ., Ola Tarek Dawood Hleisi, ., Saleh Ali Shaaban Al-Fayoumi, ., Abeer Mohammed Khamis Ashour, ., Abd Al-Rahman Nimer Khalil Yassin, ., Mohammed Youssef Shahdah Abu-Khater, ., Mohammed Ahmed Youssef Al-Laham, ., Ibrahim Suleiman Awad Abu-Dhaher, ., Ibrahim Ahmed Ibrahim Mohammadin, ., Wael Raed Saeed Al-Sahbani, ., Jeni Faisal Jumaa Al-Sheishi, ., Karim Islam Al-Sayed Murad, ., Lamia Lotfi Mohammed Obeid, ., Mahmoud Ahmed Ali Mostafa, ., Mohammed Ahmed Samara, ., Kamal Khalil Othman Mehani, ., Jumana Mohammed Saleh Abu-Awad, ., Rafif Talal Nafedh Al-Jundi, ., Jana Hazem Kamal Al-Haddad, ., Ziyad Tarek Ziyad Zaida Abu-Khadra, ., Iyad Mohammed Iyad Abu-Al-Ainin, ., Razan Ahmed Khader Al-Louh, ., Suhail Ahmed Suhail Abu-Assi, ., Jana Mahmoud Suleiman Al-Astal, ., Othman Abdullah Dawood Al-Shafie, ., Arwa Ibrahim Amin Al-Agha, ., Sarah Khalil Harb Qudeih, ., Mahmoud Khamis Ahmed Al-Souda, ., Ahmed Mohamed Abd Al-Raouf Naji, ., Yousef Ali Riyad Abu-Nadi, ., Khalil Khaled Khalil Al-Qatros, ., Buthaina Nader Mohamed Ahmed, ., Salma Youssef Samir Nasr, ., Habiba Mohamed Abd Al-Qader Al-Haddad, ., Jana Mohamed Abd Al-Qader Abu-Atta, ., Nagham Mohamed Youssef Nassar, ., Hala Iyad Hamed Ashtaywi, ., Abdullah Nidal Abd Al-Razzaq Al-Dibs, ., Jana Faris Tawfeeq Ashtaywi, ., Nasr Mohamed Nasr Abu-Nasr, ., Mohamed Fadel Salman Yassin, ., Sohaib Issam Faraj Al-Beltaji, ., Omar Abd Al-Rahim Fathi Awad, ., Abdullah Mohamed Hamad Al-Rifati, ., Wael Youssef Matar Abu-Jarad, ., Abdullah Mohamed Hossam Saeed Al-Asali, ., Yousef Frih Abd Azzam, ., Rashid Zaki Ashour Dagmash, ., Bara' Ammar Rafiq Al-Dahshan, ., Salah Ammar Rafiq Al-Dahshan, ., Lin Sami Omar Hasballah, ., Musab Abdullah Abd Al-Fattah Al-Kurdi, ., Mohamed Atiya Ghazi Hamdiya, ., Souad Hussein Shaaban Al-Hattab, ., Rayan Ziyad Mohamed Shaaban Al-Batran, ., Walid Ahmed Ismail Abu-Thuraya, ., Farah Rafiq Saeed Salem Deeb, ., Amin Salah Mohamed Saeed Ashour, ., Tamer Mohamed Youssef Al-Hayek, ., Mohsen Ahmed Masoud Madoukh, ., Noor Khalil Fahmy Hana, ., Ubay Tawfiq Awni Al-Masri, ., Talal Ramadan Talal Al-Maznar, ., Rafif Ashraf Jamil Suleila, ., Wael Ahmed Abd Al-Hadi Weshah, ., Rimas Mohamed Abu-Ali, ., Sabah Hossam Al-Barsh, ., Rama Mohamed Abu-Sukheila, ., Mohamed Ramzi Ibrahim Al-Arair, ., Mohamed Fady Shukry Dawood, ., Fathi Naeem Fathi Haji, ., Hamza Omar Mohamed Abu-Asr, ., Remas Hani Younis Al-Aqra, ., Haitham Ayman Atiyah Abu-Amoona, ., Mais Abd Al-Hamid Mohamed Abu-Gaza, ., Maha Mohamed Zuhair Al-Barai, ., Noor Badr Abd Al-Jawad Abd Al-Ghafour, ., Arkan Abd Al-Abd Al-Hafiz Al-Najjar, ., Aly Mohamed Aly Al-Sayed, ., Ahmed Iyad Zaki Al-Breem, ., Adham Ramez Khalil Qannan, ., Khitam Samed Saeed Al-Attar, ., Siraj Zakaria Ibrahim Abu-Zeina, ., Leila Mohamed Ali

Al-Raai, ., Ahmed Ibrahim Ahmed Abu-Mustafa, ., Lian Hossam Mohamed Zaqout, ., Mohamed Firas Mustafa Al-Jadi, ., Riham Haitham Atiyah Abu-Hamida, ., Mousa Mamdouh Mohamed Zaarab, ., Yousef Mohamed Ayoub Hajjo, ., Mayar Salman Abd Al-Fattah Al-Ajouri, ., Ahmed Medhat Mohamed Abu-Amsha, ., Aseel Nihad Izzat Zaid, ., Anas Zahi Ibrahim Labad, ., Abd Al-Rahman Zaki Saeed Saleh, ., Karam Mohamed Adel Qaddadeh, ., Yousef Atiyah Farid Hamouda, ., Inas Malik Awad Al-Qanou, ., Mohamed Hassan Saeed Shaheen, ., Mohamed Awad Teisir Al-Ataut, ., Raghad Awani Hassan Al-Sheikh, ., Hamed Ahmed Yousef Junaid, ., Rizq Hazem Jumaa Al-Barawi, ., Aseel Mohamed Fathi Alwan, ., Lian Abdullah Fathi Alwan, ., Sama Ahmed Magdy Zaher, ., Abd Rabbo Khaled Abd Rabbo Abu-Al-Kas, ., Jana Bassam Gamal Al-Deen Abu-Aita, ., Raghad Fadi Jamil Al-Salibi, ., Abd Al-Rahman Nidal Akram Saqr, ., Mohammad Ashraf Falah Asaliyah, ., Rimas Abd Al-Mohsen Ahmed Al-Nadr, ., Mohammad Wissam Nouman Al-Omari, ., Majd Nimer Jihad Kalash, ., Osama Mohammad Talal Ubaid, ., Nada Tarek Talal Ubaid, ., Lana Sufian Abdulrahman Tayeh, ., Asmahan Fadel Mohammad Deeb Al-Barawi, ., Mohammad Naim Shahada Saleh, ., Karim Adnan Ahmed Salman, ., Mahmoud Bassam Mahmoud Shehab, ., Sama Hazem Mohammad Awkal, ., Jaser Al-Mu'taz Saad Al-Kahlout, ., Mohammad Ghassan Khalil Hamdan, ., Al Amir Salah Basem Salah Salem Al-Farrah, ., Talin Mohammad Sami Hassan, ., Ihsan Alaa Ihsan Sardah, ., Majed Ahmed Majed Juheer, ., Ibtisam Omar Jamal Miqdad, ., Ansam Hossam Atiyah Aouida, ., Sama Hossam Adnan Haji, ., Badruddin Ramzi Ibrahim Najm, ., Imad Eyad Mohammad Aburrahma, ., Yaseen Alaa Abd Al-Qadir Shaheen, ., Rital Shaheen Mohammad Qandeel, ., Imtiaz Ahmed Abd Al-Qadir Ahmed, ., Nada Basel Mohammad Al-Sha'er, ., Reema Kamel Abd Al-Jawad Al-Aqqad, ., Mohammad Khaled Sobhi Al-Sha'er, ., Sedal Ashraf Hussein Al-Attar, ., Hammam Ashraf Hussein Al-Attar, ., Kinan Ashraf Hussein Al-Attar, ., Lujain Ashraf Hussein Al-Attar, ., Atif Ashraf Atif Ashour, ., Abdullah Mohammad Abdullah Sharab, ., Mohammad Bilal Salman Qudeih, ., Mohammad Alaa Abdullah Abu-Zaid, ., Noor Taha Mohammad Abu-Nada, ., Hamza Bashir Sami Ashour, ., Abd Al-Fattah Kamal Abd Al-Fattah Abu-Deed, ., Abdullah Ali Ibrahim Al-Hejin, ., Imad Al-Din Muhammad Saber Al-Hawajri, ., Ibrahim Ali Younis Abu-Rashood, ., Mohammad Mahmoud Kamal Abd Al-Aal, ., Ahmed Hossam Ahmed Nassar, ., Isaac Tamer Ibrahim Abu-Ghanem, ., Abdulrahman Raed Ahmed Rafee, ., Sama Mohammad Zahir Zahir, ., Batoul Mahmoud Hassan Obeid, ., Yahya Zakaria Farid Abu-Ouda, ., Shahd Mohammad Abd Al-Qader Hamdin, ., Omar Ehab Zaki Alyan, ., Huzaifah Mohammad Mohammad Masoud, ., Sabah Wael Saeed Al-Sweir, ., Ghassan Kamal Awad Al-Barawi, ., Mohammad Mahmoud Abd Al-Raouf Badran, ., Fatima Omar Ali Zamel, ., Mohammad Dia Al-Din Mohammad Al-Sayed, ., Hala Dia Al-Din Mohammad Al-Sayed, ., Jana Mahmoud Tawfiq Shaaban, ., Adi Mohammad Zakaria Abu-Watfeh, ., Lian Asbitan Mahmoud Abu-Saido.

11 years old

Marah Raed Abd Al-Rahman Falafel, ., Issa Tariq Sami Al-Souri, ., Aisha Nour Al-Din Mazen Al-Shawa, ., Yasser Ahmed Omar Al-Swaisi, ., Rahaf Khaled Walid Al-Swaisi, ., Murad Nidal Rajab Warshagha, ., Marah Mohammad Wael Nabhan, ., Raafat Rami Ahmed Kashko, ., Amena Ahmed Kamal Abu-Hasira, ., Lian Ahmed Mohammad Ali, ., Rafeeq Ali Rafeeq Abu-Ghali, ., Bara Mansour Adham Al-Falouji, ., Jihad Khalil Abd Al-Hay Abu-Salama, ., Lujain Mohammad Saad Al-Masri, ., Aseel Mahmoud Taysir Al-Halabi, ., Abrar Mohammad Deeb Abu-Al-Qumsan, ., Yahya Muhannad Sami Salim, ., Lana Muhammad Abd Al-Majid Al-Qouqa, ., Ritaj Jalal Moein Al-Harkali, ., Muayyad Haitham Abdullah Barbakh, ., Mennatallah Naji Mahmoud Aql, ., Mazall Fuad Hashem Abu-Saif, ., Youssef Rami Abd Al-Rahim Al-Kahlout, ., Naim Muhammad Naim Al-Hassi, ., Sajida Hussein Mahmoud Abd Al-Aal, ., Samir Muhammad Hassan Al-Jumla, ., Qusay Muhammad Mustafa Nabil Aliwa, ., Liyan Hani Muhammad Abu-Jalahoum, ., Elias Tarek Hamed Abu-Eita, ., Adam Wael Hussein Al-Harbaity, ., Jamil Fayez Muhammad Al-Masry, ., Rahaf Samir Misbah Abu-Al-Khair, .,

Liyan Fadel Muhammad Habshi, ., Saad Jamil Saad Al-Kurdi, ., Rawad Muhammad Aouni Al-Mahlawi, ., Reem Ahmed Salah Abu-Rukbeh, ., Mahmoud Mahmoud Muhammad Jaber Al-Safadi, ., Rasha Nahid Izzat Abd Al-Latif, ., Mahmoud Hatem Muhammad Al-Hassi, ., Rital Mahmoud Muhammad Abu-Hasira, ., Ahmed Arafat Mazen Abu-Asi, ., Amal Muhammad Saleh Abu-Wardeh, ., Mahmoud Ali Hassan Al-Daalessa, ., Akram Haitham Akram Abu-Saadeh, ., Moamen Zahir Abd Al-Hakim Kaheel, ., Nada Sami Adnan Al-Shami, ., Hamza Muhammad Sameh Abu-Fakher, ., Nagham Waleed Abd Al-Haq Al-Mahlawi, ., Jana Zuhair Ata Madhi, ., Muhammad Bajis Hassan Al-Khaldi, ., Majd Mahmoud Ibrahim Al-Shami, ., Yazan Muhammad Muhammad Abu-Al-Jubein, ., Noor Wafi Najeeb Al-Jarousha, ., Kamel Sami Kamel Al-Daqqa, ., Nahida Mousa Youssef Al-Hassi, ., Hamed Musab Abd Al-Hamid Zeino, ., Amal Mohamed Talal Al-Arami, ., Yasmin Ahmed Youssef Abu-Al-Qumsan, ., Abd Al-Rahman Mohamed Omar Hijazi, ., Abdullatif Osama Abdullatif Saleh, ., Fayza Mohamed Wagih Abu-Rayala, ., Mena Ayman Abd Al-Fattah Rabie, ., Julie Ramez Sohail Al-Souri, ., Karim Saadallah Bahauddin Sakik, ., Khaled Ibrahim Khaled Al-Lahham, ., Mahmoud Sami Mosleh Farajallah, ., Tala Deeb Selim Bahloul, ., Mena Allah Abd Al-Aziz Mohamed Zahir, ., Ahmed Hossam Amin Hassouna, ., Layan Mohamed Jamil Abu-Al-Jalil, ., Wael Ibrahim Wael Nabhan, ., Ahmed Ibrahim Ahmed Abu-Ghleion, ., Yamin Mohamed Yaqoub Matar, ., Zaid Saad Ahmed Abu-Hajar, ., Mohamed Mujahid Khidr Abu-Toha, ., Othman Mahmoud Abd Rabbo Radwan, ., Layan Rami Mahmoud Al-Sheikh Khalil, ., Aisha Mohamed Sobhi Samara, ., Ahmed Ibrahim Ahmed Abu-Khamis, ., Huda Abd Al-Aziz Ahmed Salem Daoud, ., Yamin Hamdi Hikmat Ghabn, ., Abd Al-Aati Amer Abd Al-Aati Abu-Said, ., Rama Mahmoud Abd Al-Qader Al-Mabhouh, ., Aseel Mohamed Samir Al-Bahnasawi, ., Mohamed Haitham Ahmed Abu-Sakran, ., Said Nidal Mohamed Abu-Eidah, ., Ata Salah Ata Al-Sweirki, ., Lin Ahmed Said Abu-Hani, ., Dina Mamdouh Salem Haji, ., Taghreed Mazen Abdullah Al-Sanwar, ., Jana Shadi Faiz Al-Deqqa, ., Jana Hamza Badr Al-Bahteeni, ., Omar Nazeer Shawqi Shaaban, ., Jaafar Ahed Kamel Jundiyah, ., Maryam Ahmed Ali Al-Qatshan, ., Tala Ramadan Abd Al-Fattah Badwan, ., Rima Bilal Tamim Shubeir, ., Izzuddin Adel Mansour Al-Louh, ., Layan Ali Mohammed Abdo, ., Karam Mahmoud Hamed Al-Sabaa, ., Taleen Raafat Abd Al-Bari Mohammed, ., Mohammed Imad Mohammed Abu-Khousa, ., Hassan Nidal Hassan Ghareeb, ., Yousef Mohammed Mahmoud Hamouda, ., Mohammed Suhail Mohammed Abu-Khudair, ., Shahad Hussein Mohammed Abd Al-Aal, ., Rahaf Raed Jarboa Tabasi, ., Mohammed Rami Khalil Abu-Al-Ala, ., Alaa Ahmed Mohammed Al-Zarabi, ., Malak Mohammed Salman Abu-Huzain, ., Abdullah Ahmed Shaker Safi, ., Omar Adly Atef Fayyad, ., Anas Ahmed Ali Helles, ., Adam Islam Ali Abu-Said, ., Mohammed Al-Mahdi Atef Naeem Habib, ., Ahmed Mohammed Hassan Hamad, ., Ghadir Eid Ali Al-Hourani, ., Aleen Anwar Mohammed Abu-Hamad, ., Waseem Rifaat Jamal Abu-Shahla, ., Mahmoud Khader Khader Zaqout, ., Firas Nasser Ghazi Edwidar, ., Huda Mohannad Mahmoud Zaqout, ., Sarah Mohammed Hussein Atiyah, ., Farha Younis Amro Al-Amour, ., Maryam Ali Nafiz Al-Qanoua, ., Ammar Arafat Omar Al-Batniji, ., Asmaa Abd Al-Qader Abd Al-Razzaq Al-Raqab, ., Nimer Saadi Nimer Al-Nimr, ., Yara Ibrahim Bahjat Abu-Dan, ., Miral Mohammed Fawzi Ahl, ., Sumaya Mohammed Faiz Al-Salak, ., Adnan Musab Adnan Kelab, ., Rashad Yahya Rashad Abu-Safi, ., Raghad Ismail Hussein Barbakh, ., Mohammad Ramadan Abd Abu-Tair, ., Mostafa Adnan Saeed Al-Haddad, ., Mohammad Nour Al-Din Hassan Abu-Habl, ., Obaida Ali Atef Abu-Humaida, ., Jana Ismail Mohammad Freineh, ., Hisham Wisam Ali Joudeh, ., Mohammad Hosni Suleiman Al-Qirnawi, ., Majed Abd Al-Rahman Kamal Al-Dhadooh, ., Ziad Ahmed Tareq Adwan, ., Maryam Masad Awad Al-Araishi, ., Ahmed Emad Mahmoud Al-Fuqaaawi, ., Emad Kamel Fawzi Washah, ., Ahmed Ramzi Mohammad Al-Dalaa'seh, ., Mahmoud Yasser Mohammad Hamdaqa, ., Huzaifa Mohammad Ahmed Abd Al-Ghafoor, ., Mohammad Zuhair Abd Al-Wahed Al-Bakri, ., Anas Jihad Mohammad Qarot, ., Mohammad Ghassan Shehada Radwan, ., Mohammad Rushdi Ramadan Eid, ., Mohammad Bilal Mohammad Hasouna, ., Saleh Adel Mahmoud Al-Qir'an, ., Baraa Othman Khalil Saydam, ., Bisan Fouad Osama Eid, ., Weam Nasser Suleiman Al-Asal, ., Mohammad Ahmed Zidan Al-Hawajri, ., Rahaf Saqr Izzat

Abu-Rukbah, ., Areej Hatim Jaber Abu-Zurqa, ., Ahmed Atallah Abd Al-Rahman Al-Aidi, ., Ayoub Mahmoud Nasser Noufal, ., Malak Salah Fawaz Abu-Rizq, ., Aisha Ahmed Atta Al-Ataweina, ., Suhib Mohammad Khaled Al-Bayyaa, ., Selene Mohammad Ghazi Al-Rantisi, ., Razan Jameel Jumaa Yassin, ., Dujana Mohammad Sameer Fayyad, ., Sara Omar Ismail Ashour, ., Rawand Mahmoud Mohammad Barhoom, ., Sally Ahmed Zaki Darwish, ., Roua Hani Misbah Gadallah, ., Al-Batoul Mohammed Fayek Aziz, ., Nagham Nafeth Khamis Al-Ghoulah, ., Salah Al-Din Ali Saber Qadouhah, ., Nasser Atef Hassan Al-Omari, ., Rakan Alaa Tawfiq Al-Qattrawi, ., Alma Majed Sabri Sweidan, ., Kinan Mahmoud Abd Al-Aziz Alean, ., Sila Ahmed Omar Al-Yazji, ., Salah Mohamed Salah Abu-Jazar, ., Lamar Abd Al-Kareem Hamdi Al-Shaer, ., Mohammed Yasser Youssef Dawas, ., Ali Ibrahim Mohamed Abu-Amra, ., Layan Mohamed Awad Khleif, ., Rizk Thaer Rizk Ghareeb, ., Amal Tarek Saad Al-Banna, ., Huda Hani Samir Al-Hamis, ., Noor Ehab Rafiq Abu-Musamih, ., Miyar Omar Hatem Al-Sadoudi, ., Omar Hani Abd Al-Karim Wahbeh, ., Adam Mohamed Gouda Hassan, ., Mohammed Fadi Sobhi Masood, ., Nihad Ahmed Diab Junied, ., Shoaib Khaled Jamal Al-Azbat, ., Farah Suhail Musleh Salman, ., Mohamed Taher Mohamed Hamed, ., Mena Allah Saadi Misbah Heles, ., Abd Al-Rahman Judat Khamis Al-Najjar, ., Mohammed Ibrahim Mohammed Al-Dahshan, ., Lamar Saber Ali Qudeih, ., Mohammed Abd Al-Rahman Harb Issa, ., Tasneem Mohamed Ihsan Dumeda, ., Ahmed Mohammed Khaled Abu-Al-Reesh, ., Rateel Jamal Sulayman Abu-Al-Naja, ., Mohamed Ismail Mohamed Al-Hasanah, ., Mohamed Mahmoud Ahmed Abu-Taha, ., Ahmed Said Ahmed Al-Sayed, ., Hamza Asaad Majed Mushtaha, ., Abdullah Sharif Bakr Al-Botneji, ., Hala Mohamed Abdullah Miqdad, ., Mohammed Emad Abd Al-Majeed Saleem, ., Adham Moussa Mohammed Al-Aidi, ., Sally Sameer Moussa Al-Qattanani, ., Louay Saeed Khaled Alwan, ., Hanan Yousef Adel Harb, ., Yahya Samer Jabari Al-Agha, ., Ghazal Mahmoud Abd Al-Hamid Joudeh, ., Issa Ahmed Mohammed Al-Zeiny, ., Sandy Mohammed Ibrahim Al-Ghoul, ., Karim Mohammed Saleh Al-Sawalha, ., Rahaf Abdullah Farid Al-Hawajiri, ., Alin Jamal Salmi Ishtaywi, ., Zeina Mohammed Nasser Saleh, ., Leila Mohammed Ahmed Kashkou, ., Ilham Khalil Abd Al-Hafiz Al-Baghdadi, ., Osama Tariq Jamil Miqdad, ., Abd Al-Rahman Ammar Ibrahim Al-Jarousha, ., Malak Adnan Mahmoud Aqel, ., Mohammed Issam Mahmoud Abu-Ayada, ., Ayham Omar Khader Abu-Mohesen, ., Abd Al-Rahman Mohammed Asaad Malaka, ., Malak Khalil Ibrahim Al-Hattu, ., Mohammed Mahmoud Hatem Al-Jarousha, ., Maria Mahdi Abd Al-Moneim Najm, ., Abdullah Mohammed Saleh Al-Hout, ., Hasan Ramez Nabil Shakura, ., Yahya Sultan Zayed Shahin, ., Rawa Mohammed Ismail Sahwil, ., Ali Moatasem Amin Nofal, ., Khattab Ahmed Awda, ., Mohammed Ismail Shahada Al-Dabari, ., Rahaf Mohammed Ahmed Bolan, ., Saeed Mohammed Saeed Al-Naffar, ., Suleiman Mohammed Suleiman Abu-Eid, ., Abd Al-Qadir Rami Abd Al-Qadir Al-Attar, ., Malak Ahmed Yousef Labad, ., Ibrahim Abdullah Ibrahim Joudeh, ., Aisha Marouf Ali Al-Khatib, ., Rimas Abd Al-Rahim Mohammed Shuraim, ., Ahmed Hazem Mohammed Omran, ., Abdullah Shadi Hassan Hamad, ., Abd Al-Karim Raafat Abd Al-Karim Al-Astal, ., Rahaf Raafat Abd Al-Karim Al-Astal, ., Salem Mohammed Salem Salah, ., Qais Mohammed Talal Al-Dahshan, ., Malak Jumaa Abd Al-Fattah Al-Shaarawi, ., Nour Al-Din Anwar Omar Al-Madhun, ., Abeer Shadi Mohammed Fatair, ., Hamza Mohammed Amin Nofal, ., Du'aa Ahmed Mohammed Dagmash, ., Lamar Tareq Ziyad Al-Durra, ., Du'aa Basim Abd Al-Ma'roof, ., Ahmed Hani Hassan Bin Saeed, ., Rima Adham Mahmoud Abu-Sbeih, ., Oday Youssef Ibrahim Musleh, ., Esraa Mustafa Ibrahim Al-Muslimi, ., Anas Rizq Jumaa Al-Nahal, ., Aryam Iyad Mohammed Al-Durra, ., Ahmed Ammar Ahmed Al-Atrash, ., Hamza Mohammed Ibrahim Al-Bayd, ., Mohammed Ramadan Ahmed Darwish, ., Omar Sami Qassam Al-Najili, ., Hala Jihad Matar Al-Mansourah, ., Mohammed Basim Abd Al-Kafarna, ., Tasneem Sameh Jamal Masoud, ., Mohammed Naeem Abd Al-Fattah Ali, ., Sami Hussein Salman Khattab, ., Ritaj Raafat Mohammed Sabah, ., Tala Mustafa Mohammed Al-Hanafi, ., Iwan Yassin Youssef Quffa, ., Youssef Mohammed Khalil Madi, ., Sama Salim Yassin Al-Astal, ., Sama Mohammed Khalil Zeidan, ., Ayman Mohammed Mahmoud Abu-Al-Khair, ., Balsam Ahmed Mohammed Al-Sibbah, ., Rimas Hussein Akram Zaino, ., Lana Salem Mohammed Dalul, ., Rahaf

Ahmed Abdullah Yassin, ., Ali Osama Khaled Abd Al-Rahman, ., Hamza Ahmed Salah Al-Sawafiri, ., Mohammed Muhannad Mohammed Abd Al-Wahid, ., Tariq Mahmoud Abdullah Shaheen, ., Razaan Mohammad Ismail Eid, ., Muaz Yasser Jaber Al-Rifati, ., Farah Mohammad Ihsan Al-Madani, ., Lara Sami Mohammad Al-Baghdadi, ., Moataz Majed Ayash Aslim, ., Mohammad Yousef Mohammad Al-Bayouk, ., Rama Nahi Attallah Al-Jaafari, ., Aya Shadi Hamdi Asfour, ., Rahaf Abd Al-Hamid Atwa Khashan, ., Nidaa Jihad Abdullah Abu-Rakab, ., Mahmoud Naif Ali Al-Dardsawi, ., Majida Ahmed Mahmoud Sidem, ., Bisan Mohammad Mousa Abu-Rizk, ., Mayan Hussein Talal Hussein, ., Islam Mahmoud Fathi Yaseen, ., Dina Sabri Abdullah Al-Farra, ., Saber Mahmoud Saber Mansour, ., Al-Harith Zuhair Abdullah Abu-Rahma, ., Leen Mohammad Omar Al-Yazji, ., Maryam Mahmoud Mohammad Al-Ghandour, ., Sumaya Al-Mu'tasim Walid Al-Qouqa, ., Ahmed Ammar Ahmed Al-Qerainawi, ., Adnan Mohammad Abdulaziz Alyan, ., Sahar Mohammad Awad Al-A'raj, ., Ameer Rami Mohammad Ouda, ., Abd Al-Rahman Mahmoud Darwish Muhisin, ., Abdullah Mohammad Khalifa Abu-Sultan, ., Jana Mahmoud Misbah Al-Khour, ., Mohammad Nafez Ramadan Maghari, ., Ruaa Mohammad Abdullah Abu-Hatab, ., Mira Mohammad Fouad Al-Agha, ., Noor Issam Mahmoud Al-Kahlut, ., Hala Bilal Khalil Zaarab, ., Rahaf Mohammad Jamal Al-Alul, ., Mayar Ahmed Abd Al-Rahman Hamad, ., Sahar Shahda Mahmoud Abu-Jabal, ., Mohammad Karim Salem Al-Qanou, ., Rital Yousef Rashad Abu-Safi, ., Moamen Khader Abbas Abu-Nada, ., Lana Mahmoud Ramadan Al-Arrar, ., Khaled Hani Khaled Abu-Al-Naja, ., Shahd Mohammed Ismail Ashour, ., Malak Omar Kamal Shabat, ., Hanan Ahmed Jameel Al-Baz, ., Sajed Waleed Mohammed Muhareb, ., Lama Bakr Yousef Abu-Mueileq, ., Noor Mazen Mohammed Abu-Fayyad, ., Wajeeh Mohammed Wajeeh Al-Zain, ., Abdullah Yousef Saeed Labad, ., Ibrahim Eyad Ibrahim Baraka, ., Dima Mohammed Khaled Abrais, ., Mostafa Tarek Yousef Al-Khatib, ., Saadallah Ehab Saadallah Al-Hilu, ., Sarah Hassan Marzouq Al-Kahlout, ., Joudy Ahmed Hassan Al-Asemar, ., Tala Muneer Mohammed Siam, ., Ismail Nouman Suleiman Haboush, ., Rafeef Mansour Abd Al-Sabh, ., Malak Yousef Omar Sharaf, ., Abd Al-Aziz Louay Mahmoud Al-Saafin, ., Lian Yasser Mohammed Darwish, ., Sarah Mohammed Issam Al-Najjar, ., Rital Nader Abd Al-Samee' Mahna, ., Malak Tahseen Ismail Abu-Hatab, ., Dareen Tawfiq Faisal Akeela, ., Mohammed Yousef Mohammed Sharab, ., Rahaf Ibrahim Ramadan Judeh, ., Yahya Suhail Jawad Al-Dabbeh, ., Ayesha Kayed Jamal Al-Sultan, ., Lana Abd Al-Latif Abd Al-Rahman Abu-Shaar, ., Ahmed Mahmoud Mohammed Qarmoott, ., Mohammed Hani Issam Saqallah, ., Naveen Mohammed Fouad Abu-Oudah, ., Sarah Mohammed Ahmed Al-Qirinawi, ., Amal Mohammed Ahmed Al-Qirinawi, ., Aladdin Riyad Tawfiq Al-Assi, ., Ghazal Hamada Mansour Sabh, ., Hamza Osama Abd Al-Fattah Abu-Al-Jidian, ., Dima Khalid Muhammad Al-Assar, ., Saji Jihad Hussein Junaid, ., Mais Iyad Fouad Abu-Dalal, ., Osama Jaser Yasser Al-Qarinawi, ., Maher Muhammad Maher Al-Sultan, ., Jana Misbah Hamad Kashko, ., Saleh Rafiq Hamouda Badran, ., Shahd Mahmoud Ahmad Sarhan, ., Hour Al-Ain Iyad Abd Al-Hay Al-Tahrawi, ., Kareem Ramzi Abd Al-Kareem Al-Astal, ., Lama Abdullah Nayef Abu-Shamala, ., Ahmad Tariq Ahmad Abu-Younis, ., Majd Yahya Abd Al-Jawad Joudeh, ., Mohammad Kamal Mansour Subh, ., Jana Ramez Muhammad Qishta, ., Raja Ismail Ghanem Jarrour, ., Sajid Saleh Muhammad Darwish, ., Sundus Taysir Awad Allah Baraka, ., Baraa Ahmad Khalid Tayem, ., Rimas Ibrahim Akram Abu-Karsh, ., Omar Muhammad Omar Jalambo, ., Karim Ahmad Tawfiq Al-Juju, ., Ibrahim Mahmoud Fayez Abu-Ramadan, ., Mayar Muhammad Ahmad Al-Dahshan, ., Bilal Ahmad Mahmoud Abu-Hani, ., Mohammad Saleh Khalil Hamouda, ., Majd Hassan Muhammad Al-Aidi, ., Tala Ibrahim Fareed Qaddoura, ., Retaj Osama Shalayel, ., Sara Fouad Ali Abu-Batihan, ., Mostafa Muhammad Ashour Al-Hindi, ., Dhikra Hamouda Mahrez Al-Namn, ., Mohammad Ahmad Jabir Baraka, ., Zain Medhat Sami Ismail, ., Hassan Raed Muhammad Nassar, ., Raghad Muhammad Zakariya Al-Astal, ., Malak Ayham Nihad Al-Shawa, ., Baraa Ahmad Mufid Junaid, ., Amer Abd Al-Aziz Matar Ayad, ., Baraa Ashraf Muhammad Abu-Jaber, ., Raghad Yasser Majdi Al-Bardawi, ., Yousef Saeed Yousef Al-Mutoq, ., Mohammad Sultan Naeem Al-Qur'an, ., Ibrahim Imad Faraj Al-Zatma, ., Hamood Hassan Saleh Qarmout, ., Layan Mohammad Khader Al-Turk, ., Rimas Nabil

Wajih Al-Namnam, ., Ahmad Ashraf Jamal Al-Qatraoui, ., Lamis Salah Saleh Al-Sawalha, ., Nesma Kaid Asr Sabah, ., Adyan Essam Tawfiq Al-Farra, ., Jana Hamza Mohammad Abu-Zaid, ., Mohammad Ayman Mohammad Dabaas, ., Abdullah Anas Mohammad Zamlout, ., Raghad Kamel Taha Qasim, ., Mona Ahmad Asaad Malaka, ., Ahmad Mohammad Abd Al-Hakim Al-Qedra, ., Layan Fidaa Talal Al-Ladawi, ., Tala Ashraf Saeed Abu-Hani, ., Mohammad Raed Mohammad Abu-Hede, ., Hazem Hamza Rouhi Aql, ., Batool Mahmoud Fathi Al-Shatli, ., Hamza Wael Khalil Tamous, ., Esraa Mouayyad Yousef Abu-Marzouk, ., Ahmad Eyad Ibrahim Abu-Jazar, ., Anas Hazem Hassan Bin Saeed, ., Rawda Jibril Jalal Ouda, ., Jana Ibrahim Radwan Al-Limdani, ., Ahmad Hussein Ahmad Al-Astal, ., Yamen Saeed Nehad Al-Shawa, ., Mahmoud Aref Hamdan Al-Shaer, ., Sama Mohammad Khaled Abu-Al-Reesh, ., Ahmad Eyad Abd Al-Mohsen, ., Ayham Ayman Jaber Ismail, ., Dima Yehya Sami Al-Jourani, ., Laith Mohammad Abd Al-Hameed Matar, ., Rahaf Mohammad Mousa Abu-Massameh, ., Hamza Saleh Zeeb Ghabaeen, ., Rahaf Nehad Isaac Abu-Howeidi, ., Rahaf Mohammad Ahmad Zaqout, ., Sama Sharif Yousef Abu-Saad, ., Lian Ahmed Majid Aliwa, ., Fatima Al-Zahra Saad Anan Akreem, ., Obada Abd Al-Fattah Mohamed Al-Assar, ., Ahmed Rani Farid Samour, ., Ahmed Tariq Farid Al-Taybi, ., Usayd Walid Samir Sabah, ., Yousef Mohamed Yousef Ziada, ., Mohamed Shadi Bashir Abd Al-Qader, ., Ghina Ayman Mohamed Salha, ., Yousef Ahed Mohamed Habib, ., Siraj Nael Hussein Al-Nunoo, ., Lauren Osama Ahmed Abu-Halima, ., Yousef Hamza Khaled Al-Samari, ., Abd Al-Rahman Fadi Jamal Al-Ar'ir, ., Mahdi Saed Hamed Hassouna, ., Raghad Salman Shuaib Khattab, ., Baraa Alauddin Abd Al-Rahman Yassin, ., Fatima Mustafa Ismail Salem, ., Ghazal Nidal Mohamed Shabayek, ., Leen Khaled Zaki Al-Jamal, ., Malak Arafat Awad Muqaddad, ., Ahmed Akram Hassan Al-Harbiti, ., Omar Abd Al-Karim Hassan Safi, ., Saja Ahmed Abd Al-Hayy Al-Mutawiq, ., Shadi Ali Nasri Al-Rai, ., Mohamed Khalil Ibrahim Abu-Khater, ., Ahmed Rami Ibrahim Zaroub, ., Amal Bilal Bakr Abu-Jehl, ., Hanin Ayman Mahmoud Al-Sharafi, ., Tala Ammar Mahmoud Al-Sharafi, ., Yahya Awad Hamdan Farhat, ., Ibrahim Atiya Hussein Abu-Asr, ., Mohamed Mohamed Jamal Ashour, ., Malak Zakaria Fathy Al-Bahri, ., Ahmed Hamada Naif Harz, ., Shahd Ahmed Nafidh Al-Shorabasi, ., Ameer Ahmed Samir Al-Kabareti, ., Yaman Faheem Farouq Hassanain, ., Mohamed Rizk Ali Orooq, ., Wael Iyad Shaaban Ouda, ., Saja Yousef Matar Abu-Jarad, ., Sundus Ahmed Mohammed Eid Abu-Jarad, ., Zaki Faiz Zaki Al-Batran, ., Majd Tamer Abd Al-Rahim Al-Batniji, ., Abd Al-Qader Bakr Abd Al-Qader Abu-Hatab, ., Zakaria Sami Mahmoud Dardas, ., Ahmed Mohammed Talab Abu-Kamil, ., Hazem Jalal Mutia Hassouna, ., Ruwa Ismail Abdullah Dalloul, ., Omar Irfan Ibrahim Al-Sarhi, ., Mohammed Mahmoud Zakaria Al-Daya, ., Obada Raed Zeyad Al-Wahidi, ., Iman Amjad Yousef Abu-Warda, ., Ruwa Raed Noufal Seker, ., Yazan Ahmed Mohammed Dalloul, ., Dana Roshdy Mohammed Al-Dos, ., Adam Alaa Omar Al-Nimr, ., Mayar Ahmed Kamal Al-Haddad, ., Mahmoud Harbi Kamal Al-Haddad, ., Salma Jihad Mohammed Al-Sawafir, ., Shahd Ameed Abd Al-Samad Al-Qata', ., Jana Akram Ismail Abu-Thuraya, ., Saad Muhannad Saad Mushtaha, ., Masoud Adham Said Selmi, ., Oday Munzer Suleiman Hassan, ., Yamen Sayed Ali Shaaban, ., Alma Muhannad Taha Sikeek, ., Waleed Jihad Mohammed Said Al-Nono, ., Afnaan Ramez Ahmed Hassouna, ., Dima Osama Suleiman Al-Ashqar, ., Aseel Suleiman Jamil Abu-Ghazal, ., Rimas Muneer Ahmed Abu-Jmeza, ., Aseel Abdullah Darwish, ., Mira Sayed Muslim, ., Mahmoud Eyad Fouad Hana, ., Judy Sherif Mehdi Abu-Obaid, ., Noor Emad Ayadah Abu-Arar, ., Tala Ziyad Kamal Al-Anoqr, ., Tala Anwar Hassan Khwitar, ., Batool Basel Ahmed Al-Jaidi, ., Mohammed Louay Amer Al-Khatib, ., Abd Al-Fattah Abd Rabbo Muhammad Abu-Al-Jadian, ., Lana Khaled Fathi Salama, ., Hanan Muhammad Saber Al-Tahrawi, ., Ahmed Iyas Ahmed Thabet, ., Amer Fadlallah Ahmed Al-Khatib, ., Jana Marwan Shahada Al-Masri, ., Ali Diaa Eldin Salah Abu-Aoun, ., Youssef Muhammad Mahmoud Al-Batran, ., Omar Nael Abd Al-Karim Al-Baghdadi, ., Misk Firas Mustafa Al-Jady, ., Hamza Ashraf Hamdi Safi, ., Malak Saeed Muhammad Salem, ., Hadia Ghazi Omar Asleah, ., Al-Mu'min Billah Fadi Shawqi Saadeh, ., Ahmed Basel Mahmoud Awad Allah, ., Lama Ali Hassan Al-Hebel, ., Maya Ataf Hassan Al-Hebel, ., Ahmed Naeem Mahmoud Hamad, ., Yara Safwat Abd Al-Sha'ban, ., Rozan Muhammad Farid

Salem, ., Zainab Saeed Mustafa Shbeer, ., Sama Yaqoub Fakhri Al-Nahal, ., Raghad Roshdi Mahmoud Abu-Nasser, ., Abdullah Omar Muhammad Al-Kahlout, ., Moataz Mahmoud Taysir Al-Hindi, ., Shahd Taha Abdullah Al-Shanti, ., Maysar Muhammad Shawqi Junaid, ., Rahaf Nasser Mustafa Alwan, ., Dima Muhammad Ahmed Matar, ., Mahmoud Hatem Juma Al-Barawi, ., Jana Youssef Muhammad Mansour, ., Muhammad Abdullah Fathi Alwan, ., Tammam Raed Muhammad Yahya Samara, ., Sohaib Youssef Samir Al-Mabhouh, ., Mai Basem Jamal Eldin Abu-Aita, ., Yazan Wajdi Jamil Al-Sulibi, ., Batool Hatem Hussein Farajallah, ., Qusai Amer Hussein Farajallah, ., Maram Hassan Jamal Jaser, ., Youssef Zuhair Abdullah Gharib, ., Lian Ibrahim Samir Abed, ., Karam Ayman Idris Al-Omary, ., Mara Waleed Riyad Assaf, ., Anwar Bassam Jumaa Abu-Naji, ., Abd Al-Rahman Jamal Methqal Abu-Zaher, ., Teema Ali Shukri Mousa, ., Ashour Khaled Ashour Eid, ., Maria Said Awad Al-Najjar, ., Majd Zakaria Jamal Al-Jamasi, ., Ahmed Yasser Arafat Abu-Sultan, ., Akram Hassan Mahmoud Abu-Habl, ., Amr Ibrahim Jamil Thabet, ., Leen Ayman Ibrahim Baalousha, ., Majid Fadl Muhammad Saqallah, ., Mira Ahmed Suhail Al-Ayoubi, ., Lian Ibrahim Fathi Janeina, ., Ahmed Khaled Radwan Al-Jaja, ., Abd Al-Qader Ahmed Abd Al-Qader Ahmed, ., Abdullah Shukri Abd Al-Hafiz Barbakh, ., Jihad Mohammed Moawad Al-Baba, ., Moaz Mohammed Sobhi Al-Shaer, ., Wasim Khamis Masad Al-Saeedi, ., Yusuf Imad Mohammed Al-Kurdi, ., Ahmed Khalil Atef Ashour, ., Nadine Sami Jawad Al-Ajla, ., Sami Nasri Khamis Balateh, ., Ahmed Mohammed Younis Abd Al-Rahman, ., Hassan Mohammed Hassan Al-Akad, ., Lian Basel Eyad Zayda, ., Mariam Adham Majid Ahmed, ., Ahmed Maher Ahmed Hegazy, ., Samih Bilel Waleed Abu-Ameera, ., Saad Hussam Mohammed Al-Tanani, ., Fares Ayman Ahmed Abu-Amsha, ., Ismail Saqr Mohammed Saqr, ., Laila Mohammed Mohammed Ashour Abd Al-Jawad, ., Abdullah Shady Mohammed Saleh, ., Kousai Hussam Al-Din Al-Abd Shaaban, ., Baraa Haitham Ramzi Foudeh, ., Jenan Yusuf Abd Al-Rahman Sahwil, ., Ibrahim Masoud Fouad Al-Radhi, ., Khamis Bilal Khamis Al-Fayoumi, ., Majed Ahmed Sami Habboub, ., Waseem Shadi Rabie Abu-Al-Annazin, ., Raghad Omar Mohammed Al-Najjar, ., Montasser Adham Al-Sayed Dahir, ., Mohammed Waseem Tarek Abu-Awad, ., Talia Malik Jaber Hasnia, ., Fatimah Mahmoud Mohammed Saleh Zamel, ., Ibrahim Basheer Salem Al-Naoq, ., Mohammed Emad Hosni Suleiman, ., Mostafa Emad Hosni Suleiman.

12 years old

Ahmed Salah Diab Al-Tannani, ., Tasneem Salem Mohammed Jouda, ., Adam Ramzi Yousef Abu-Dabbagh, ., Sama Mohammed Hussein Al-Sheikh Khalil, ., Zeina Mohammed Ashour Al-Sharafi, ., Esraa Mohammed Abd Al-Rahman Shehab, ., Abd Al-Rahman Ahmed Deeb Abu-Qamar, ., Maria Marwan Mohammed Abu-Atiwi, ., Ahmed Mohammed Yousef Hussein, ., Hamdi Rami Maher Al-Samouni, ., Mais Bayan Hani Ammar, ., Farah Mohammed Kamel Jundiyeh, ., Jana Maher Atef Abu-Nada, ., Hanan Issam Badr Al-Ouda, ., Louay Mahmoud Salman Hamada, ., Zeidan Hashem Ezzedine Shalat, ., Mostafa Shahda Jabr Al-Ajrami, ., Aseel Munzer Mohammed Abu-Sariya, ., Mahmoud Mohammed Khader Abu-Tohha, ., Fahd Raid Yousef Al-Ladawi, ., Waseem Wissam Fathi Aql, ., Ibrahim Raid Ibrahim Al-Sawalhi, ., Ayman Eyad Lafi Warshaga, ., Mahmoud Mohammed Diab Al-Tannani, ., Lana Fadi Fayez Dawoud, ., Farah Abd Al-Hadi Saadallah Habib, ., Ahmed Hassan Abd Al-Karim Safi, ., Marwa Bilal Mohammed Al-Ramlawi, ., Lana Sharif Hani Al-Basayna, ., Mohammed Majed Saadi Ahmed, ., Zamzam Omar Abdullah Abu-Zakry, ., Hala Hosni Fawaz Tafesh, ., Shaker Adham Shaker Abu-Al-Aish, ., Lamis Yasser Nasif Hijazi, ., Ritaj Eyad Suleiman Suleila, ., Sama Mohammed Mohammed Zakaria Abu-Al-Lail, ., Muslimah Aaed Mohammed Al-Mahrouk, ., Abdullah Mahmoud Nasr Jarada, ., Reem Hammam Mustafa Abu-Toha, ., Omar Mohammed Abdulhadi Qadura, ., Mahmoud Wael Ziyad Shaldan, ., Sara Mohammed Izzat Abd Al-Latif, ., Sultan Thaer Eyad Jindiya, ., Marwa Ra'fat Hussein Abu-Namoos, ., Seif Al-Din Rami Masoud Dabbash, ., Janat Sami Adnan Al-Shami, ., Ahmed Ziyad Abd Al-Qader Mustafa, ., Ahmed Rami Ahmed Kashko, ., Mohammed Ali Mohammed Abu-Aoun, ., Asim Jihad Hassan Al-

Dairi, ., Baraa Jawhar Yahya Al-Balawi, ., Iman Bilal Fathi Al-Majdalawi, ., Haitham Mo'een Hani Al-Sharafi, ., Abd Al-Rahman Mohammed Fahmy Al-Najjar, ., Khaled Zaki Khaled Ataallah Aliwa, ., Malik Wissam Anwar Jouda, ., Majd Raed Taysir Zamlout, ., Iman Raed Mousa Al-Banna, ., Farah Mohammed Khalil Abu-Safiya, ., Abd Al-Wahab Ahmed Abd Al-Wahab Al-Masri, ., Anas Abdullah Ahmed Abu-Nada, ., Zaki Nader Zaki Abu-Naji, ., Al-Bara' Musab Abd Al-Hamid Zeino, ., Farah Sami Mohammed Abu-Suraya, ., Rahaf Eyad Mohammed Al-Ashi, ., Rimas Mo'taz Sobhi Sweidan, ., Qasem Abdullah Ahmed Al-Khodari, ., Mayar Ramzy Tawfiq Abu-Youssef, ., Samah Mostafa Mohamed Al-Hanawy, ., Yamen Mohamed Mostafa Allali, ., Rama Ashraf Tayseer Al-Harbawi, ., Ibrahim Amer Saeed Al-Ramlawi, ., Huda Hossam Mohamed Jamil Al-Ashi, ., Mohamed Ashraf Mahdi Barghouth, ., Lina Ahmed Issa Al-Sharafi, ., Lian Ahmed Issa Al-Sharafi, ., Jana Moayad Sobhi Samarah, ., Assem Bakr Nasr Al-Sarahi, ., Jenan Mohamed Riyad Al-Hasari, ., Fatima Al-Zahraa Hani Mohamed Hanoun, ., Anas Hazem Saeed Al-Ramlawi, ., Lin Khalil Abd Al-Hai Abu-Salameh, ., Ibrahim Alaa Taleb Abu-Seydou, ., Rahaf Mohamed Fraih Al-Assar, ., Sarah Hossam Ali Baroud, ., Suleiman Abd Al-Rahman Youssef Al-Haik, ., Ritaj Ayman Ghazi Aweys, ., Mohamed Nasser Hosni Mousa, ., Walaa Ramzy Abd Al-Rahman Hamdan, ., Mahmoud Abd Al-Razek Hamada Barbakh, ., Mayar Hazem Obeid Al-Najjar, ., Uday Raed Khalil Abu-Nasr, ., Malek Hamdi Mahmoud Al-Haj Youssef, ., Asmaa Mohsen Suleiman Abu-Muammar, ., Abd Al-Karim Mohamed Hamdi Al-Ghilayini, ., Abdullah Fares Mahmoud Abu-Daka, ., Rital Raafat Abd Al-Bari Mohamed, ., Rami Suleiman Ayesh Abu-Hadaf, ., Karim Mohamed Talal Al-Maznar, ., Tala Hassan Khalil Obeid, ., Jenan Abdullah Hassan Abu-Jazar, ., Youssef Nizar Jamal Abu-Beid, ., Saleh Naji Saleh Al-Ajayli, ., Nada Jamal Attia Al-Tarabein Jerami, ., Ismail Ahmed Abd Al-Malik Ghneim, ., Abd Al-Hai Mohamed Abd Al-Hai Helis, ., Abdullah Mohamed Said Al-Mamlouk, ., Rimas Dhaif Allah Mohamed Marouf, ., Farah Ahmed Nasr Ayad, ., Alma Mohamed Ahmed Joudeh, ., Yamen Kifah Mohamed Al-Zatma, ., Ahmed Mohamed Hassan Ahmed, ., Faraj Hossam Mahmoud Abu-Al-Qarayya, ., Abd Al-Rahim Hamada Taha Al-Farra, ., Moatasem Saher Youssef Abu-Deqa, ., Murad Ahmed Abu-Hasira, ., Ahmed Hamdan Suhail Karajah, ., Malak Nassar Abdullah Ghayadh, ., Osama Zayed Mahmoud Abd Al-Aal, ., Amir Sherif Mohamed Abu-Muslim, ., Ayman Amin Ibrahim Abu-Teir, ., Dima Mahmoud Omar Zarab, ., Lyn Mohamed Rashad Al-Asal, ., Saba Mahmoud Hassan Abd Al-Rabba, ., Huda Naji Ahmed Abu-Tah, ., Layan Ismail Mohamed Murad, ., Huzaifa Bin Al-Yaman Mohamed Abd Al-Rabba Abu-Baraka, ., Hossam Sami Anwar Ghanem, ., Mohamed Jibril Mohamed Hamed, ., Hamdan Nader Hamdan Qeshta, ., Heba Sameh Khalil Oweidah, ., Qusai Mahdi Mouad Al-Jarbah, ., Osama Tarek Aouni Al-Eisawi, ., Basmah Alaa Abd Al-Qader Shaheen, ., Oubaid Nafez Obeid Al-Najjar, ., Nada Tamer Mahmoud Sidam, ., Suhib Ramadan Youssef Al-Yazouri, ., Mohamed Ziad Ahmed Reyhan, ., Noor Ihab Jameel Al-Baz, ., Ibrahim Mohamed Ali Wadi, ., Abd Al-Rahman Wael Sobhi Abu-Hatab, ., Mohamed Mahdi Mohamed Al-Akkad, ., Rama Ahmed Youssef Fouda, ., Aisha Walaa Abd Al-Jabbar Al-Haj, ., Eman Khaled Ahmed Moqbel, ., Sari Sharif Amer Al-Harkali, ., Razan Fadi Rafiq Assaf, ., Liyan Abd Al-Hamid Fares Abu-Ma'mar, ., Bisan Nawaf Muhammad Al-Talbani, ., Yamen Hussein Muhammad Al-Akhras, ., Huda Ahmed Jameel Abu-Saqr, ., Anas Marwan Mahmoud Hamad, ., Abd Al-Latif Sameh Abd Al-Latif Abu-Tu'ayma, ., Muhammad Hani Muhammad Al-Halabi, ., Ibrahim Mahmoud Nasr Al-Muqawsi, ., Basent Hossam Abd Al-Majid Al-Amour, ., Adeeb Khaled Adeeb Islim, ., Hamzah Muhammad Ali Abu-Alwan, ., Bushra Sharif Yusuf Ashour, ., Yazan Iyad Rizq Abu-Mazkur, ., Remas Ahmed Tayseer Furwana, ., Abd Al-Karim Awad Rajab Shaban, ., Ramadan Ashraf Issa Abu-Mashaikh, ., Muhammad Jamal Ali Abu-Hilal, ., Yasmeen Sobhi Misbah Saqr, ., Mais Tamer Muhammad Ramadan, ., Abdullah Hassan Ziyad Abu-Hasaneen, ., Nabil Yehya Nabil Al-Shabrawi, ., Sarah Emad Abdullah Qarmut, ., Dunya Iyad Ziyad Abu-Mohsen, ., Issam Tariq Fadl Al-Ghannam, ., Tulin Hani Saleh Al-Thawabat, ., Asma Alaa Muin Al-Anqur, ., Khalil Basel Ramadan Al-Sha'er, ., Eman Abd Al-Qader Abd Al-Razzaq Al-Raqab, ., Tia Hani Samir Al-Haitham, ., Muhammad Ziyad Suleiman Nuweij'a, ., Ali Akram Khalil Abu-Tair, ., Amneh Saeed Muhammad Abu-Hamdeh, .,

Suleiman Samour Suleiman Ja'roor, ., Naseem Nasser Naim Al-Saksak, ., Mu'ad Omar Muhammad Shbat, ., Abdullah Muhammad Fayez Al-Sharif, ., Noor Ahmed Abd Al-Razek Abu-Sinjar, ., Dima Mahmoud Abd Al-Karim Salman, ., Mariam Lotfi Mohamed Abu-Obeid, ., Sultan Mohamed Mohamed Al-Zayan, ., Mohammed Misbah Hassan Tamraz, ., Yumna Khalil Ahmed Abu-Odeh, ., Waad Mohammed Hussein Al-Najjar, ., Abdullah Eyad Rajab Shaaban, ., Mohammad Shady Saleh Abu-Azoum, ., Bayan Mohammed Jumaa Abu-Rizq, ., Mujahid Mohammed Ahmed Al-Kurd, ., Ibrahim Jihad Ibrahim Al-Jabali, ., Mais Majed Suleiman Al-Masdar, ., Amr Younes Amr Al-Amour, ., Inaam Raed Abdullah Yaseen, ., Aya Raed Naif Al-Sharafi, ., Sohaib Emad Abd Al-Majid Sleem, ., Tulin Alaa Adel Ujeilah, ., Khaled Raed Ibrahim Muheisen, ., Alya Emad Mahmoud Al-Ghoul, ., Ahmed Moamen Eid Kanbour, ., Khaled Abd Al-Rahman Ali Al-Nabahen, ., Hayat Mohammed Younes Abu-Al-Omaren, ., Ali Jumaa Rajab Marouf, ., Youssef Ameen Youssef Hammad, ., Mahmoud Ashraf Mousa Abu-Awad, ., Nesreen Ahmed Ziyad Salah, ., Baraa Mohammed Saleh Al-Shawaf, ., Ramez Mufid Abdullah Hejazi, ., Yasmine Ahmed Saleh Al-Qanou, ., Mahmoud Osama Ibrahim Tootah, ., Riham Bilal Essam Abu-Salimeh, ., Iman Islam Mohammed Adheer, ., Malak Anwar Fahmi Mones, ., Amr Zaki Mohammed Emad Al-Din, ., Walid Asaad Walid Shahibar, ., Bilal Kamel Mohammed Mahfouz, ., Hamza Tariq Jamil Al-Maqousi, ., Moayen Mahmoud Moayen Ayash, ., Fawzi Mohammed Fawzi Al-Ghalbaan, ., Yazan Osama Fathi Abu-Ajwa, ., Mohammed Saed Noufal Noufal, ., Ali Hassan Fawzi Al-Bawab, ., Basel Diyaa Jumaa Al-Sahbani, ., Jinan Mohammed Samir Al-Faqaawi, ., Mohammed Shadi Khamis Qaddoum, ., Huda Ahmed Abd Al-Karim Wahbeh, ., Maryam Ezzedine Mohammed Al-Zeinati, ., Doha Munir Mahmoud Abd Al-Ghafoor, ., Taher Mohammed Alyan Al-Louh, ., Taqwa Mohammed Emad Sha'laaq, ., Huzayfah Abd Al-Salam Rizq Al-Waawi, ., Mohammed Haitham Nabil Al-Khatib, ., Aya Hosni Ahmed Abu-Najah, ., Rahaf Suleiman Hassan Abu-Zaid, ., Essam Mohammed Essam Sha'at, ., Yazan Abdullah Ibrahim Joudeh, ., Yasser Mamdouh Yahya Al-Laham, ., Ahmed Jumaa Zayed Armelat, ., Amir Mohammed Hassan Hamad, ., Jannat Mohammed Ismail Siam, ., Tala Suhail Marwan Badra, ., Alaa Hossam Al-Din Salim Sharab, ., Kawthar Arafat Hameed Al-Argani, ., Rola Mohammed Suleiman Al-Nabahyn, ., Maryam Ahmed Hassan Abd Al-Al, ., Yamen Ayman Samir Abu-Shamala, ., Mostafa Adham Asaad Daloul, ., Obaida Majdi Jumaa Abu-Rezeq, ., Ahmed Mohammed Sabri Abu-Khater, ., Ahmed Nael Ali Al-Khalili, ., Ayah Salim Mohammed Abu-Quta, ., Waleed Abdullah Fareed Al-Hawajri, ., Taher Nidal Taher Sharab, ., Omar Hossam Ali Abu-Salibi, ., Mahmoud Hosni Ibrahim Abu-Rukbah, ., Naif Ibrahim Naif Abu-Shamala, ., Ritaj Adham Basheer Thabet, ., Ali Mahmoud Abd Al-Razek Al-Bureim, ., Ruaa Mohammed Kamal Hamdan, ., Ahmed Hatim Mohammed Al-Farra, ., Adam Tariq Nabil Al-Hamadi, ., Mohammed Ahmed Ziyad Salah, ., Yazan Jihad Bashir Saad, ., Majid Asaad Majid Mushtaha, ., Esraa Wahba Mohammed Barbakh, ., Saeed Mazen Saeed Al-Dous, ., Al-Baraa Raed Ibrahim Al-Sawalkhi, ., Noor Suhail Youssef Alwan, ., Ali Mohammed Ali Abu-Kamil, ., Amr Mostafa Amin Noufal, ., Ghaith Nasser Sobhi Jumaa, ., Farid Emad Farid Salout, ., Hanan Khaled Abd Al-Hafiz Ali, ., Jenan Ahmed Ismail Ashour, ., Khaled Maher Khaled Abu-Obaid, ., Firas Mohammed Jamal Jundia, ., Ahmed Tawfiq Ahmed Labad, ., Hassan Nour Al-Din Hassan Abu-Habel, ., Miar Mahmoud Mohammed Qennin, ., Maryam Raed Saleh Hamada, ., Moumen Hossam Jamil Al-Zaanin, ., Jana Basel Naeem Abu-Anza, ., Raghad Farid Abdullah Ghunaim, ., Mahmoud Ahmed Hisham Abu-Dalal, ., Dema Abd Al-Misbah Al-Khour, ., Mostafa Jamal Jabr Muqbel, ., Abdullah Mohammed Mahmoud Abu-Ayada, ., Malek Mohammed Nafeth Al-Tilmas, ., Jana Haitham Jamal Abu-Sharkh, ., Khadher Ahmed Khadher Nassar, ., Rasha Anwar Mahmoud Tafesh, ., Amin Ramadan Abd Al-Karim Al-Deeb, ., Mira Ziyad Adel Nashbat, ., Ahmed Rami Saleh Dawas, ., Baraa Ahmed Ata Marouf, ., Hala Musa Ahmed Ghali, ., Jannat Asim Azzam Al-Shawa, ., Mohammed Louay Fathi Yaghi, ., Malak Ahmed Issa Al-Nashar, ., Abdullah Ibrahim Mohammed Al-Sousi, ., Rimas Ibrahim Mohamed Al-Sousi, ., Kareem Ramez Sameer Nabhan, ., Mohamed Mohamed Zayed Abu-Sabla, ., Raeda Abd Al-Raouf Mahmoud Abd Al-Ghafoor, ., Aseel Abd Al-Nasser Jaber Abu-Asad, ., Ahmed Abd Al-Nasser Jaber Abu-Asad, ., Ahmed Mohamed

Zuhair Khalifa, ., Amir Gamal Mohamed Al-Habeel, ., Taqi Tarek Gamal Abu-Al-Ata, ., Yahya Ismail Awad Al-Saifi, ., Sanaa Sharif Hassan Abu-Shaweesh, ., Moataz Mehran Ahmed Al-Dalou, ., Abd Al-Rahman Fadel Tawfiq Al-Zant, ., Aisha Amer Kamal Rashwan, ., Layan Mohamed Ismail Al-Hour, ., Ghazal Hassan Khaled Abu-Obeid, ., Nadia Ahmed Salah Kurdieh, ., Hala Mohamed Omar Al-Yazji, ., Tala Osama Salama Hussein Ali, ., Sarah Eyad Mohamed Abu-Areeban, ., Lyn Belal Abd Al-Halim Nofal, ., Nada Emad Abd Al-Beyuk, ., Ismail Tawfiq Ismail Al-Hour, ., Youssef Majed Taha Abu-Jabal, ., Zaki Belal Zaki Al-Jazzar, ., Marya Ihab Darwish Judeh, ., Salah Al-Din Ubaida Salah Al-Din Al-Baghdadi, ., Musab Mohamed Hussein Zayed, ., Hamza Ziyad Mohamed Musleh, ., Mohamed Hani Mohamed Al-Banna, ., Mohamed Wagdi Mohamed Aqel, ., Ahmed Naeem Salem Al-Tarabish, ., Youssef Ibrahim Juma Abu-Nahal, ., Saadi Mohamed Saadi Qashta, ., Dina Younis Atwa Abu-Namous, ., Haitham Othman Ziyad Abu-Jibeh, ., Minnah Kamal Misbah Al-Hawajri, ., Mohamed Walid Ismail Abu-Jazar, ., Khalil Ibrahim Ali Jad Allah, ., Raghad Fathi Mohammed Joudeh, ., Baraa Ramzi Abd Al-Rahman Hamdan, ., Haya Wael Ahmed Al-Astal, ., Lyn Mohammed Abdulaziz Alian, ., Karim Musab Adnan Kallab, ., Mousa Talaat Mahmoud Tabasi, ., Mohammed Misbah Sameer Al-Hato, ., Malak Bilal Mohammed Hassouna, ., Ruaa Ahmed Mohammed Barhouma, ., Tasneem Faeq Mohammed Abu-Jamaa, ., Ghazal Youssef Abd Al-Latif Al-Shaweesh, ., Awni Hossam Awni Al-Barawi, ., Anas Shaker Khaled Kaheel, ., Hala Mahmoud Taisir Abu-Dan, ., Qusay Ziad Ibrahim Al-Maghari, ., Shaza Abdullah Nabil Al-Salout, ., Sondos Ziad Ahmed Al-Besheti, ., Mai Ahmed Salah Kareera, ., Baraa Asaad Abd Al-Majid Shehada, ., Mohammed Khaled Salama Al-Arjaan, ., Malak Fady Jibril Al-Raai, ., Rahaf Fady Jihad Radwan, ., Ismail Mohammed Ismail Al-Hattab, ., Hassan Abdullah Hassan Farajallah, ., Ismail Moeen Salman Al-Owayti, ., Noor Mohammed Mahmoud Al-Attar, ., Abu Bakr Hamada Mohammed Al-Biyuk, ., Mansour Iyad Mansour Al-Salek, ., Farah Mohammed Emad Al-Khatib, ., Mahmoud Zuheir Salem Abu-Qenos, ., Rimas Ghazi Jamal Taleb, ., Yassin Hassan Marzouk Samour, ., Malak Omar Jihad Mahreh, ., E'tidal Mostafa Fouad Abu-Safi, ., Dhia Kamel Mahmoud Mostafa, ., Malak Wissam Hassan Abu-Jazar, ., Musab Ibrahim Mahmoud Daloul, ., Ahmed Youssef Omar Al-Haddad, ., Dima Ramzi Sobhi Al-Ajel, ., Yazan Mahmoud Atef Al-Kurd, ., Jana Jihad Mohammed Awad, ., Abd Al-Rahman Talaat Ali Barhoum, ., Rimas Suleiman Mahmoud Qudaih, ., Alaa Atef Taha Khader, ., Salsabil Othman Khalil Seidem, ., Ruwa Hussam Walid Kabaja, ., Malak Hatem Mohammed Sabihah, ., Mahmoud Ayman Mahmoud Abu-Taha, ., Yumna Mahmoud Shawqi Salem, ., Batool Saed Mohammed Muslim, ., Hassan Mohammed Jamil Al-Zaanin, ., Dana Yasser Asaad Hasanein, ., Sundus Firas Mazen Al-Shawa, ., Siraj Ibrahim Mohammed Al-Dahshan, ., Kazem Khaled Mohammed Abd Rabbo, ., Fatima Faik Mohammed Mahmoud, ., Yahya Tahseen Asaad Mughafal, ., Rimas Mahmoud Mohammed Hamouda, ., Judy Khaled Khalil Sharaf, ., Ahmed Nidal Jihad Rashid, ., Yahya Dhafer Mazen Al-Shawa, ., Al-Baraa Dhafer Mazen Al-Shawa, ., Aisha Iyad Abdullah Miqdad, ., Abd Al-Rahman Saeed Jabir Abu-Huwaishal, ., Karam Naeem Sobhi Al-Sharafi, ., Yousef Majed Ahmed Kashku, ., Anas Robin Khalil Al-Mazloum, ., Lana Sami Mohammed Al-Baghdadi, ., Hussam Khaled Deeb Badr, ., Uday Mohammed Mamdouh Samara, ., Lamar Nasser Ahmad Eisa, ., Rahaf Nidal Anwar Radi, ., Mahmoud Ahmed Saleh Al-Najjar, ., Halimah Nasser Abd Al-Fattah Hassana, ., Mohammed Mahmoud Mohammed Ahmed, ., Omar Jihad Abdullah Azzom, ., Batool Ahmed Salah Al-Dallu, ., Al-Mu'tasim Billah Khamis Ibrahim Bahloul, ., Abdullah Mohammed Ahmed Khreis, ., Adnan Hatem Adnan Baalousha, ., Uday Alaa Ibrahim Abu-Hamda, ., Iman Mahmoud Rajab Abu-Saleh, ., Rimas Salam Taysir Al-Baydh, ., Tala Muhammad Sobhi Abu-Lashin, ., Abdullah Amjad Yahya Al-Madhoun, ., Muhammad Bakr Yusuf Abu-Mualiq, ., Anwar Ibrahim Anwar Al-Haddad, ., Muhammad Yusuf Ahmed Al-Hasoumi, ., Ibrahim Anwar Ibrahim Shubeir, ., Ahmed Shadi Hamdi Asfour, ., Maher Khalid Ismail Aqel, ., Muhannad Majid Ahmed Yaqub, ., Omar Issa Hamed Al-Arabid, ., Musab Muhammad Abdullah Al-Daour, ., Khalid Muhammad Khalid Al-Baya, ., Muhammad Hatem Jamil Abdo, ., Nada Muhammad Ismail Nabhan, ., Mahmoud Adel Musa Zanon, ., Muhammad Alaa Abd Al-Qader Abu-Juda, ., Noor Al-Huda Ibrahim Atiya Nofal, ., Rahaf

Muhammad Hamdan Toth, ., Hala Hossam Fawzi Al-Bawab, ., Shaimaa Muhammad Omar Al-Zaq, ., Yamen Hassan Abd Al-Fattah Al-Majdalawi, ., Amna Muslim Awda Abu-Akker, ., Wafa Muhammad Ahmed Al-Dahshan, ., Aisha Eyad Hamdan Toth, ., Younes Khamis Younes Al-Agha, ., Raed Naeem Abd Al-Fattah Ali, ., Islam Mahmood Abd Al-Kareem Salman, ., Saja Ahmed Zidan Al-Hawajri, ., Raghad Muhammad Jamal Abd Al-Nasser Al-Ezayzeh, ., Abdullah Issa Jaser Al-Batsh, ., Rahaf Yusuf Ibrahim Musleh, ., Doaa Bilal Al-Sheesh, ., Ayah Tahir Ahmed Abu-Younis, ., Yazan Muhammad Ahmed Al-Attar, ., Hani Ibrahim Muhammad Khalifa, ., Rimas Tarek Abd Al-Mutti Al-Sultan, ., Abdullah Ahmed Salmi Abu-Artimeh, ., Malak Yasser Hussein Abu-Foul, ., Miyar Saleh Deeb Ghabayin, ., Karam Akram Shahada Al-Jakhbeer, ., Mahmoud Suleiman Suleiman Zaqout, ., Anas Raaed Nafez Dhaer, ., Sanaa Abd Al-Dawawsa, ., Youssef Ahmad Abd Al-Bari Al-Abed Aboufol, ., Badr Tarek Ghazi Mushtaha, ., Ibrahim Muneer Ibrahim Al-Qarinawi, ., Ibrahim Muneer Ramadan Attallah, ., Anas Naseem Mustafa Al-Zeinati, ., Hisham Basel Hisham Mushtaha, ., Deema Ramez Ezzou Sheldan, ., Rahma Nizar Naseef Badr, ., Hamdi Ahmad Hamdi Taffesh, ., Talin Zeyb Issa Abou Thaer, ., Maha Rifa'a Abdullah Abu-Magheisib, ., Nouran Ahmad Khader Al-Louh, ., Rama Ibrahim Khalil Ghorab, ., Hisham Muhammad Ahmad Abu-Hayyah, ., Yazan Majdi Ibrahim Al-Tala'a, ., Walaa Ahmad Hamed Alaywwa, ., Doaa Ahmad Hamed Alaywwa, ., Deema Younis Masoud Samour, ., Thaer Sobhi Juma'a Barhoum, ., Ahmad Hamada Hamdi Mortaja, ., Retal Nidal Muhammad Shabayek, ., Rimas Nidal Muhammad Shabayek, ., Husni Ibrahim Mahmoud Abu-Rukba, ., Jihad Mustafa Yahia Awad, ., Muhammad Khalil Khaled Abu-Shahla, ., Shahad Hatem Karam Al-Din Al-Pakistani, ., Salma Nidal Ismail Khalifa, ., Yazan Suhail Hamdan Abu-Shab, ., Muhannad Hossam Muhammad Al-Aksham, ., Ahmad Bassam Ouni Abu-Al-Kas, ., Malak Muhammad Taysir Al-Mallahy, ., Marah Basel Muhammad Abd Al-Azim Al-Ghalayini, ., Rahaf Ammar Mahmoud Al-Sharafi, ., Dalia Atiya Hussein Abu-Asr, ., Manar Ramzi Ibrahim Al-Arair, ., Anas Ahmed Atta Allah Bahloul, ., Anas Mohammed Hamad Al-Rafati, ., Zain Al-Din Mahmoud Ali Urooq, ., Youssef Atef Abdullah Qaffa, ., Noor Al-Islam Nizar Ghali Al-Khalili, ., Abd Rabbo Ashour Naeem Al-Ghafari, ., Ahmed Jaber Shaker Abu-Dulfah, ., Jana Adham Nafez Al-Shurabasi, ., Amir Amer Wasfi Al-Sakka, ., Jalal Mohammed Jalal Tafesh, ., Mohammed Ismail Jamil Mosbah, ., Mohammed Shawqi Salah Yassin, ., Yasser Ahmed Ashour Dagmash, ., Mohammed Ahmed Mohammed Al-Laban, ., Bassant Khaled Zuhdi Joudeh, ., Rimas Nasser Hijazi Al-Jamal, ., Siraj Al-Din Ibrahim Ziyad Asbeih, ., Mohammed Bashar Hamouda Hamada, ., Qassem Mohammed Ahmed Kandil, ., Safaa Alaa Omar Al-Nimr, ., Amer Mahmoud Suleiman Hamada, ., Suad Mohammed Talal Al-Nadi, ., Fatima Al-Zahraa Hassan Ali Al-Hattu, ., Rimas Mohammed Mohammed Eid Abu-Jarad, ., Balsam Alaa Abd Al-Samad Al-Qata, ., Hala Mohannad Saad Mushtaha, ., Rimas Munir Mohammed Al-Shughnubi, ., Iyad Ehab Izzat Al-Simoni, ., Hidayah Mohammed Saleh Nuzhat Juha, ., Abd Al-Rahman Maher Nabil Al-Fayoumi, ., Khalil Rami Khalil Al-Bahtini, ., Tasnim Raafat Shaaban Lulu, ., Ahmed Mohammed Adnan Shuwaidah, ., Retaj Mohammed Mansour Hassan, ., Faisal Ahmed Zuhair Al-Qasas, ., Lin Muhannad Taher Skik, ., Ghazal Adly Aouni Ajour, ., Ibrahim Ahmed Atta Oudeh, ., Tala Ramadan Talal Al-Muznar, ., Hassan Mohiuddin Ibrahim Howaila, ., Motassem Saher Youssef Abou Daqqa, ., Mena Abdulhamid Mohammed Abou Gaza, ., Mohammed Sa'ed Sameer Al-Salhi, ., Maysara Murad Youssef Al-Gharam, ., Mohannad Osama Amin Abou Al-Lebban, ., Bara'a Akram Talal Abou Daqqa, ., Nidal Mohammed Suleiman Abou Ataya, ., Tasnim Abd Rabbo Mohammed Abou Al-Jedyan, ., Ahmed Kamal Abdulaziz Abdo, ., Marwan Mohammed Saber Al-Tahrawi, ., Jannat Mahmoud Auda Al-Samiri, ., Zayd Ramzi Hassan Abou Shakian, ., Wadih Baher Ismail Al-Hassasneh, ., Mohammed Salah Omar Awad, ., Nour Al-Din Mustafa Abdelkader Zaqout, ., Hamza Adel Harb Abou Harb, ., Rayan Mohammed Younes Abou Musabeh, ., Mohammed Tahseen Hassan Al-Qatshan, ., Omar Mohammed Omar Abou Hammad, ., Omnia Adham Ahmed Abou Nasirah, ., Malak Bassem Mufid Nattat, ., Rital Ahmed Muti Abou Qas, ., Yasmin Karam Yahya Maqat, ., Waseem Issam Rabie Al-Mutawwaq, ., Mohammed Youssef Ahmed Abou Warda, ., Afnan

Ezz Al-Din Ibrahim Al-Najmeh, ., Fatima Ziyad Mohammed Al-Naji, ., Fouad Majdi Fouad Tanboura, ., Mousa Moeen Mohammed Hamouda, ., Fajr Alaa Nouri Nasr, ., Shams Al-Huda Iyad Ali Salem, ., Osama Naeem Ibrahim Al-Kafarna, ., Jana Mahmoud Abd Al-Rahim Abou Wadi, ., Raghad Omar Mohammed Al-Kahlout, ., Akmal Rami Ibrahim Damo, ., Malak Zahir Zuheir Zaqoul, ., Mohammed Khaled Mohammed Hussein, ., Mohammed Bakr Mohammed Al-Kariri, ., Ghalia Mohamed Shawqi Junaid, ., Lyn Youssef Mohamed Mansour, ., Dima Mohamed Nabil Al-Barai, ., Oday Ihab Mohamed Abu-Muazeh, ., Marah Bassem Jamal Al-Din Abuaitha, ., Mohamed Ahmed Abd Al-Hadi Darbieh, ., Retaj Adel Atiyah Al-Sawarkah, ., Malak Alaa Nouman Al-Oumari, ., Razaan Mohamed Abd Al-Kader Sabah, ., Mohamed Hazem Mohamed Awkal, ., Aseel Amjad Mohamed Al-Harthani, ., Malek Ali Shukri Mousa, ., Maryam Saeed Awad Al-Najjar, ., Mohamed Mustafa Arafat Abu-Sultan, ., Ansam Khaled Mohamed Al-Belbisi, ., Reem Hassan Mohamed Abu-Oida, ., Iman Ahmed Youssef Abu-Al-Qumsan, ., Abd Al-Latif Bassam Mohamed Al-Shalfouh, ., Youssef Mohamed Abd Al-Razaq Al-Manaama, ., Lyn Ahmed Mohamed Hussein, ., Sami Mohamed Sami Hassan, ., Maria Ahmed Ibrahim Al-Baz, ., Lyn Mohamed Khalil Najm, ., Mustafa Mohamed Fathi Aslim, ., Lama Ashraf Mohamed Radwan, ., Obaida Abd Al-Fattah Mohammadsuhail Al-Attar, ., Raedah Mohamed Khalil Abu-Zarqa, ., Misbah Said Misbah Al-Khour, ., Moumen Mustafa Mohamed Qandil, ., Rafiq Shafiq Abdelrahman Al-Sheikh, ., Yaqoub Tawfiq Salman Al-Tarabain, ., Sherif Jihad Hosni Abu-Hiah, ., Sohaib Khaled Sobhi Al-Shaer, ., Mustafa Al-Ghali Mohamed Hussein Qutoush, ., Amir Fadi Hassan Abu-Rida, ., Dima Mohamed Salem Abu-Mustafa, ., Khaled Bassel Zaki Al-Atauna, ., Lian Sami Jawad Al-Ajlah, ., Saeed Mohamed Saeed Hamdan, ., Nehaya Abdullah Talaat Al-Wahidi, ., Ahmad Khaled Ahmad Luz, ., Muhammad Bilal Jamal Ikhruwat, ., Ikrami Amin Ghaleb Abu-Amsha, ., Ahmad Muhammad Omar Al-Kahlout, ., Muhammad Khidr Ali Karsoua, ., Rasha Hossam Fayez Abu-Awad, ., Lara Nidal Hassan Abu-Maghissib, ., Ibrahim Ahmed Fawzi Sahweil, ., Lana Jihad Marwan Salem, ., Adham Khamis Muhammad Fouad Al-Batran, ., Muslimah Samir Shahda Juma, ., Hala Munir Isa Al-Khatib, ., Sulaf Ayman Ahmed Abu-Amsha, ., Jihad Ramez Abd Al-Karim Al-Madhoun, ., Moaz Ibrahim Muhammad Darwish, ., Abdullah Muhammad Zahir Zahir, ., Noor Mahmoud Hassan Obeid, ., Hussein Ahmed Mahmoud Sahweil, ., Muhammad Ramadan Muhammad Al-Kurd, ., Abd Al-Rahman Muhammad Ziad Badhra, ., Yahya Nail Ishaq Qahman, ., Talin Aed Mahmoud Hmeid, ., Ghazal Navez Asaad Al-Qubt, ., Raed Kamal Ibrahim Al-Zein, ., Muhi Al-Din Ismail Ahmed Al-Najjar, ., Hala Shadi Khidr Hijazi, ., Muhammad Mazen Yusuf Al-Katari, ., Rahaf Rabie Muhammad Abdo Maqat, ., Adel Murab Nader Abu-Rayala, ., Yazan Adham Ahmad Oudeh, ., Dima Anwar Subhi Oudeh, ., Tala Muhammad Ibrahim Shahin, ., Nermin Raed Muhammad Makawi, ., Mona Ibrahim Fathi Al-Bardawil, ., Ghazal Ayman Yaqoub Al-Harthani, ., Asmaa Tariq Atiya Maarouf.

Sources & Notes

This manifesto relies on the most reliable public records available at the time of publication. Figures are drawn from international organizations, peer-reviewed publications, and respected media outlets documenting the war on Gaza.

- **Al Jazeera** — *Israel has killed nearly 19,000 children in Gaza war as strikes intensify* (19 August 2025).

- **Al Jazeera** — *Know their names: Palestinian children killed in Israeli attacks on Gaza* (October 2024).

- **UN OCHA (Office for the Coordination of Humanitarian Affairs)** — *Humanitarian Situation Update: Gaza Strip* (August 2025).

- **UNRWA (United Nations Relief and Works Agency)** — *Situation Reports: Gaza Strip and West Bank* (2024–2025).

- **UNICEF** — Child casualty data in Gaza, 2024–2025.

- **The Lancet** — *Estimates of indirect deaths in Gaza* (May 2025).

- **Committee to Protect Journalists (CPJ)** — Casualty figures for journalists, 2023–2025.

All figures are estimates. The true toll is higher, as many victims remain uncounted beneath the rubble.

www.ingramcontent.com/pod-product-compliance
Lightning Source LLC
Chambersburg PA
CBHW070800040426
42333CB00060B/1725